JN014891

EU政治論

国境を越えた統治のゆくえ

EU POLITICS : THE FUTURE OF GOVERNANCE
BEYOND THE STATE

著・池本大輔
　板橋拓己
　川嶋周一
　佐藤俊輔

有斐閣ストゥディア

は し が き

　本書の発端は，イギリスの EU 残留をめぐる国民投票を翌年に控えた 2015年に，有斐閣編集部の岡山義信さんから EU 政治の教科書の執筆を持ちかけられたことである。かねてより，ヨーロッパ諸国が EU を創設すると同時に，EU によってさまざまな影響を受ける，加盟国と EU との相互関係のダイナミクスのなかにこそヨーロッパ統合の本質があると考えていたこともあり，同世代の研究者のなかで，そのような知的方向性を共有する方に共著者となることをお願いした。それぞれフランス研究・ドイツ研究をバックボーンとしつつ EU に多大な関心を払ってきた川嶋周一さん，板橋拓己さん，それから社会政策や移民政策に即して EU と各国政治との相互影響を研究してきた佐藤俊輔さんに共著者となることを快諾して頂けたのは，本書にとって幸いであった。

　原稿の執筆にあたっては，私が序章・第 2 章（第 2 節以降）・第 3 章・第 4章・第 7 章を，川嶋さんが第 1 章・第 2 章（第 1 節）・第 5 章・第 12 章，佐藤さんが第 6 章・第 8 章，板橋さんが第 9 章・第 10 章を担当し，第 11 章は共同で練り上げた。しかしそれ以上に，本書は 4 人の執筆者が 20 回近い会合を積み重ねた共同作業の成果である。この間に板橋さんと私が在外研究に出かけたため，スカイプ経由での編集会議を余儀なくされたこと，学内・学会での行政面での負担，EU 自体が相次ぐ危機に見舞われ，その展開を追いかける必要があったこと等，さまざまな理由から執筆は遅延を重ねたが，なんとか出版に漕ぎ着けることができた。

　読書案内を一読すればわかるように，EU に関する教科書・書籍は日本語でも数多く出版されている。そのなかで本書が類書にない特徴を持つとすれば，EU が危機のなかにいるという状況を冷静に受け止めたうえで，EU 政治について，ヨーロッパ統合のこれまでの歩み，政治制度や意思決定プロセス，EUの諸政策，EU と加盟国との関係，EU の正統性といったトピックを網羅的にカバーした点にあると考える。EU は国際組織のようにも連邦国家のようにも見えることがあるが，そのどちらとも異なる，初学者にはなかなか捉えどころのない存在である。EU が危機に瀕しているといわれて久しく，最近では自国

優先主義を掲げる政府が自由民主主義国家のなかでも存在感を増している。しかし国際協調が達成困難であることは，国際協調が不要なことを意味しないし，国際協調を進展させたり後退させたりする条件を知的に探究する必要性を，むしろ高めるものであろう。本書が，大学生や大学院生，そして一般読者の方の間で，国境を越えるガバナンスの仕組みとしての EU への理解を高めることに少しでも貢献することができれば，執筆者にとってそれ以上の喜びはない。なお，入稿時期の関係から，本書はブレグジット（イギリスの EU 離脱）後の EU の展開や最近のコロナ危機に対する対応について触れることはできなかったが，これらの出来事が EU にもたらす変化を測定し理解する一助にはなるだろう。

　EU 政治に限らず，本書のように学部生を対象にした教科書は執筆者の本来の研究範囲を超える，幅広い分野をカバーしなければならないから，執筆者のみの努力だけではどうにもなるものではない。早稲田大学の中村民雄先生と津田塾大学の網谷龍介先生にはお忙しいところ草稿を熟読して頂き，忌憚のないご意見と惜しむことのない助言を頂戴した。それから，有斐閣の岡山さんと岩田拓也さんには編集担当として大変お世話になった。とりわけ，（まだまだ若手気分が抜けきらず）脱線しがちな執筆者のチームを叱咤激励して，本書に日の目を見させることができたのは，岡山さんの功績である。執筆者を代表して心から御礼申し上げる。もちろん，本書に残された問題点，誤りはすべて執筆者の責任である。

　2020 年 5 月 30 日

　　　　　　　　　　　執筆者を代表して　　　池　本　大　輔

著者紹介

池 本 大 輔（いけもと だいすけ）   序章, 第 2, 3, 4, 7, 11 章
  現職：明治学院大学法学部教授
  略歴：オックスフォード大学政治国際関係学部博士課程修了。博士（政治学）
  研究分野：EU 政治，ヨーロッパ国際関係史，イギリス政治
  主な著作：

European Monetary Integration 1970–79: British and French Experiences, Palgrave Mac-
  millan, 2011.

「アラン・ミルワード再考」『明治学院大学法学研究』第 101 号，71–91 頁，2016 年。

"Is the Western Alliance Crumbling? A Japanese Perspective on Brexit," in: David W. F.
  Huang and Michael Reilly eds., *The Implications of Brexit for East Asia*, Palgrave Mac-
  millan, pp. 113–127, 2018.

板 橋 拓 己（いたばし たくみ）   第 9, 10, 11 章
  現職：成蹊大学法学部教授
  略歴：北海道大学大学院法学研究科博士後期課程修了。博士（法学）
  研究分野：国際政治史，ドイツ政治外交史
  主な著作：

『中欧の模索——ドイツ・ナショナリズムの一系譜』創文社，2010 年。

『アデナウアー——現代ドイツを創った政治家』中央公論新社，2014 年。

『黒いヨーロッパ——ドイツにおけるキリスト教保守派の「西洋（アーベントラン
  ト）」主義，1925〜1965 年』吉田書店，2016 年。

川 嶋 周 一（かわしま しゅういち）   第 1, 2, 5, 11, 12 章
  現職：明治大学政治経済学部教授
  略歴：パリ第四大学近現代史講座 DEA 課程修了，北海道大学大学院法学研究科博士
  後期課程単位取得退学。博士（法学）
  研究分野：ヨーロッパ統合史，フランス政治外交史，国際関係史
  主な著作：

『独仏関係と戦後ヨーロッパ国際秩序——ドゴール外交とヨーロッパの構築 1958-
  1969』創文社，2007 年。

「ヨーロッパ共同体域内の〈一体的〉法・政治秩序生成の模索——二大憲法秩序原理

の登場から第一次拡大交渉まで」『政経論叢』第 81 巻第 5・6 号，221-264 頁，
2013 年。

ジャン＝フランソワ・シリネッリ『第五共和制』（翻訳），白水社，2014 年。

佐 藤　俊 輔（さとう　しゅんすけ）　　　　　　　　　　　　第 **6, 8, 11** 章

　現職：國學院大學法学部専任講師

　略歴：ブリュッセル自由大学哲学・社会科学部博士課程修了。博士（政治学・社会科
　　　　学），ジュネーブ大学法学部博士課程修了。博士（法学）

　研究分野：EU 政治，ヨーロッパ国際関係

　主な著作：

「EU における移民統合モデルの収斂？——「市民統合」政策を事例として」『日本
　EU 学会年報』第 35 号，183-203 頁，2015 年。

「EU 移民統合政策の生成と展開——競合する「統合のための権利」と「権利のため
　の統合」」岡部みどり編『人の国際移動と EU——地域統合は「国境」をどのよう
　に変えるのか？』法律文化社，65-78 頁，2016 年。

"The European Union and the Refugee Crisis: Reconfiguring Its Borders?"『獨協法学』
　第 102 号，397-417 頁。2017 年。

目　次

CHAPTER 序　EU の政治を学ぶ意義　1

第 1 部　ヨーロッパ統合史

CHAPTER 1　ヨーロッパとは何か　14
欧州経済共同体設立までの歩み

第2部　EU の政治制度と政治過程

CHAPTER 4　EU の全体像　　　　　86

第3部　EUの政策

CHAPTER 9　世界のなかの EU　201

CHAPTER 10　共通安全保障・防衛政策　219

第4部　EU のガバナンス

EU 関連地図

グリーンランド

アイスランド

欧州委員会, 欧州議会, EU 理事会

スウェーデン

フィンランド

ロシア

ノルウェー

エストニア

ラトビア

1992 年
マーストリヒト条約

デンマーク

リトアニア

ベラルーシ

アイルランド

イギリス

ロシア

EU 司法裁判所

欧州中央銀行

ポーランド

ウクライナ

オランダ

ドイツ

ベルギー

チェコ

パリ

ルクセンブルク

スロバキア

モルドバ

シェンゲン

オーストリア

ハンガリー

ルーマニア

1950 年
シューマン宣言

リヒテンシュタイン

スイス

スロベニア

クロアチア

フランス

セルビア

ボスニア
ヘルツェゴビナ

ブルガリア

アンドラ

モナコ

サンマリノ

モンテネグロ

ポルトガル

スペイン

欧州議会

2007 年
リスボン条約

イタリア
ローマ
バチカン

マケドニア

アルバニア

ギリシャ

トルコ

1957 年
ローマ条約

1955 年
メッシーナ会議

キプロス

モロッコ

アルジェリア

チュニジア

マルタ

EU 加盟国

シェンゲン協定参加国

略語一覧

ACP 諸国	African, Caribbean, and Pacific Countries	アフリカ・カリブ海・太平洋諸国
AfD	Alternative für Deutschland	ドイツのための選択肢
ALDE	Alliance of Liberals and　Democrats for Europe group	欧州自由民主同盟
BTO	Brussels Treaty Organization	ブリュッセル条約機構
CAP	Common Agricultural Policy	共通農業政策
CCP	Common Commercial Policy	共通通商政策
CDU/CSU	Christlich-Demokratische Union / Christlich-Soziale Union	キリスト教民主・社会同盟
CE	Council of Europe	欧州審議会（欧州評議会）
CEAS	The Common European Asylum System	共通欧州庇護システム
CFSP	Common Foreign and Security Policy	共通外交・安全保障政策
CIVCOM	Committee for Civilian Aspects of Crisis Management	文民危機管理委員会
CJEU	Court of Justice of the European Union	EU 司法裁判所
COP	Conference of the Parties	国連気候変動枠組み条約締結国会議
CPCC	Civilian Planning and Conduct Capability	文民活動計画・指揮能力局
CSCE	Conference on Security and Cooperation in Europe	全欧安全保障協力会議
CSDP	Common Security and Defence Policy	共通安全保障・防衛政策
DG	Directorates-General	総局
EAC	EU Affairs Committee	EU 関連委員会
EC	European Communities	欧州共同体
EC	European Community	欧州共同体
ECB	European Central Bank	欧州中央銀行
ECI	European Citizens Initiative	欧州市民発議
ECJ	European Court of Justice	欧州司法裁判所
ECR	European Conservatives and Reformists	欧州保守改革
ECSC	European Coal and Steel Community	欧州石炭鉄鋼共同体
EDC	European Defence Community	欧州防衛共同体
EDF	European Development Fund	欧州開発基金
EEA	European Economic Area	欧州経済領域
EEAS	European External Action Service	欧州対外行動庁
EEC	European Economic Community	欧州経済共同体
EES	European Employment Strategy	欧州雇用戦略
EESC	European Economic and Social Committee	欧州経済社会委員会
EFDD	Europe of Freedom and Direct Democracy	自由と直接民主主義のヨーロッパ
EFTA	European Free Trade Association	欧州自由貿易連合
EMI	European Monetry Institute	欧州通貨機構
EMU	Economic and Monetary Union	経済通貨同盟
EMS	European Monetary System	欧州通貨制度
ENF	Europe of Nations and Freedom	国民と自由のヨーロッパ
EPA	Japan-EU Economic Partnership Agreement	日 EU 経済連携協定
EPC	European Political Cooperation	欧州政治協力
EPC	Europea Polical Community	欧州政治共同体

EPP	European People's Party	ヨーロッパ人民党
Erasmus	European Action Scheme for the Mobility of University Students	大学生の移動のための欧州共同体行動枠組み
ESDP	European Security and Defence Policy	欧州安全保障・防衛政策
ESS	European Security Strategy	安全保障戦略
EU	European Union	欧州連合
EUFOR	European Union Force	欧州連合部隊
EULEX	European Union Rule of Law Mission	ユーレックス（欧州連合・法の支配ミッション）
EUMC	EU Military Committee	EU 軍事委員会
EUNAVFOR ATALANTA	European Union Naval Force Somalia	アタランタ（ソマリア欧州連合海軍部隊）
EUNAVFOR Med	European Union Naval Force Mediterranean	地中海 EU 海軍部隊
EUPM	European Union Police Mission	EU 警察ミッション
EURATOM	European Atomic Energy Community	欧州原子力共同体（ユートラム）
EWM	Early Warning Mechanism	早期警戒メカニズム
FN	Front National	国民戦線
GATT	General Agreement on Tariffs and Trade	関税および貿易に関する一般協定
Greens/EFA	Greens/European Free Alliance	緑の党
GUE/NGL	Gauche Unitaire Européenne/Gauche Verte Nordique	欧州統一左派・北方緑の左派同盟
HR/VP	High Representative of the Union for Foreign Affairs and Security Policy	欧州連合外務・安全保障政策上級代表
HED	EU-China High-Level Economic and Trade Dialogue	EU- 中国ハイレベル経済貿易対話
ICC	International Criminal Court	国際刑事裁判所
IMF	International Monetary Fund	国際通貨基金
IPTF	The International Practices Task Force	国際警察タスクフォース
MEUSE	Mouvement pour les Etats Unis socialistes d'Europe	欧州社会主義合衆国運動
NATO	North Atlantic Treaty Organization	北大西洋条約機構
NEI	Nouvelles Equipes Internationales	新国際エキップ（キリスト教民主主義の国際的なヨーロッパ総合推進組織）
OECD	Organization for Economic Cooperation and Development	経済協力開発機構
OEEC	Organization for European Economic Cooperation	欧州経済協力機構
OMC	Open Method of Coordination	開放的調整方式
OMT	Outright Monetary Transactions	国債買い入れプログラム
OSCE	Organization for Security and Cooperation in Europe	欧州安全保障機構
PESCO	Permanent Structured Cooperation	常設軍事協力枠組み
PIIGS	Portugal, Ireland, Italy, Greece, Spain	ピッグス
PSC	Political and Security Committee	政治・安全保障委員会
RMA	Revolution in Military Affairs	軍事革命

序章

EU の政治を学ぶ意義

はじめに

　欧州連合（EU）と聞いて，読者のみなさんは何を思い浮かべるだろうか。フランスとドイツの間の歴史的和解を実現し，ヨーロッパに平和をもたらした存在としての EU だろうか。あるいは，冷戦終結後に全世界で進んだ，地域的な経済統合の先駆けとしての EU だろうか。それとも，ユーロ危機や難民危機，イギリスの離脱やポピュリズム政党の台頭など複合的な危機に直面し，行き詰まったかのように見える EU だろうか。さらに尋ねると，みなさんは EU をどのような組織だと思っているだろうか。EU は国際連合と同じような国際機構だろうか。それともアメリカのような大陸規模の連邦国家だろうか。はたまた，国際機構でも連邦国家でもない，別種の存在だろうか。

　上の問いにどう答えるにせよ，日本にとって西欧諸国に追いつくことが目標であり，ヨーロッパが日本にとって見習うべき模範とされた時代はとうに過ぎ去っている。それでは，今日において EU について学ぶことには一体どのような意義があるのだろうか。本章では，EU の政治について学ぶ意義を，①不戦共同体としての EU，②グローバル化が最も進んだ地域としての EU，③超大国以外の国家が国際的な存在感を発揮するための仕組みとしての EU，という

3つの観点に分けて説明する（もちろん，このことはEUについて学ぶ意義がこの3つしかないということを意味しない）。そのうえで，本書全体の内容と構成とを簡単に描くことにしたい。

1 EUの政治について学ぶ意義

①不戦共同体としてのEU

　EUの原点は，2度の世界大戦の反省にもとづき，ドイツとフランスに代表されるその周辺諸国との間の和解を実現（＝ドイツ問題を解決）するための国際機構だということにある。不戦共同体としてのEUはめざましい成功を収め，70年以上にわたって域内で平和が維持されただけでなく，加盟国間の国際関係から軍事力行使の可能性を締め出すことにも成功した。もっとも東西冷戦のなかで，EUに加盟したのは西欧諸国だけであり，EUには西側陣営の結束を強めるという同盟強化の役割もあったし，東側陣営に対する対外的な安全保障の面では，アメリカを中心とする北大西洋条約機構（NATO）に依存していた。

　冷戦が終結に向かい，東西ドイツの再統一が現実の可能性として浮上すると，周辺諸国は統一ドイツの行く末について不安を募らせ，ドイツ問題が再浮上した。この問題は，経済通貨同盟の実現によって欧州統合を強化し，そのなかに統一ドイツを組み込む形で解決された。また，東西冷戦のなかで中立的な姿勢をとっていた諸国や，東側陣営に属していた中東欧諸国がEUに加盟したことで，ヨーロッパの分断も克服された。不戦共同体としてのEUは，ここに完成したといえるかもしれない。

　他方で，冷戦終結によりソ連という共通の敵が消滅したことは，欧米間の利害対立や国際社会の在り方に関する見解の相違が表面化する可能性を高めた。2003年に起きたイラク戦争は，それが最も先鋭的な形で現れた事件だといえるだろう。2007年に起きたグローバル金融危機の後でアメリカの国際的な影響力には陰りが見え，ロシアや中国が西側主導の国際秩序に挑戦する構えを見せている。さらに2017年にトランプが大統領になった後，アメリカは多国間の国際秩序に背を向け，大西洋を挟んで欧米間の見解の相違は拡大したように

見える。EUはウクライナをめぐるロシアとの対立やシリア内戦に伴う難民危機にどう対処するかという問題に直面しており，対外的な安全保障面での自立には課題を残している（③を参照）。

┃②グローバル化が最も進んだ地域としてのEU┃

1980年代以降，技術革新や西側先進国における規制緩和，東西冷戦の終結と共産主義諸国の市場経済への移行など，さまざまな要因が積み重なる形で経済のグローバル化が進んだ。世界経済が一体化するとともに，（ヨーロッパ・北米・南米・東南アジアのような）世界各地域でも経済統合が進展した。先に述べたように，ヨーロッパ統合は平和の維持という政治的な目標を掲げるプロジェクトとして出発したが，1950年代の欧州防衛共同体（EDC）構想の失敗以来，統合が進展したのは主として経済的な領域であった。1980年代の単一市場の創設と冷戦終結後の単一通貨ユーロの誕生によって，EUは地域的な経済統合の先進地域（経済のグローバル化が最も進んだ地域）となった。

もっとも，経済のグローバル化には負の側面もある。国際競争が激化し，賃金や労働基準の低い途上国に企業が生産拠点を移した結果，多くの先進国では製造業が衰退し，格差が拡大した（ミラノヴィッチ 2017）。2007年に勃発したグローバル金融危機とその後の世界経済の低迷のなかで，先進諸国ではグローバル化に対する不満が政治的に噴出しつつある。EUでもユーロ危機が勃発し，財政危機に直面した各国は緊縮財政を余儀なくされ，失業が増加した。単一市場により実現した「人の自由移動」の下で，新規に加盟した中東欧諸国からの移民が流入した既存の加盟国では不満が強まった。このような状況下で，多くの加盟国でEUに対して懐疑的な立場をとるポピュリズム政党への支持が強まり，EU自体が問題視されるようになっている。とりわけ，イギリスでは2016年に行われた国民投票の結果，EUからの離脱が決定した。

政治経済学者のロドリックは，経済のグローバル化・国家主権・民主主義の3つのうち2つまでしか同時に実現できないというトリレンマの存在を指摘している（ロドリック 2013）。この議論が正しいとすれば，とりうる道は「国家主権と民主主義」「グローバル化と国家主権」「グローバル化と民主主義」の3通りである。ロドリックによれば，「国家主権と民主主義」の組み合わせは，グ

ローバルな経済統合を限定することで，各国がそれぞれの国の実情にあった経済発展を追求することを可能にする。その具体例は第2次世界大戦後に誕生したブレトンウッズ（IMF–GATT）体制である。ブレトンウッズ体制は，貿易を一定程度自由化する一方，各国に国際資本移動の制限を認めることで，西欧諸国には福祉国家の建設を，日本には国家主導の産業政策による工業発展と先進国への仲間入りを可能にした。それに対して，「グローバル化と国家主権」の組み合わせは，減税や柔軟な労働市場，規制緩和，民営化によって，国境を越えた経済活動の障壁が可能な限り除去される一方，国内の規制や税制は国際的な経済統合の妨げにならないものに限定される状態を指す。換言すれば，このモデルにおいては国家の役割は国際的な市場の円滑な機能の実現に限定される。その具体例としては，19世紀の国際金本位制（古典的グローバル化の時代）や，1980年代以降，世界的に拡散した新自由主義的な路線が挙げられる。第3の選択肢は「グローバル化と民主主義」の組み合わせである。このモデルでは，国境を越えた経済活動の取引費用が軽減される一方で，規制を定める政治制度もグローバル化されて市場と同様の地理的範囲を持つ。もしこの政治制度が適切なアカウンタビリティと正統性を持てば，民主主義はグローバル化によっても縮小せず，むしろ国家レベルからグローバルなレベルへと移動するのである。ロドリックによれば，EUはこのグローバル化と民主主義を組み合わせた「グローバル・ガバナンス」モデルの地域的な例である。

　近年グローバル化への反発が表面化するなか，ロドリック自身はグローバル化を一定程度制約して「国家主権と民主主義」へ回帰することを提案している。その提案の是非について論じることは本書の範囲を超えるが，グローバル化がもたらしたさまざまな便益を放棄しない限り，とりえない選択肢であるのは確認しておくべきだろう。そこで注目に値するのがEUである。たしかに，現在のEUが「民主主義の赤字」といわれる問題に直面し，ポピュリズム勢力の台頭を招いていることは，経済のグローバル化と民主主義の両立を図ることがいかに困難であるかを示している。しかしながら，EUが民主主義の面で抱える問題を解決する方法を考案できれば，先進国がグローバル化のなかでとりうる道筋を示すことになるだろう。

③超大国以外の国家が国際的な存在感を発揮するための仕組みとしてのEU

　EU の加盟国の多くは，世界でも有数の国民1人あたり GDP を有し，経済的に発展した国であるが，1つ1つの国の規模は小さい。英仏両国は，第2次世界大戦以前は広大な植民地帝国を擁したが，戦後の脱植民地化により国際社会における影響力は低下した。両国は現在でも国際連合の常任理事国であり，かつ核保有国でもあるが，人口は6000万人強で日本の半分程度にすぎず，軍事支出は世界全体で第6位・第7位である（日本は第8位）。統一後のドイツでさえ人口は8500万人程度であり，軍事支出は世界で第9位にとどまる。

　ヨーロッパを取り巻く国際環境は，東西冷戦下における米ソ超大国の対立から，冷戦後のアメリカ一極支配の時代を経て，最近では中国の台頭に伴って米中2強時代へと変化してきた。EU には，単独では国際社会における存在感が薄れがちなヨーロッパ諸国が，影響力を高めるために団結したという面もある。とりわけ冷戦後は，東方拡大による加盟国数の拡大や，統合の進展に伴い EU が管轄権を有する問題領域が増加したこと，より頻繁な多数決手続きの活用により EU の意思決定が効率化したことなどから，貿易・国際開発・環境などの問題ではグローバルなアクターとしての EU の重要性が増している。それとは対照的に，これまでのところ EU が安全保障面で自立したアクターになることに成功したとは言い難い。

　本書の狙いは，EU が上記3つの観点に照らして，目標を達成できた面と，達成できていない面とを特定し，その原因を探求することにある。最近は「危機に直面する EU」という一面的な像が強調される傾向にあるが，本書はよりバランスのとれた見方を提示する。

 本書の内容と構成

　一口に EU 政治の研究といっても，その内実はきわめて多様である。日本の内外の研究者の多くが，EU の性質について異なる想定を置いたうえで，各自

の問題関心にもとづいて，国際関係論・比較政治学・歴史学などさまざまな学問分野の研究手法を用いながら EU の研究に取り組んでいる。また法律学や経済学の立場からなされた EU 研究も，EU の政治学的研究にとって有益な知見を提供することがある。政治学や国際関係論の一分野として見た場合，EU 研究は選挙研究のように方法論的な統一性・一体性が高い分野ではなく，むしろ 1 つの研究対象をさまざまな道具立てで分析する，学際的な性格が強い領域だといえる。本書では EU の政治を，①ヨーロッパ統合（史），②EU の政治制度・政策決定過程，③EU の政策，④EU と各国政治の関係・EU の正統性，という 4 部構成で説明することで，初学者にもわかりやすい形で EU の全体像を提示する。

①ヨーロッパ統合（史）

本書の第 1 部（第 **1**～**3** 章まで）は，EU の前史から，その前身にあたる欧州石炭鉄鋼共同体（ECSC）や欧州経済共同体（EEC）の設立，冷戦終結後の EU の発展を経て，最近の EU が直面する複合的な危機に至るまで，ヨーロッパ統合の歴史的展開を扱う。政治的に見ると，ヨーロッパ統合とは国家から EU により大きな権限が委譲されていくプロセスとして定義される。それに対して，経済的社会的な観点からは，国境を越えた経済的な活動が深まり，人々がヨーロッパに対してより強いアイデンティティを抱くようになってこそ，初めて統合が実現したことになるだろう。いずれにせよ，ヨーロッパ統合の研究のなかでは，誰が主導し，いかなる理由で，どのように統合が進んできたのかが主な争点となっている。

ヨーロッパ統合のプロセスのなかでは各国政府が重要な役割を果たしてきたこともあり，その研究にあたっては，国際関係論の理論・アプローチが用いられることが多かった。特に代表的な立場としては**リベラル政府間主義**と**新機能主義**の 2 つがある。前者は，政治的な統合は EEC・欧州原子力共同体（EURATOM）を設立したローマ条約（1957 年）や，ユーロ創設に合意したマーストリヒト条約（1992 年）のように，いくつかの大きな決定により前進してきたとしたうえで，その際に仏独両国をはじめとする各国政府が中心的な役割を果たしてきたことを強調する見方である（Moravcsik 1998）。それに対して後者

は，ヨーロッパ統合のなかで各国政府だけでなく EU の欧州委員会（行政機構）や司法裁判所といった超国家的なアクターが果たした役割も重視し，主要国による大きな決定の前提には，EU の機関によるさまざまな政策や判例の蓄積があったことを指摘する（Haas 1958；Sandholtz and Sweet 1998）。

しかしながら政府間主義と新機能主義は，ヨーロッパ統合のプロセスを説明するにあたって，もっぱら経済的要因を重視する点では共通している。EU 研究者の多くが国際関係論におけるリベラリズム（国際協調主義）の立場に立ち，リアリズム（現実主義）の側からなされた研究が稀なこともあって，国際関係論の理論を応用したヨーロッパ統合の研究は，東西冷戦のような権力政治の要素にはほとんど関心を払ってこなかった。

それに対して，近年の各国政府が一定程度の年数（国によって異なるが30年というケースが多い）が経過した公文書の公開を行うようになってきたことを背景にして，国際関係論の一分野として国際関係史と呼ばれる領域が発展し，そのなかでヨーロッパ統合史研究も行われている（Kaiser and Varsori 2010）。当初のヨーロッパ統合史研究は冷戦史研究とは距離があり，統合の理論的研究と同じように国際関係における権力政治の要素を軽視していた。しかし最近20年ほどの統合史研究は，当初のヨーロッパ統合が東西冷戦を背景にしつつ，ドイツ問題の解決を図るために推進されたことや，単一通貨ユーロの創設が東西冷戦の終結とドイツ再統一を背景にしていたことなど，ヨーロッパ統合の進展と国際的な戦略環境との間の連関を強調している（Ludlow 2007；Bozo et al. 2008）。

本書によるヨーロッパ統合（史）の説明の仕方には2つの特色がある。第1に，本書は政府間主義や新機能主義のようなある特定の理論的な立場にコミットし，その立場からヨーロッパ統合（史）を一面的に説明しようとするものではない。そのような試みは，自らの主張に都合のよいデータ（史料）のみを恣意的に援用することによってしか行いえないからである（政府間主義の代表的な論者であるモラブチックの著作はその一例である）。第2に，近年の統合史研究の知見を生かすべく，ヨーロッパ統合の進展（と停滞）を説明するにあたって，東西冷戦やその終結のような，国際政治要因が果たした役割を重視する。第1節で強調したように，ヨーロッパ統合の元来の目的は不戦共同体の創設という政治的なものであった。とすれば，その実現を説明するにあたって国際政治要

因に言及する必要があるのは，むしろ当然のことであろう。

② EU の政治制度と政策決定プロセス（インプット）

EU が不戦共同体であったり，地域的な経済統合を促進したり，国際社会における存在感を発揮したりするためには，政治制度を構築することが不可欠である。EEC の設立以来 60 年間以上にわたる統合プロセスの結果として，EU には加盟国からさまざまな権限が委譲されている。これらの EU の権限は，各国政府の代表からなる理事会や欧州理事会と，EU 独自の機関である欧州委員会や欧州議会とが共有している。EU の政策決定にあたっては，利益団体や NGO など外部のアクターからのインプットも多い。また，一口に EU の権限といっても，EU が排他的な管轄権を持つ問題領域もあれば，EU と加盟国が権限を共有する問題領域もある。

制度的な仕組みとして見た場合，大別すれば，EU はそれ自体が 1 つの連邦制国家のような存在であるという立場（**超国家主義**）と，EU も他の国際機関と同じく加盟国政府の協調にもとづく存在だという見方（**政府間主義**），EU は唯一無二の存在であるという見方の 3 つがある。政治的には，超国家主義を支持する立場と政府間主義を支持する立場とが併存し，両者の対立が EU の制度的な発展のダイナミクスを形づくってきた。

1990 年代以降の EU 研究のなかでは，EU を 1 つの政治システムと見なして，その政治制度や日常的な政策決定プロセスを比較政治学のツールを用いて研究しようという動きが活発になった（Hix 1994, 1998）。この立場は，EU と国家とが同じ手法を用いて分析できる程度には類似していることを前提としている。その主たる研究対象は，EU と加盟国との間の権限分配や，EU 各機関の影響力・その相互関係である。そこで本章の第 2 部でも，EU の全体像（第 **4** 章），EU の諸機構（第 **5** 章），EU の政策過程（第 **6** 章）について，それぞれ 1 章を割いて説明する。EU の政策過程の特徴の 1 つは，問題領域ごとにその在り方が大きく異なることである。そこで問題領域ごとの政策決定の特徴については，それぞれの領域で EU がどのような政策をとっているのかとあわせて，第 3 部で説明する。

EU の仕組みが複雑である理由の 1 つは，それがさまざまな立場の間の妥協

の産物であるためである。そこで本書では，国際機関を設計・運営していくうえで発生する，さまざまな困難・課題についても見ていくことになる。とりわけ冷戦終結後のEUは，加盟国数が増えてより多様性が増す一方，活動領域が拡大し，人々の生活に大きな影響を与える存在になった。他方で，アメリカが内向きになり，ロシアや中国が国際秩序に挑戦する姿勢を強めるなど，EUを取り巻く国際的な環境も変化している。EUはその制度を内外の変化に適応させていくことができるだろうか。適応がうまくいかなければ，EUはさまざまな問題の解決策であるどころかそれ自体が1つの問題だ，という見方が勢いを増すことになるだろう。

┃ ③ EU の政策 ┃

EU政治について学ぶためには，EUの活動内容（アウトプット）についても把握することが欠かせない。そこで本書の第3部では，経済政策（第7章），社会・移民政策（第8章），対外政策（第9章），外交・安全保障（第10章）についてそれぞれ1章を割いて扱う。これらの政策領域の選択は，第1節で説明した本書のEUを見る視角によって決定づけられている。すなわち，「グローバル化が最も進んだ地域としてのEU」に対応するのが経済政策の章と社会・移民政策の章であり，「超大国以外の国家が国際的な存在感を発揮するための仕組みとしてのEU」に対応するのが，対外政策の章と外交・安全保障の章である。繰り返しになるが，本書の目的はEUが上記の観点に照らして，目標を達成できた面と達成できていない面とを特定し，その原因を探求することにある。EUの政策や政策決定過程に関する一般的な法則に興味がある読者は，別の書物をあたったほうがよいだろう。

EUの活動内容は，EUの裁量に委ねられた資源の種類によって大きく左右されている。第4章で見るように，EUは国際的なルール（条約）にもとづいて創設された存在であり，通常の国際法よりも拘束力の強いルール（EU法）を生み出すことができるのが強みである。反面，その財政支出は域内経済総生産の約1.2%にとどまり，先進国の財政支出が国内経済総生産比で30%から50%程度に相当することと比較すれば小規模である。このことは，EUの政策に対してどのような含意を持つだろうか。経済政策に関していえば，EU法に

よって国境を越えた経済活動の障壁になるような規制の撤廃が義務づけられ，ヨーロッパ大の市場統合（**市場創設的政策**）はめざましい進展を遂げた。対照的に，豊かな地域から貧しい地域への富の再分配（**市場是正的政策**）は，限定的なものにとどまっている。**市場緩和的政策**といわれる社会政策の分野においても事情は同様であり，EU 自らが福祉サービスを提供するような，コストの大きな政策を実行することはできない。そこで EU の活動は，各加盟国政府による福祉サービスの提供や各国の労働市場のなかで，自国の国民と EU 市民とを差別することを禁じるルールの策定にとどまっている。EU は「グローバル化が最も進んだ地域」ではあるが，それでもなお市場創設的政策と市場是正的・市場緩和的政策の発展はアンバランスな面があり，EU がグローバル化と民主主義を両立させるのに成功していない一因ともなっている，と本書は主張する。

EU がルール形成を得意分野とする一方，所有する物理的リソースが限定されているのは，グローバルなアクターとして活動する場合も同様である。EU は貿易・国際開発・環境等の問題領域における国際的なルール形成に対してはかなり大きな影響力を持っている。これは EU が世界最大規模の市場であることや，EU のルール自体が既に加盟国間の妥協・調整の産物であり，グローバルな交渉の場で，ある種の普遍性を持ちうるといった事情によるところが大きい（遠藤・鈴木 2012）。反面，EU は独自の軍隊や警察組織を持ってはいない。そのため，EU が安全保障や犯罪捜査において持つ影響力は，各国の活動の調整に限定されている。

④ EU と各国政治・EU の正統性

EU 政治研究のなかで最近重要性が増しているテーマとして，EU とその加盟国の政治との関係がある。この問題は，**ガバナンス論**や**ヨーロッパ化**と呼ばれる分野のなかで扱われてきた。両者に共通するのは，EU は伝統的な国際機関とも異なるが，連邦制国家とも違い，唯一無二の存在であるという認識である。ガバナンス論はもともと行政学や国際関係論のなかで発展したアプローチであり，きわめて雑多な分野であるが，現代社会では政策決定の相当部分が国際機関や地方自治体，非公的主体や市場に委ねられるようになった結果，政府（ガバメント）の独占物ではなくなったという前提にもとづいている（Rhodes

1996)。EUはそもそも政府（ガバメント）と呼べるような存在を欠いており，EUの諸機関やEUと加盟国の間で政策決定の権限が分有されているため，まさにガバナンス論の現状理解が妥当するといえる（Hooghe and Marks 2001）。ヨーロッパ化の研究対象はガバナンス論よりは狭く，EUによって各国の政策・制度・政治がどのように変化したか，その変化が翻ってEUにどのような影響を与えるのかといった，EUと各国政治の相互作用の問題を扱ってきた（Goetz and Hix 2001）。各加盟国のなかでEUに批判的なポピュリズム勢力が台頭し，EUについて悲観的な見方が広がるなか，EUと各国政治の相互作用を学ぶことは，EUの現状を理解するうえでもEUの将来を予測するうえでも，きわめて重要である。そこで本書ではこの問題に1章を割り当てて説明する（第11章）。

　最後の第12章では，現在のEUが抱える問題をその正統性の観点から説明する。正統性には，決定手続きの善し悪しをめぐる**民主的正統性**と，政策の実効性に関する**機能的正統性**との2種類がある。EUはなぜ正統性に欠けるといわれるのか，その解決策としてどのような方策が試みられているのかを検討する。

引用・参考文献　　　　　　　　　　　　　　　　　　　　　　**Reference** ●

遠藤乾・鈴木一人編（2012）『EUの規制力』日本経済評論社。
ミラノヴィッチ，ブランコ／立木勝訳（2017）『大不平等——エレファントカーブが予測する未来』みすず書房。
ロドリック，ダニ／柴山桂太・大川良文訳（2013）『グローバリゼーション・パラドクス——世界経済の未来を決める三つの道』白水社。
Bozo, Frédéric, Marie-Pierre Rey, N. Piers Ludlow and Leopoldo Nuti, eds. (2008) *Europe and the End of the Cold War: A Reappraisal*, Routledge.
Goetz, Klaus H. and Simon Hix, eds. (2001) *Europeanised Politics?: European Integration and National Political Systems*, Frank Cass.
Haas, Ernest B. (1958) *The Uniting of Europe: Political, Social, and Economic Forces, 1950–1957*, Stanford University Press.
Hix, Simon (1994) "The Study of the European Community: The Challenge to Comparative Politics," *West European Politics*, 17 (1), 1–30.
Hix, Simon (1998) "The Study of European Union II: The 'New Governance' Agenda and Its Rival," *Journal of European Public Policy*, 5 (1), 38–65.

Hooghe, Liesbet and Gary Marks（2001）*Multi-Level Governance and European Integration*, Rowman & Littlefield.

Kaiser, Wolfram and Antonio Varsori, eds.（2010）*European Union History: Themes and Debates*, Palgrave.

Ludlow, N. Piers, ed.（2007）*European Integration and the Cold War: Ostpolitik-Westpolitik,（1965-1973）*, Routledge.

Moravcsik, Andrew（1998）*The Choice for Europe: Social Purpose and State Power from Messina to Maastricht*, UCL Press.

Rhodes R. A. W.（1996）"The New Governance: Governing without Government," *Political Studies*, 44（4）, 652-667.

Sandholtz, Wayne and Alec Stone Sweet, eds.（1998）*European Integration and Supranational Governance*, Oxford University Press.

第1部

ヨーロッパ統合史

PART **1**

第1章

ヨーロッパとは何か

欧州経済共同体設立までの歩み

ギュンター・ツァイスによる TO 地図 (アウクスブルク，1472 年)。アジア，ヨーロッパ，アフリカが川と海で隔てられ，それを大洋が囲んでいる。(写真：Wikimedia Commons)

はじめに

　EU を学ぶ際，歴史を学ぶのは，単に成立の経緯や制度の発展過程を知ること以上の意味がある。なぜならば，たしかに EU はヨーロッパ統合が現実に制度化した姿であるが，ヨーロッパ統合の歴史は EU の歴史よりもはるかに長く，そして陰影に満ちているからである。ヨーロッパ統合の歴史は，一面ではヨー

ロッパの歴史そのものでもあり，ヨーロッパの自己認識の歴史でもある。ヨーロッパ統合を長い間，さまざまな人がさまざまな側面から論じた。EUとは，そのような多種多様な統合の在り様が，ある歴史的な条件の下で成立した，ヨーロッパ統合の1つの姿にすぎない。ヨーロッパ統合というものを歴史的に理解する際，最初に念頭に置かなければならないのは，このような複数で錯綜した歴史展開である（遠藤・板橋 2011）。

　では，ヨーロッパ統合は歴史的にどのようなものとして論じられ，なぜあるときに現実の制度として実現したのだろうか。そうして成立した制度がどのように変化しながら現在のEUという形に落ち着いたのだろうか。第1章では，EUの成立の前提となる，ヨーロッパ統合の歴史的展開を前史からたどり，遂に現実の制度として実現し，そのうえで現在のEUの直接的な制度的出発点となる 1958 年の**欧州経済共同体**（**EEC**）の誕生までを概観する。この際，統合の歴史を2つの視角から把握したい。1つ目は，ヨーロッパ統合の歴史を「理念，文明，具体」という3つの段階に分けて把握するやり方である。2つ目は，最後の段階である 20 世紀を，「3つの戦後」という視角を導入してその発展段階を把握するやり方である。以下，理念と文明の段階を前史として（第①節），具体の段階に入った（しかし実現には至らない）戦間期における統合運動（第②節），第2次世界大戦後 50 年代初頭までの真に統合が実現する展開（第③節），50 年代中盤の EEC 成立過程（第④節）と，時系列を追って説明していこう。

1　前　史　⫸ 理念から文明へ

┃「ヨーロッパ」とは何か┃

　ヨーロッパの歴史を遡ると，さまざまな歴史的地点で，ヨーロッパの自己認識と統合が深く結びついているのがわかる。ここでは，古代から 19 世紀末までの時代において，どのようにヨーロッパの自己認識が成立・変容し，統合と関わったのかを押さえておきたい。

　ヨーロッパとは何か，領域的にどこがヨーロッパなのだろうか。これは古代以来形を変えて問われ続けた問題である。だが結論からいえば，ヨーロッパを

地理的に明確な境界を有した地域として，もしくは時代を貫く客観的な存在として定義づけるのは困難である。また，ヨーロッパについて考えるとき，内的な要素だけでなく，むしろ外的な存在（脅威）に目を向けることもまた重要である。しばしばいわれるように，「ヨーロッパ」という言葉はギリシャ神話における女神エウロペに由来するが，この寓話においてエウロペは現在のトルコにあたるトラキアの王女であり，これをゼウスが見初めて牡牛に変化してギリシャ世界に引き込んだ。つまりヨーロッパはそもそも自らの他者ともいえる存在を発祥としている。また中世ヨーロッパの世界認識を示すいわゆる**TO図**（扉図）というものがある。この図では，外洋を表すOと地中海・ナイル河・ドン川をTとして，世界をヨーロッパ，アジア，アフリカと分けているが，この世界で主要な地位を占めるのはアジアであり，ヨーロッパはアジアでもアフリカでもない場所として描かれている。

　ポーランド出身の歴史家ポミアンは，最初のヨーロッパ世界の成立はローマ帝国と辺境地域が文字，言語，宗教を共有化していったことで異民族とローマ人の垣根が崩れ，一体性がゆるやかに形成されていったと論じた（ポミアン2002）。最初の「ヨーロッパ人」は，8世紀のトゥール・ポワティエ間の戦いにおいてガリア地方に侵入したイスラーム軍に対峙するために集まった宮宰カール・マルテル率いる軍隊を指すために用いられた。つまり，イスラームという明白な「外部」が登場することで，ヨーロッパの輪郭が浮かび上がるのである。

▌中世の「ヨーロッパ」▌

　中世はヨーロッパの内的な統一性がつくり上げられた時代だった。中世においてはローマ教皇の権威がヨーロッパに広く及び，世俗権力を凌ぐ力を持っていた。ヨーロッパ中世は，**キリスト教共同体**という普遍世界だった（ただし，ローマ教会とコンスタンティノープル総主教を首長とする東方教会との間の対立は厳然と存在した）。この共同体には，さらに学術的世界におけるラテン語という共通語に加え，大学にはヨーロッパ各地から学生が集った。さらに巡教路が整備され，ヨーロッパの各地方はバチカンやイェルサレム，サンティアゴ・デ・コンポステーラといった聖地を訪ねる地域を超えたネットワークがつくられた。これらは，ヨーロッパ世界の統一性を内側から充填していくものだった。

フランスの歴史家フェーヴルは，中世におけるキリスト教共同体の一体性が
ヨーロッパの統一的世界感覚を育む揺籃となったことを指摘する。フェーヴル
によると，「中世におけるキリスト教は強力で，多様な働きを行った。その結
果，堅固な国民的祖国の形成がある程度阻害された。そして，このキリスト教
の強い影響力は，（中略）国境を越えた共通意識を西洋人に与えることに貢献
した。この意識が徐々に世俗化して，ヨーロッパ意識となった」のである（フ
ェーヴル 2008）。つまり，キリスト教共同体という有機体が脱宗教化によって
抜け殻となり，その抜け殻に新しい生命を吹き込んだのが「ヨーロッパ（は統
一すべき存在である）」という観念だった。したがってヨーロッパとは，「それ以
前に存在していた歴史的統一体からさまざまな性質の異なる断片，破片をはぎ
取り，寄せ集めてできた歴史的統一体」であり，地理的な存在ではなく文化的
で歴史的な存在なのである。

　このような中世的な 1 つのキリスト教世界は，宗教改革の勃発とともに崩れ
ることとなる。その後のヨーロッパ理念は，覇権と均衡の間で揺れる。という
のも，中世におけるヨーロッパの「普遍的統治」の夢は生き続ける一方で，現
実的な政治秩序としては，各国に権力が分立し相争う**主権国家体系（ウエストフ
ァリア・システム）**が登場するからである。カール 5 世やルイ 14 世といった強
力な君主による，他国を平定し 1 つの帝国を打ち立てようとする普遍王国の夢
と，例えばサン＝ピエールの著作『ヨーロッパ永久平和覚書』で記されるヨー
ロッパの統一議会設立の構想は，同じコインの表と裏なのである（遠藤 2008：
史料 1-5）。

▌ 近代における「ヨーロッパ」 ▌

　しかし，18 世紀以降の主権国家の確立ならびに 19 世紀の国民国家体系の登
場は，ヨーロッパ観念に新しいねじれをもたらすこととなる。というのも，主
権国家体系の確立によって，ヨーロッパ各国は互いに相争う関係となったもの
の，この体系を構成するヨーロッパの大国は，ヨーロッパの秩序に責任を持つ
列強としての対等な関係をつくり上げ，よって共にヨーロッパを担う，ある種
の共同体を構築することとなったからである。ランケは，これをヨーロッパの
守護霊と呼んだ。19 世紀の前半に登場する**「ヨーロッパ協調」**とは，ヨーロッ

パの大国が自らの所属するこの至高の存在を意識し，その存続のためにつくり上げた国際体制である。これも，ヨーロッパの共同体性の現れの1つであった。

　19世紀になって登場したヨーロッパの一体性を意識する考えとして，国際法および文明という発想がある。ヨーロッパ世界は列強によって相争っているものの，文明化されたルールを共有できる1つの共同体であるという発想が，19世紀を通じて育まれていったのである。同時期に世界に進出したヨーロッパ列強は，アジア・アフリカの各地を植民地化したが，それを正当化するために用いたのが「文明化の使命」という論理だった。これは，高い科学技術を有するヨーロッパは高度な文明を有しており，植民地化は「未開」な社会を文明化するための手段なのでヨーロッパによる植民地化が許される，という考えである。ヨーロッパ内で適用される国家間のルールはこの周縁・未開の地域には適用されない。なぜならヨーロッパ内の国家間ルール，すなわち国際法は文明を有するヨーロッパだからこそ遵守できるからである。

　ただし，ここでいう国際法は戦争法規であり，戦争を放棄させるルールではない。そのため，このように相争うヨーロッパの国民国家間の平和を願い，その平和を確約するためにヨーロッパ統合を実現しようとする考えは，19世紀においても存在した。そのような思想から生まれたのが，ヨーロッパの諸国家を連邦的にまとめようとする「**ヨーロッパ合衆国**」という発想である。この用語を最初に使ったのが，イタリア統一運動・ナショナリズムの担い手たるマッツィーニだったのは興味深い。彼のなかでは，ヨーロッパ統合と国民国家は，実は表裏一体の関係にあった。ホブズボームが指摘したように，19世紀中葉までのナショナリズムは相互に排他的なものではなく，むしろリベラリズムと親和的な関係にあった（ホブズホーム 2001）。

　このように，古代に生まれたヨーロッパという名称は，中世におけるキリスト教世界の登場とともに地理的な呼称以上に歴史的・文化的概念となっていった。ヨーロッパ観念は長い時間をかけてつくり上げられ，「ヨーロッパは1つの統一された世界である」ないしは「ヨーロッパには他の地域にはない一体性がある」といった認識を醸成することとなった。これ自体は現在存在する形でのヨーロッパ統合を生み出す直接の要因になるわけではない。しかし，長期的な視座に立てば，このようなヨーロッパ理念ないしはヨーロッパ意識の確立は，

ヨーロッパ統合が持つ歴史的背景を浮かび上がらせ，ヨーロッパ統合の発想の奥行きの深さを暗示させるのである。

② 戦 間 期　　　　　　　　Ⅲ▶ 統合実現への試行

▌戦間期における統合への試み▌

　しかしこのような文明的な存在としてのヨーロッパは，第1次世界大戦で崩壊することとなった。文明的なヨーロッパを支えていた国際法の観念は，戦争の勝利の要請という国際政治の力学に屈し，法よりも力を優先してお互いに殺戮をめざした。19世紀に至るまでヨーロッパに紐帯を与えていたものの多くは，第1次世界大戦までに崩れてしまった。キリスト教共同体，文化的一体性の2つは既に19世紀には崩れ去り，19世紀的な文明の集合体として成立していたヨーロッパもまた，消滅してしまったのである。

　しかし，まさにこの第1次世界大戦から，ヨーロッパ統合を現実的な政治的経済的制度として実現しようとする試みが始まった。第1次世界大戦は「ヨーロッパ統合の遠い夜明け」（遠藤 2013）だった。ただし，戦間期に統合の実現に向けた試みが始まるといっても，そこには位相を異にするいくつかの要素が存在する。第1に，ヨーロッパの没落の恐怖に対応するためのヨーロッパの結束，第2に，アメリカに対抗するためのヨーロッパ大の経済圏の設立，そして第3に第1次世界大戦中における複数の国家行政を融合する経験とその活用である。

　第1次世界大戦後，ヨーロッパの数多くの知識人がヨーロッパ文明の衰退を語った。その代表はシュペングラーの『西洋の没落』であるが，それ以外にも，ドマンジョン『ヨーロッパの衰退』，フロイト『文化への不満』，ホイジンガ『文明の危機』，ヤスパース『現代の精神的状況』といった，一級の知識人によって文明を問いなおす数多くの著作が戦間期に発表された。これらは，19世紀に自明視されたヨーロッパ文明の基盤が失われようとしていることの現れであった。その喪失を回復する試みこそ，ヨーロッパの一体性を打ち立てようとするヨーロッパ統合運動だった。それゆえ，ヨーロッパのあちこちから，政治，

経済，文化といったさまざまな領域でヨーロッパ統合の実現を求める運動が発生した。戦間期におけるヨーロッパ統合を求める運動は，貴族による反動的なものから企業家による経済的なもの，知識人による理想主義的なものまで，多種多様なものが展開した。それらのほとんどは第2次世界大戦後に成立するEU（とその前身）とは直接的にはつながらない。しかし，これらは同じ土壌から育った別の品種の間柄であり，戦間期の動きを念頭に置けば，EUなる共同体はヨーロッパ統合の多種多様な試みのなかから，たまたま成長した品種であるともいえるだろう。

政治統合

さて，数多い戦間期欧州運動の代表的なものとしては，中欧圏では，カール・アントン・ロアンによる「ヨーロッパ文化同盟」，リヒャルト・クーデンホーフ＝カレルギー（以下，クーデンホーフ）による「**パン・オイローパ**」といった運動を挙げることができる（遠藤2008：史料2-8）。とりわけクーデンホーフによるパン・オイローパ運動は，戦間期におけるヨーロッパ統合の特徴を多く表している。クーデンホーフは1923年に小冊子『パン・オイローパ』を出版し，世界を5つのブロック（ヨーロッパ，南北アメリカ，ソヴィエト・ロシア，イギリス帝国，アジア）に分け，ヨーロッパにおいては国家連合の形成を目標として掲げた。この国家連合では，加盟国の平等性と集団安全保障，相互不可侵を強調しており，連合の形成のために評議会，総会，裁判所，宰相府を設立することも構想された（戸澤2003）。ヨーロッパ国家連合（パン・ヨーロッパ）において重要なのは第1次世界大戦で正面から激突しヴェルサイユ体制のなかでも肝心の独仏の和解を行うことである。実際に戦間期に唯一政府間で検討される統合構想である28年のフランス外相のブリアンによるヨーロッパ連邦提案は，クーデンホーフの活動の影響を大きく受けている。その意味で，パン・オイローパ構想は平和の構想だった。

しかし同時に，パン・オイローパ構想には時代的な制約もあった。それは地図を見ればよくわかる。パン・オイローパ構想ではパン・アフリカの存在は想定されていないどころか，アフリカは汎ヨーロッパとイギリス帝国に分割され，タイやエチオピアは空白となっている（図1.1）。なぜそうなっているのかとい

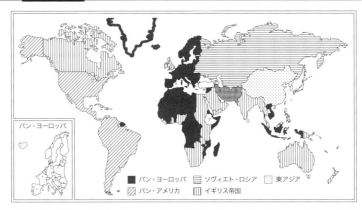

CHART 図1.1　パン・オイローパ構想

（出典）　Richard N. Coudenhove-Kalergi, *Pan-Europe*, Pan-Europe Verlag, 1924.
Tafel III

えば，アジア・アフリカの地域において大陸ヨーロッパの植民地となっている
地域はパン・ヨーロッパに含まれ，既に独立している数少ない国家が空白にな
っているのである。つまり，パン・オイローパ構想は，植民地の存在を所与の
ものとする考えだった。さらに，貴族出身のクーデンホーフは民主主義体制に
実はあまり意義を見出しておらず，ムッソリーニに接近してその支持を得よう
とした。これらの点で，クーデンホーフのヨーロッパ統合構想は，帝国主義的
で反動的な 19 世紀世界を前提とする考えだったのである。

経済統合

　このような政治的統合に加え，戦間期においては経済統合をめざす動きもま
た多様だった。まず，地域的な経済統合を求める統合運動があった。これは，
中欧地域やかつてのハプスブルク帝国の旧領邦において特徴的に見られた。戦
後にいくつもの国民国家に分裂した旧ハプスブルク帝国の経済的連携を復活さ
せる意図が，そこには往々にして含まれていた。他方でヨーロッパ全体を統合
する構想においても，大きく分けて 2 つのベクトルに分かれていた。1 つは自
由貿易圏や関税同盟の設立などを志向する自由主義的な構想であり，もう 1 つ
は国家の関与ないしは企業のカルテルによる生産調整など行うことで一体的な
経済圏を設立しようとする集権的な構想だった。自由主義的な統合としては，

1925 年にシュテルン = ルバート（独）やジード（仏）など 10 名の各国の経済学者やジャーナリストらが連名で公表した「ヨーロッパ人への訴え」から始まった欧州関税同盟運動（UDE）がその典型である。この運動は国際連盟との連携を重要視し，かつフランス語圏において主に展開された。欧州関税同盟は各国に委員会が立ち上げられ，34 年にはガストン・リウの指導の下で欧州経済関税同盟（UEDE）へと改変された。しかし国際連盟主導の国際経済協調は，33 年のロンドン国際経済会議の失敗により行き詰まりを見せ始める。そうはいっても自由主義の経済統合は 30 年代後半においても，オスロ協定やウーシー協定のような数カ国による自由貿易協定が試みられた。だが 38 年以降は戦争勃発の高まりのなかで消滅することとなった。

　これに対して，集権的な統合路線として代表的なものが，ルクセンブルクの鉄鋼企業経営者のエミール・マイリッシュが主導した国際粗鋼カルテルである。マイリッシュが所有していた企業（ARBRED）は石炭鉄鋼部門の多国籍企業であり，ドイツには炭鉱を，フランスには鉱山を，ベルギーには製鉄所を保有していた。マイリッシュの主導の下，1926 年 9 月にフランス，ルクセンブルク，ベルギー，ザール，ドイツの企業が参加して，粗鋼生産に各国の割当量を定める国際カルテルが締結された。カルテル締結により，過剰生産を回避し価格の安定化をめざし，もってヨーロッパ経済の協調を図ったのである。粗鋼カルテルは後にオーストリア，ハンガリー，チェコスロバキアにも拡大する一方で，アルミ，電力，セメントなどの粗鋼以外の工業部門でも国際カルテルを締結する動きが広がった。マイリッシュに限らず，戦間期の独仏の石炭鉄鋼業界がめざした経済協調の試みは，戦後に登場する石炭鉄鋼共同体の姿を奇妙なまでに先取りしていた（Bossuat 2009）。

　マイリッシュは国際カルテルを牽引する一方で，政治的統合につながる運動にも従事した。それが，1926 年 5 月に設立した独仏情報資料委員会である。この委員会は独仏間の対立的感情を解くために企業経営者，銀行家，知識人などの参集をめざしたもので，ブルーノ・ブルーン（クルップ社幹部）などが参加した。しかし，28 年 5 月にマイリッシュが不慮の死を遂げた後，これらの試みは活動停滞を余儀なくされ，最終的に国際粗鋼カルテルも 39 年には解散することとなる。

国家をまたぐ行政活動の経験

　最後に，第1次世界大戦においてヨーロッパ統合に近い実務が密かに実施されていたことを指摘しておきたい。それは，連合国小麦委員会における英仏2カ国の小麦調達の調整である。これは，イギリスとフランスが同じ連合国としてドイツと戦っているにもかかわらず，主食となる小麦を海外市場から国内に調達する際，競合関係にあり実際に激しい競争と報復を行ったため，両国が円滑に小麦調達を実施するために共同委員会を立ち上げたものである（遠藤2013）。そこでは，小麦の調達とそれに関わる船舶運送を2国共同で行うこととされた。これは，小麦の確保と流通に関する政策を英仏が統合して実施することを意味し，ヨーロッパ統合という認識は同時代的には持たれなかったものの，必要に迫られて実現された，実はセクター別の国際統合の1つの形態にほかならなかった。この統合を現場で担っていた人物こそ，ヨーロッパ統合の父と呼ばれるジャン・モネであった（**Column❶**）。

Column❶　ジャン・モネ

　ヨーロッパ統合の父を1人だけ挙げなさい，という質問に答えるならば，おそらくジャン・モネが挙げられるのではないだろうか。それくらい，モネはヨーロッパ統合に不可欠な働きをした人物と考えられている。モネは，第1に，ヨーロッパ統合の実現に決定的な役割を果たしたシューマン・プランの実質上の作成者である。第2に，その後もプレヴァン・プランの提案や史上初のヨーロッパ統合組織たるECSCの初代高等機関委員長を務めるなど，1950年代にヨーロッパ統合が最初に生み出される過程において，政府間主義のアプローチを排して，超国家的な統合を実現させた。モネ以外にも，シューマンやアデナウアーなど統合に重要な役割を果たした人はたくさんいるが，その人がいなければEUは存在していなかったであろう，という働きをした人はモネくらいしかいない。モネとは誰で，なぜ統合の父になったのであろうか。

　モネは1888年フランスのコニャック地方のコニャック商人の家に生まれた。大学へは進学せず，16歳でロンドンに出て家族の商取引に従事するようになる。その後アメリカに渡り，多くの人脈をつくった。モネの経歴は華麗かつ複雑である。第1次世界大戦勃発後，モネはイギリスに渡って

英仏間の小麦輸送の調整を行う連合国小麦運輸委員会の委員となり，アーサー・ソルターと共に仕事をする。国際連盟が設立されると事務組織のナンバー2である事務次長に就任し，オーストリアの通貨危機の指揮をとる。前者は国家をまたぐ政策の統合という経験を，後者は国家の上に立った政策の執行という歴史的にも稀な経験をモネに与えることとなる。さらに1934年から2年間は中国に渡り，蔣介石の財政顧問に就任し，第2次世界大戦が勃発すると，イギリスに渡りチャーチルに英仏連合案を提案する。ド・ゴールとジロー将軍が権力争いをしているときには，ほとんどアメリカ政府の代理人として自由フランス政府があったアルジェに渡り，結局ド・ゴールを支え，戦後構想の見取り図を描く。そして戦後には計画庁長官に就任して，政府入りを果たす。

　このような経歴から，モネがなぜヨーロッパ統合に熱意を注いだのかを理解するのは簡単なようで難しい。モネは政治家ではなくビジネスマンだが，信じられないくらい政治家の懐に入り込み，自らが描いた目標を実現し続けた。超国家的な統合をつくったが，モネは一貫して自らはアメリカの味方であろうとした。モネ・メソッドと呼ばれるくらい，モネは統合に多くを刻印し，それゆえモネを理解することが統合を理解することという風潮も一時期は強かった。しかし，EUは既に変容しており，モネがつくった統合の姿は相当程度形を変えている。

戦間期の経験

　第1次世界大戦はヨーロッパ世界を大きく変化させ，ヨーロッパ統合をそれまでの理念的なレベルから運動のレベルに転移するインパクトを与えた。戦間期におけるヨーロッパ運動は幅広く簡単にまとめられないが，変化する世界に抗い19世紀的な世界を持続させようとする反動的な方向性と，その変化する世界に適応するための手段として統合を実現しようする方向性の，2つのベクトルの間で揺れ動いていた。これ以降，ヨーロッパ統合は20世紀における3つの主要な戦争に大きな影響を受けながら展開していくことになる。第1次世界大戦，第2次世界大戦，そして冷戦である。ヨーロッパ統合は前近代にその発想が生まれ近代にかけても生き残り続けた理念であるが，それは同時に優れて現代的な存在なのである。

3　第2次世界大戦後　Ⅲ▶ヨーロッパ統合の具体的成立

統合の実現へ

　第2次世界大戦は，第1次世界大戦とはまったく異なった意味で，ヨーロッパ統合に決定的な影響を与えた。第2次世界大戦が終わった後，それまで概して知識人・民間レベルの運動にとどまっていたヨーロッパ統合は，政府の政策として協議され，実現したからである。20世紀における3つの戦争が終わるとき，それぞれにヨーロッパ統合の在り方は大きく変化する。第1次世界大戦では，ヨーロッパ統合の現実的な制度をつくらなければいけないという感覚が生まれ，ヨーロッパ統合の出発点を形づくったのに対し，第2次世界大戦では，この意識を具体的な制度として生み出すこととなった。そして冷戦が終わるとき，冷戦中に進展した統合が新しい組織および権限へと断絶的かつ飛躍的拡大を果たし，EUを生んだ。20世紀における統合の具体化の進展は，このような20世紀における3つの戦後という視角に立てば，大まかな理解を得ることができるだろう。

　では，なぜ第2次世界大戦は，ヨーロッパ統合を実現させたのか。まず念頭に置かなければならないのは，ヨーロッパを取り巻く国際環境が，第1次世界大戦と第2次世界大戦では決定的に異なることである。それは第1に，世界大の（＝西側諸国を包摂した）自由貿易体制が成立されたこと，第2にドイツ問題の在り方が異なったこと，そして第3に冷戦構造が登場したことである。

　まず西ヨーロッパ諸国は，戦後ブレトンウッズ体制と呼ばれる自由貿易の枠組みのなかに組み込まれ，国際的な自由貿易と国内における福祉国家建設との両立が図られた。そのため，第1次世界大戦後の時代とは対照的な安定した経済を享受することが可能となったばかりでなく，この枠組みのなかで国際的な協調も容易となった。この国際経済秩序のなかで，後述のマーシャル・プランの登場によって，西ヨーロッパ諸国はヨーロッパ大の経済協調に当たることとなる。2点目は3点目とも関わるが，第2次世界大戦後，ドイツは戦勝4カ国によって直接占領され，やがて冷戦の勃発に伴い分断された。また，第1次世

界大戦後にドイツが置かれた過度に懲罰的な国際的地位がドイツを不安定化させたという反省から，第2次世界大戦後のドイツ問題は，いかにドイツを抑え込むかではなく，いかに西側にドイツを組み込んでいくかという点から進められることになった。ヨーロッパ統合は，ドイツを西側に組み込んでいく西方統合（Westintegration）の1つの手法でもあった（遠藤 2008：史料4-3）。

　そして3点目の冷戦の勃発は，第2次世界大戦後のヨーロッパ統合の成立に決定的な影響を与えた。前節で見たように，戦間期に登場したヨーロッパ統合運動の主要な目標は，ドイツとフランスの政治的経済的提携を実現させることだった。冷戦の勃発は，この独仏間の協調を劇的に容易にするものだった。なぜならば，冷戦によってドイツは分断され，その西側に置かれた西ドイツと，ドイツを憎み続けたフランスは，共にソ連という共通かつ深刻な脅威に立ち向かわなければならなくなったからである。つまり，冷戦は，ドイツとフランスをして同じ陣営に入らせることとなり，その陣営のなかで独仏は戦間期と比べればはるかに容易に戦略的な提携関係を結ぶことが可能となったのである。ヨーロッパ統合の核である独仏協調は，冷戦という構造のなかでは東側陣営に対抗するためのある種の至上命令でもあった。この意味で，ヨーロッパ統合は優れて冷戦の産物ともいうこともできる。ヴェルサイユ体制において，曲がりなりにも英仏独はこの体制の主役であったが，冷戦において英仏独が置かれた立場はもっと抑制・拘束されたものだった。

　しかし第2次世界大戦後に具体化したヨーロッパ統合の動きだが，実は戦争中もヨーロッパ統合は構想されていた。その主要なものを3つ挙げると，第1には，ナチによる大陸経済の組織化の計画であり，第2には自由フランス政府内で検討されたいくつかの経済復興計画であり，第3に各国レジスタンスが構想した多様な連邦的なヨーロッパだった。正確には，第1のものは戦中にドイツの秩序として考えられたものなので，戦後の統合とは明確に断絶したものである。しかし，そこで考えられた大陸における統合された経済市場の創設といった発想は，政治的目的を別とすれば，戦後のヨーロッパ統合の発想とよく似ていたものだった。第2の自由フランスにおける構想は，戦後フランスが経済復興する際に，ドイツを含めたヨーロッパ全体の経済統合が必須と考えたものだった。ただし，そのなかでもモネの構想では，この経済圏は第2次世界大戦

開戦前のブロック経済のイメージに近く，英米ソの3勢力のブロック経済化を予想してそれに対抗する意図があった（宮下 2016）。第3のレジスタンスの構想とは，例えばヴェントテーネ宣言が挙げられる。政治犯収容所に捕らえられていたスピネッリらが極秘に執筆したこの宣言は，国民国家そのものが戦争を引き起こす要因と見なし，戦後のヨーロッパを従来のように国家によって分割されるのではなく，連邦を創設することを訴えたものだった。第2次世界大戦後に統合が実現した背景には，こうしたさまざまな構想の存在があった。

┃ ヨーロッパの分断とマーシャル・プランの登場 ┃

　第2次世界大戦後のヨーロッパの状況とヨーロッパ統合の登場は不可分の関係にあるので，簡単に戦後ヨーロッパ秩序の形成について押さえておきたい。1945年5月にドイツが連合国に降伏したとき，ドイツは東西から進軍したソ連軍とアメリカ軍によって占領された状態にあった。そのため，ドイツは米ソ英仏の戦勝4カ国によって分割直接占領されることになる。この分割された占領地区をどのようにドイツ国家として再建するのかについて，米ソの意見は対立し，当初は統一された非武装国家として再建することも考えていたアメリカは，ソ連占領地区との統一を諦め，分断国家設立へと動いていく。ドイツの分断の進行と並行して，米ソはポーランドやギリシャ内戦をめぐる問題で対立をいっそう深めることとなる。

　東西間の対立を決定的とするのに重要な役割を果たしたのが**マーシャル・プラン**だった。1947年6月に国務長官ジョージ・マーシャルは，ハーバード大学での演説でヨーロッパに対する大規模な経済支援を表明した（遠藤 2008：史料3-1）。これを受けて，翌月に英仏ソ3カ国でマーシャル・プラン受け入れをめぐる外相会談ならびにヨーロッパ各国の代表が参加するロンドン会議が持たれたが，ソ連はマーシャル・プランの受け入れを拒否したばかりか，ソ連の影響下にあった東欧諸国にも受け入れないように指示した。戦後復興支援を望んだチェコスロバキアは，強制的にマーシャル・プラン受け入れからの撤退を余儀なくされた。ここに，アメリカからの資金を受け取る側とそれを拒否するソ連側というヨーロッパの分断が明確になった。その後，48年2月のチェコスロバキアでの共産党クーデターや同年6月のベルリン危機の勃発により，米ソ

間での冷戦が確定的となるのである。

　このように冷戦を誘発したマーシャル・プランだが，他方でこの計画はヨーロッパ統合の誘い水でもあった。なぜならば，マーシャル・プランの実施にあたっては，アメリカが受益国間での自由貿易の推進や国際組織の設立という形での経済協調を必須条件としたからである。マーシャル・プランの受け皿として欧州経済協力機構（OEEC）が設立されるのは 1948 年 4 月のことである。OEEC は，単に西欧諸国間の関税の引き下げや輸入数量制限の撤廃を進めるだけでなく，経済協調を核としたヨーロッパ諸国間の統合全般を実現していく組織と見なされていた。

　1948 年には，このようなヨーロッパ組織はほかにも成立した。英仏ベネルクスの 5 カ国で 3 月に設立したブリュッセル条約機構（BTO）である。これは，冷戦の進展のなかで，ヨーロッパの安全保障を確保しつつ，ドイツ封じ込めを主眼として打ち立てられた西ヨーロッパの集団安全保障機構であった。BTO は，冷戦における西側の結束とドイツ封じ込めを同時に実現するものだった。このように，48 年におけるヨーロッパ統合の多くは，冷戦構造が確定しつつあるなかで，西側諸国の結束を図る西側統合の一類型であり，その主たる担い手は英仏両国だった。

▍「ヨーロッパの春」▍

　冷戦の進行とともに，西ヨーロッパ諸国の結束を図るための統合が進んでいった。しかし同時に，このような西側統合に還元されないヨーロッパ統合の力学も存在した。それが，第 2 次世界大戦後のヨーロッパ各国に誕生した**連邦主義者**のネットワークである。1945 年以降，ヨーロッパ統合に向けた団体が各国で多数つくられ，それぞれに国境を越えて議論を開始するようになる。連邦主義者による UEF，フランスの社会主義者による MEUSE，自由主義者の LECE，カトリックの NEI といった，右派・中道・左派すべての政党勢力を含むさまざまな，国境を越えた政治的なヨーロッパ推進をめざす運動者のネットワークが 40 年代後半に急速につくられた。重要なのは，これらのヨーロッパ統合の推進運動を積極的に進めている人々が，戦間期のような知識人や実業家ではなく，政治家だったことである。彼らのなかには第 2 次世界大戦中レジス

タンスや亡命政権に身を投じたものも多く，戦後のヨーロッパを連邦的に再編成しようとする連邦主義者が数多く誕生した。

　1948年には，このヨーロッパ統合運動の盛り上がりが頂点に至った。というのも，前述のヨーロッパ運動の団体が，48年5月にオランダのハーグに一堂に会し，経済・政治・文化に関する決議を行った（遠藤2008：史料3-7）。このハーグ会談は，2つの重要な帰結を生んだ。1つは，数多くのヨーロッパ主義団体が「ヨーロッパ運動」に集約したこと，そしてハーグ会談の決議によって，**欧州審議会**（CE）という初めてのヨーロッパ大の国際組織を設立させることにつながったことであった。

　ハーグの政治決議を受けて，フランス外相のジョルジュ・ビドーは，同年7月，ブリュッセル機構の理事会において，「ヨーロッパ議会」の設立を提案する。他方で，翌月には欧州統合運動国際委員会（のちの「ヨーロッパ運動」）は，BTOの5カ国によって「欧州議会」設立の責任を有する準備会議を開催すること，その議会はヨーロッパ国家すべてが参加できるが当面はOEEC加盟国の参加を求めること，というメモランダム（ラマディエ提案）を作成し，BTO5カ国とOEEC加盟国に送付した。このような議論の高まりのなかで，10月のパリで開かれたBTO外相会談において，ヨーロッパ共同体を設立するための委員会が発足することが合意された。しかし，この協議において，イギリスとフランスは設立されるヨーロッパ議会の性格づけをめぐって対立することとなる。フランスは，将来のヨーロッパ的共同体における議会の第一歩として設置を望み，イギリスは各国の閣僚級・政府代表が定期的に協議しあう常設会議として設置することを求めた。この英仏対立はイギリスの勝利として終わり，結果49年5月に成立したのがCEだった。

　CEは，史上初めて成立したヨーロッパの共同体であり，第2次世界大戦後に進んだヨーロッパ統合を求める高まりの1つの頂点になるはずのものだった。しかし，CEへの期待は成立時点から冷めたものだった。なぜなら，ヨーロッパ統合を求める連邦主義者の多くは，超国家的な統合を求めていたのに対し，現実に成立したCEにはそのような超国家性は付与されていなかったからである。その後CEはヨーロッパ人権条約レジームというきわめて重要な機能を獲得することになるが，少なくとも40年代末において，CEの成立は統合推進

派の期待に沿うものではなかった。

　他方で，このような国境を越えたネットワークを介してヨーロッパ統合が議論されたのは，この時期における大きな特徴である。トランスナショナルなネットワークを形成したのは，連邦主義者たちだけでなく，例えば1948年から始まったジュネーブ・サークルというカトリック政党に属する保守派のネットワークもまた重要だった。同様のネットワークは，大西洋を越えて親統合のアメリカの知識人・官僚とヨーロッパの連邦主義者をつなぎ始めていた（高津2015）。

┃ シューマン・プランの成立 ┃

　1940年代が終わろうとしていたとき，ドイツは分断され，欧州審議会の様式からはヨーロッパ統合への限界が現れていた。このような状況で，新しいイニシアティブがフランス政府内から生まれ，これが現在のヨーロッパ統合の出発点の1つとなっている。それが，**シューマン・プラン**である。シューマン・プランは，1950年5月9日にフランス外相ロベール・シューマンが発表したドイツとフランスの石炭鉄鋼資源を共同で管理する構想である。このシューマン・プランを起草したのは，当時計画庁長官のモネだった。イギリスとの協調にもとづくヨーロッパ統合の限界を感じていたモネは，ドイツとの協調を軸とした統合を打ち出したのである。

　英仏ではなく独仏の，政府間ではなく超国家のヨーロッパを打ち出したモネの計画が出されたとき，独仏伊の政府にヨーロッパ統合の推進派が集まっていたことは幸運だった。フランスのシューマン外相，西ドイツのコンラート・アデナウアー首相，イタリアのデ・ガスペリ首相は，みなカトリックでドイツ語に不自由しなかった。シューマンとアルチーデ・デ・ガスペリはそれぞれ当時ドイツ領のエルザス・ロートリンゲン（アルザス・ロレーヌ）地方の出自ならびオーストリア＝ハンガリー帝国領南チロル地方出身で，第1次世界大戦後の領土返還によって国籍が変化した，ヨーロッパの申し子ともいえる政治家だった。独仏に加えイタリアとベルギー・オランダ・ルクセンブルク（ベネルクス）の計6カ国によって，1952年に**欧州石炭鉄鋼共同体（ECSC）**が成立した。

　シューマン・プランは石炭鉄鋼の共同管理を謳っている点で，経済統合を志

向しているが，そこには統合のさまざまなポイントが詰まっている。第1に，石炭鉄鋼の独仏共同管理とはいうが，実は資源は西ドイツ側に偏在していた。つまり，シューマン・プランは実質的には西ドイツの資源のヨーロッパ化を意味しており，ドイツを封じ込めるだけでなく，経済近代化を望むフランスが西ドイツのエネルギー資源にアクセスできることを意味していた。シューマン・プランは，ドイツ封じ込め，フランス経済の近代化，そしてヨーロッパ統合という3つの問題を一挙に実現できる3次方程式の解だったのである。他方で，封じ込められる側の西ドイツのアデナウアーも，この構想の含意を理解したうえで賛成した。独仏間の戦争を不可能にするという平和をもたらすシューマン・プランは，たとえ経済的には西ドイツには不利でも，戦後秩序と戦後西ドイツの国際的地位の安定化に大いに資する構想と評価されたのである。つまり，シューマン・プランは，フランス側の思惑とドイツ側の思惑が，異なる点はあったが一致することで成立することができたものだった。

消えた「もう1つのヨーロッパ」

シューマン・プランのインパクトは大きく，その後の展開を見れば，このシューマン・プランとECSCにもとづく統合の動きが，後のEUへとつながりヨーロッパ統合をつくっていくことになる。しかしこれを逆に見れば，ECSCと重ならない統合の試みは孤立し，日の目を見ないまま消えることを意味する。そのような統合の試みとして，例えば戦間期にパン・オイローパ運動を推進したカレルギーが第2次世界大戦後に進めたヨーロッパ議会同盟や，ハプスブルク帝国が存続していれば皇帝の座に座る予定だったオットー・フォン・ハプスブルクが中心となって活動していた「ヨーロッパ資料情報センター（CEDI）」がある。ドイツにおけるアーベントラント運動も，これに相当するだろう（板橋 2016）。たしかに，貴族・王族のヨーロッパ，反近代のヨーロッパを求める動きは，第2次世界大戦後の世界で影を潜める。しかし，これらはもう1つのヨーロッパであり，そのような活動が，EU的ヨーロッパが成立する傍らで長らく活動を続けていたことの意味は示唆的である。

4. ローマ条約の成立

欧州防衛共同体の失敗

　シューマン・プランは，超国家的なヨーロッパ統合を一気に実現させうる夢の計画だった。しかしその発表からほどなく，朝鮮戦争が勃発した。極東で起きた戦争はヨーロッパの国際政治に大きなインパクトを与えた。なぜならば，ソ連の軍事力の脅威が朝鮮戦争によって大いに意識され，ヨーロッパの安全保障の確保が即急に必要だと認識されるようになったからである。共産圏の脅威に対抗するためには，未だ完全には主権を回復していない西ドイツを再軍備する必要があった。東側の陸軍部隊が西欧に攻め込むならば，西側としてはドイツ領内で迎え撃つのが最善策であるが，そのための兵力は不足していたからである。とりわけ，アメリカは自国部隊の増派と引き換えに西ドイツの再軍備を強く要求した。しかし再軍備には周辺諸国の反発が強く，かつ再軍備によって西ドイツの国際的な立場が向上すれば，同国のシューマン・プランへの関心を低下させ，ヨーロッパ統合への流れに水を差す恐れもあった。

　このときモネが事態を収拾するために考えたのがヨーロッパ軍構想だった。フランス首相ルネ・プレヴァンが 1950 年 10 月に発表した**プレヴァン・プラン**は，ヨーロッパ各国の軍隊を統合してヨーロッパ軍を設立し，そのなかにドイツ人部隊も組み入れることで，ヨーロッパの安全保障の確立とヨーロッパ統合とを，一挙に実現しようしたのである（遠藤 2008：史料 4-9）。この構想は，軍をコントロールする超国家的な機構が必要ということから，**欧州防衛共同体**（**EDC**）構想へ発展する。

　しかし，この EDC 構想には多くの反対者がいた。第 1 にはアメリカである。アメリカは多国籍の混成部隊からなるヨーロッパ軍構想を軍事的にナンセンスとして反対し，西ドイツの即急な再軍備を要求した。他方でフランス国民議会の多数派は，西ドイツの再軍備には消極的だった。フランス政府は両者の間の板挟みになったが，仏米間の対立は 1950 年 12 月のスポフォード妥協案で一応の解決を見た。これは，アメリカが北大西洋条約を機構化して**北大西洋条約機**

構（NATO）を設立することで，軍事統合を実現することを受け入れる代わり
に，西ドイツを（直接的もしくは EDC を通じて間接的に）NATO に組み込むこと
にフランスが同意するというものだった。アデナウアーは再軍備を，防衛貢献
の引き換えに主権回復を求める絶好の機会と捉えた。こうして 1952 年 5 月に
ドイツの主権回復条約（ドイツ条約）と EDC 条約（ECSC と同じ 6 カ国）が同時
に調印された。ドイツ条約の 11 条には，同条約は EDC 条約が発効すること
で効力を有することが規定されており，ドイツの主権回復と EDC はここで公
式に連関することとなった。このように EDC は，ドイツ封じ込め，ヨーロッ
パ安全保障の確保，ヨーロッパ統合の 3 つを一挙に確立する構想であった。

　しかしこの EDC 条約は，フランスにとって徐々に重荷となっていく。西ド
イツをはじめとする 5 カ国が条約を批准していくなか，フランスだけが議会で
の多数派による批准を望めずにいた。その理由として，EDC の生みの親であ
るモネは議会の人脈から切れた存在であって彼の考えは議会のなかでは多数派
とはいえず，フランスの対ドイツ恐怖心はまだまだ強かったことに加え，
EDC の制度的な問題もあった。EDC に派遣する兵力は，各国の GDP に応ず
るという規定があった。第 2 次世界大戦終了後インドシナ戦争を戦っているフ
ランスは財政赤字に喘ぐ一方で，西ドイツはルートヴィヒ・エアハルト経済相
の下で順調な経済的回復を見せていたため，EDC への派遣兵力がフランスよ
りも西ドイツのほうが上回るようになっていった。EDC はフランスにとって
ドイツ封じ込めの体をなさなくなったのである。

　フランスでの EDC 条約の批准は，最終的に 1954 年 8 月に国民議会で否決
される。批准不成立により EDC の試みは失敗に終わり，EDC 条約とリンケー
ジしていたドイツ条約の成立も危うくなった。当時のピエール・マンデス＝フ
ランス仏首相とアンソニー・イーデン英首相は EDC を諦め，NATO への西ド
イツ加盟による解決を模索し，西ドイツが NATO とブリュッセル条約機構を
改革した西欧同盟（WEU）の双方に加盟し，軍装備に関する査察を受けること
で決着した。こうして，1950 年から 4 年間続いた西独再軍備問題は解決した。
しかし，それはフランス国民議会による自らの政府が提案したヨーロッパ構想
の否決という代償がついた。フランスはヨーロッパ統合から手を引くのではな
いかという不安が，にわかに現実味を帯びるようになったのである。

ベネルクス覚書からローマ条約交渉へ

　この当時において，ヨーロッパ統合の中核国がフランスであることは間違いがなかった。それゆえ，そのフランスがEDC構想を否決したことの衝撃は大きかった。この統合の危機に対し，フランスに代わってイニシアティブをとったのが，オランダとベルギーだった。この2カ国はフランスとは違った意味で，以前から統合に積極的だった。オランダは，シューマン・プランと同時期に，独立して議論された農業統合においてフランス以上に積極的だったばかりか，EDC問題から付随して起こった**欧州政治共同体（EPC）**構想においても，独自の構想を提出していた。

　またベルギーも，首相ポール＝アンリ・スパークをはじめとして国内に多くの連邦主義者を擁し統合に積極的だった。そこで，ベルギーとオランダが連携して統合の再活性化の計画が練られ，ルクセンブルクも交えて作成されたのが，**ベネルクス覚書**である。これが1955年5月に6カ国に提出されたことにより，イギリスを含めた7カ国が同年6月にイタリアのメッシーナで会議を開いた（遠藤 2008：史料4-21）。

　このメッシーナ会議から，途中イギリスが離脱するものの，欧州経済共同体（EEC）および欧州原子力共同体（EURATOM：ユーラトム）が成立するまでの交渉が始まる。両共同体の設立条約である**ローマ条約**の名をとって，ローマ条約交渉と呼ばれるものである。このローマ条約交渉は，複数の論点が同時並行的に進み，最終的に出来上がる統合の仕組みが，戦後のヨーロッパ統合と国際秩序そのものに大きく影響を与えたという点で，きわめて重要なプロセスである。

　このローマ条約がヨーロッパ統合の在り方に与えた影響には，少なくとも以下の4点がある。第1に，形成される共同体の統合様式が超国家的な共同体の形成（垂直的統合）から経済全般の市場統合（水平的統合）にシフトしたこと，第2に，このシフトによって統合の主眼が軍事政治的なものから経済的なものに移行したこと，第3に，特にフランスにとって，外交政策の軸足を植民地からヨーロッパへと移す意味があったこと，第4に，イギリスを含めたヨーロッパ諸国の関係性がこのローマ条約交渉に象徴的に表れ，そしてそれは今日まで尾を引くものであることである。

ローマ条約交渉の推移としては，メッシーナ会議の決議によって政府代表による委員会が設置され，これからつくり上げる共同体の見取り図を作成する作業が委託された。この作業委員会は 1956 年 4 月に議論をまとめた報告書，いわゆる**スパーク報告**を提出した。スパーク報告は共同市場と原子力共同体の骨子を記したものであり，ここに共同体の草案が作成された。同年 6 月，ブリュッセルに 6 カ国首脳が集まり，スパーク報告を草案として共同体の設立条約を協議する政府間協議が開始した。この協議はいくつもの困難・障害に直面したが，6 カ国は最終的に合意に至り，57 年 3 月 25 日にローマで EEC 設立条約およびユーラトム設立条約に調印した。ローマ条約は翌 58 年 1 月 1 日に発効し，こうして 2 つの共同体が，新しくヨーロッパ統合の組織として成立したのである。

ローマ条約がもたらした転換

　このローマ条約交渉の全般的経緯を念頭に置いたうえで，先ほど述べたローマ条約交渉の 4 つの転換点について説明したい。第 1 は，垂直的統合から水平的統合へのシフトである。ローマ条約交渉以前の統合の様式は，モネが描いた超国家的機関による統合だった。これは，加盟国が国家の権能の一部を共同体組織に移譲することで，共同体機関が国家を超える権威を得て，もって超国家的機関が一元的にその権能について加盟国間の政策を統合する様式である。ECSC はそれを石炭・鉄鋼業で行ったが，1950 年代前半には，それ以外にも農業や保険で同様なセクター別の超国家的統合の試みがあった。EDC は，その軍事力版だった。セクター別に分かれた統合をつなぎ合わせれば，ヨーロッパ連邦の成立が見込まれていた点で，このような発想は，連邦主義的な色合いが強かった（シューマン宣言では目標としてヨーロッパ連邦の成立を公言している）。

　これに対し，1953 年頃より，ベルギーやオランダから別の統合の様式を求める声が上がる。特にその中心となったのがオランダ外相のヨハン・ウィレム・ベイエンだった。国際金融業界に長く勤めていたベイエンは EPC 構想において，経済統合をモネが描いた超国家的ではなく共同市場の建設による水平的な方法で推進することを提案した（遠藤 2008：史料 4-18）。この提案に沿った内容が EDC 条約の失敗後，ベネルクス諸国が統合の救済を図るなかでオラン

ダ政府の方針として引き続き追求された。モネが追求した1つのセクターによる国家を超える権限を有した超国家的機関による上からの統合をめざす方策は，原子力エネルギー分野において追求されることとなった。しかし，原子力には別の国際的な管理体制をめぐる問題があり，ユーラトムは当初予定した核エネルギーの独自管理を実現できず，成立後急速にその重みを失うこととなる（川嶋 2016）。つまり，モネが求めた共同体は役割を失い，共同体の柱はベイエンが唱えた共同市場に移ったのである。

　2番目の転換点は，統合の中核（あるいは当座追求する政策領域）が軍事的・政治的なものから経済的なものに移行したことである。これは，第1の共同市場という路線の勝利が意味したことからも明らかであろう。ヨーロッパ諸国の軍事的な領域における協力関係は NATO が担い，経済的な統合は EEC が担うこととなる。これに CE が人権および規範の領域での協力関係を打ち立てることで，この三者の有機的な役割分担関係は，EU＝NATO＝CE 体制とも呼ばれる（遠藤 2014）。ローマ条約で確立するこの体制は，西ヨーロッパの戦後体制そのものでもあった。

　第3の転換点は，フランスやベルギーなど，それまで植民地をヨーロッパ外に抱えていた国家が，自らの外交基盤を植民地からヨーロッパに置き換えようとする，大きな歴史的転換と表裏一体の過程として進行したことである（黒田 2018）。

　第4の転換点が，イギリスとヨーロッパ統合との関係である。イギリスはヨーロッパにおける随一の大国であり，戦後当初，オランダやベルギーなどはヨーロッパ統合に関してもイギリスの主導権に期待していた。しかし CE をめぐる英仏間の争いからシューマン宣言に至る頃には，イギリスはヨーロッパ統合から一歩引き，ECSC にも参加しなかった。ローマ条約交渉において，イギリスが当初交渉に参加するも，すぐに撤退する。とはいえ，統合によって結束した6カ国がヨーロッパの主導権を握ることも，共同市場によってヨーロッパが経済的に分断されることも，イギリスにとっては望ましいことではなかった。それゆえ，ローマ条約交渉時において，イギリスは「自由貿易地域（FTA）」を設立する構想を打ち立て，共同市場に代わる経済協調の枠組みを西ヨーロッパ諸国に提案した。しかし，6カ国はこの提案を拒否し，FTA 構想は頓挫する。

このようにイギリスは，最初から統合には距離を持ち，独自の観点からヨーロッパ統合に接し，EEC への不参加はその関係を構造化するものと思われた。その後イギリスは2度の加盟申請の後に EEC に加盟するが，1980年代になると統合への懐疑的な姿勢を隠さないようになり，ついに2016年には離脱を選択することとなる。イギリスとヨーロッパ統合の一筋縄ではいかない関係は，このローマ条約期には既に明らかとなっていった。

　いずれにせよ，1958年に成立した EEC は，共同市場という経済セクター全般の統合を志向したという点で後の EU の直接的な出発点となり，ヨーロッパ統合の大きな方向性を確立する時代の画期となった。

引用・参考文献 ┃　　　　　　　　　　　　　　　　　　**Reference** ●

板橋拓己（2016）『黒いヨーロッパ――ドイツにおけるキリスト教保守派の「西洋（アーベントラント）」主義，1925-1965年』吉田書店。

岩間陽子（1993）『ドイツ再軍備』中央公論社。

遠藤乾編（2008）『原典　ヨーロッパ統合史――史料と解説』名古屋大学出版会。

遠藤乾（2013）『統合の終焉――EU の実像と論理』岩波書店。

遠藤乾編（2014）『ヨーロッパ統合史〔増補版〕』名古屋大学出版会。

遠藤乾・板橋拓己編（2011）『複数のヨーロッパ――欧州統合史のフロンティア』北海道大学出版会。

川嶋周一（2016）「ユーラトムの成立とヨーロッパ核秩序 1955-1958――統合・自立・拡散」『GRIPS ディスカッション・ペーパー』DP 16-17。

黒田友哉（2018）『ヨーロッパ統合と脱植民地化，冷戦――第四共和制後期フランスを中心に』吉田書店。

高津智子（2015）「欧州政治共同体約をめぐるトランスアトランティック・ネットワーク――統一ヨーロッパ・アメリカ委員会とヨーロッパ運動」『史林』98（5），741-770頁。

戸澤英典（2003）「パン・ヨーロッパ運動の憲法体制構想」『阪大法学』53（3・4），357-391頁。

フェーヴル，リュシアン／長谷川輝夫訳（2008）『"ヨーロッパ" とは何か――第二次大戦直後の連続講義から』刀水書房。

ホブズボーム，E.J.／浜林正夫・嶋田耕也・庄司信訳（2001）『ナショナリズムの歴史と現在』大月書店。

ポミアン，クシシトフ／松村剛訳（2002）『ヨーロッパとは何か――分裂と統合の1500年』平凡社。

益田実・山本健編（2019）『欧州統合史――二つの世界大戦からブレグジットまで』ミネ

ルヴァ書房。

宮下雄一郎（2016）『フランス再興と国際秩序の構想――第二次世界大戦期の政治と外交』
勁草書房。

Bossuat, Gérard（2009）*Histoire de l'Union européenne: Fondations, élargissements, avenir*,
Edition Belin.

Guieu, Jean-Michel, Christophoe Le Dréau, Jenny Raflik et Laurent Warlouzet（2007）*Penser et construire l'Europe au XXᵉ siècle*, Edition Belin.

Kaiser, Wolfram（2007）*Christian Democracy and the Origins of European Union*, Cambridge University Press.

Kaiser, Wolfram, Brigitte Leucht and Morten Rasmussen eds.（2009）*The History of the European Union: Origins of a Trans- and Supranational Polity 1950–1972*, Routledge.

Loth, Wilfried（2015）*Building Europe: A History of European Unification*, De Gruyter Oldenbourg.

Poidevin, Raymond ed.（1986）*Histoire des débuts de la construction européenne, mars 1948- mai 1950: Actes du colloque de Strasbourg, 28–30 novembre 1984*, LGDJ.

Serra, Enrico ed.（1989）*Il rilancio dell'Europa e i Trattati di Roma: Actes du colloque de Rome 25–28 mars 1987*, Giuffré.

Schwabe, Klaus ed.（1988）*Die Anfänge des Schuman-Plans 1950/51: Beiträge des Kolloquiums in Aachen, 28–30. Mai 1986*, Nomos.

Trausch, Gilbert ed.（1993）*Die Europäische Integration vom Schuman-Plan bis zu den Verträgen von Rom: Contributions to the Symposium in Luxembourg 17–19 May 1989*, Bruylant.

第**2**章

統合の停滞と再生

マーストリヒト条約までの歩み

仏独両国の協調関係を再建したジスカール＝デスタン大統領（左）とシュミット首相（右）。（写真：時事通信フォト）

はじめに

　本章では，ローマ条約（1957年）により欧州経済共同体（EEC）・欧州原子力共同体（EURATOM）が創設されてから，単一市場の設立に合意した単一欧州議定書（1986年）を経て，冷戦終結後のマーストリヒト条約（1992年）によって欧州連合（EU）が誕生するに至るまでの，ヨーロッパ統合の展開を説明す

る。EEC は現在の EU に直接的につながる組織であり，共同市場の建設を通じて，4 つ（人・モノ・資本・サービス）の自由移動を実現することを目標としていた。この目標は単一市場という形で実現し，EU の基盤である社会的経済的に統一された空間をつくり出した。その過程で EU の活動は経済以外の領域にも及び，その政策分野は飛躍的に拡大した。1960 年代から EU 成立までの統合過程は，EU 期に成立する政策を準備する長い過渡期として見ることもできるだろう。

　第 1 節では，EEC を実現する過程で生じたさまざまな問題と，とりわけ1958 年にフランスで権力の座に復帰したシャルル・ド・ゴールが，ヨーロッパ統合の展開にいかなる影響を与えたかを説明する。フランスの過去の栄光を回復することを第 1 目標としたド・ゴールは，アメリカ主導の西側陣営の在り方に挑戦するため，EEC により政治的な役割を持たせようとする一方，アメリカと密接な関係にあるイギリスの加盟を拒否し，さらには国家主権を損ねかねない超国家主義的な統合に反対して「空席危機」を引き起こした。続いて第 2 節では，ド・ゴールが引退した 69 年から 80 年代中葉までの時期を扱う。この時期にはイギリス・アイルランド・デンマークの EEC 加盟によって初めて統合の「拡大」が実現し，独自財源にもとづく共通農業政策の実現によってEEC は一応の「完成」を見たが，経済通貨同盟のような新たなプロジェクトの実現による統合の「深化」は進まなかった。そのため従来の研究では，第 1 節やとりわけ第 2 節が対象とする時期は，ヨーロッパ統合の停滞期だと考えられてきた。それに対して，本書では最近の歴史研究の成果を踏まえて，この時期に後の統合を進展させるための条件が整備されていたことを指摘する。第 3 節では，単一市場の実現と，マーストリヒト条約によって EU が新たに設立され，経済通貨同盟や共通外交・安全保障政策に関する合意がなされたことで，新たな段階に到達したヨーロッパ統合について見ていくことになる。

1 EEC 成立以降の統合とド・ゴールの登場

統合の展開

　ローマ条約が成立してからの 10 年間は，統合がめざす方向性とその方法論に関する対立が幾重にも重なる形で起こった。具体的には，政治統合の依然たる追求とその失敗，経済統合の定着と推進，安全保障をめぐる対立と混乱だった。政治統合に関しては，EEC は最初に成立した欧州石炭鉄鋼共同体（ECSC）とは異なり，政府間主義と超国家主義を混成的に組織したことに論争の起源があるといえる。政府間主義と超国家主義のどちらを，実際の制度の運用において重視するかどうかが，問われることになった。経済統合に関しては，関税引き下げや自由化などの消極的統合がこの時期に大きく進展する一方で，最初に取り組まれた本格的な積極的統合政策である**共通農業政策**（CAP）をめぐって，加盟国間で大きな対立が起きるようになる。最後の安全保障に関しては，特に1958 年にフランスの政権に復帰したド・ゴール仏大統領の外交政策が，ヨーロッパ統合と北大西洋条約機構（NATO）の両方を同時に再編することを意図していたことから，60 年代のヨーロッパ統合はド・ゴールとともに動くこととなった。

　ローマ条約成立から 1962 年までの 4 年間は，特に多くの動きがあった。50年代の統合の計画に色濃く残っていた戦後復興の色彩が消え，イギリスを中心として EEC に対抗して欧州自由貿易連合（EFTA）が設立される一方で，EECという西ヨーロッパの共同市場を既存の国際経済に適合させるために関税及び貿易に関する一般協定（GATT）のディロン・ラウンドで米欧間の貿易交渉が行われ，このラウンドでの合意を受けて CAP の市場規定（主要品目の共同市場化措置に関する規定）が 62 年に成立する。さらに，この農業交渉と並行してEEC 内では関税引き下げが行われ，当初 65 年に予定されていた関税率の 50%の引き下げは 62 年の下半期から実行されるなど，関税同盟の完成に向けた歩みは順調だった。

ド・ゴールと EEC の「空席危機」

　他方で 1960 年代のヨーロッパ政治はフランス大統領のド・ゴールに大きく影響を受けた。ド・ゴールは 60 年に政治連合構想を提起する。これは，EEC 加盟国間で常設の事務機構を設立しつつ，首脳・外相の定期会談を実施することを目的とするものだった。この政治連合は，EEC よりも政治的な役割を発揮しようとするものであり，欧州防衛共同体（EDC）・欧州政治共同体（EPC）で挫折した政治統合を実現するような野心的な構想に見えた。ド・ゴールから見れば，ソ連が大陸間弾道ミサイルの開発に成功したことで，西欧の安全保障に対するアメリカのコミットメントの信頼性は大きく損なわれていた。61 年の EEC 首脳会談で政治連合構想に取り組むことが合意され，EEC 諸国は具体的な中身をめぐる交渉を開始した。政治連合において新しく獲得することが見込まれた領域には，国防・防衛分野の協調があった。ド・ゴールは EEC を政府間主義的に組み替えて，アメリカ中心の NATO に代わる安全保障の枠組みを政治連合が担うことを志向していたが，フランス以外の 5 カ国には受け入れられなかった。62 年に入ってこのような対立が露わになったことで，政治連合交渉は暗礁に乗り上げることとなった。同年 4 月には同交渉は棚上げされ，政治連合構想は失敗に終わるのである。

　この 2 点に加えてもう 1 つ取り上げなければならないのが，1961 年から 63 年にかけて行われた**イギリスの加盟交渉**である。イギリスはローマ条約交渉では EEC と対抗的な自由貿易圏を設立しようとし，結果 EFTA がつくられたが，EEC の急速な経済発展や，脱植民地化の波，それからアメリカの後押しを受けて，61 年には早々に EEC への加盟申請を行った。イギリスのこの表明に多くの EEC の政治家は賛同したが，ド・ゴールは違った。ド・ゴールはイギリスが加盟すればアメリカの「トロイの木馬」になるとして反対した。ド・ゴールの最終的な反対表明は 63 年 1 月の記者会見の場でなされ，イギリスの加盟申請もまた失敗に終わる。ド・ゴールの強硬姿勢の背景には，イギリスの EEC 加盟自体がもたらす問題に加え，米英両国の特別な関係に対する反発があったと見られる。62 年 10 月のキューバ危機の際，ジョン・F・ケネディ大統領がイギリスのハロルド・マクミラン首相と緊密に連絡したのに対し，ド・

ゴールや西ドイツのアデナウアー首相は脇に追いやられた。12月には，アメリカ政府はイギリスに対して有利な条件でポラリス戦略核ミサイルを提供すると表明した（ナッソー合意）。

イギリスのEEC加盟に対する拒否権行使で孤立しかけたド・ゴールを救ったのは，西ドイツとの間で締結された**エリゼ条約**だった。アデナウアーもまた，ソ連のベルリンの壁建設に対する米英両国の対応に不満を持っていた。長期的には，エリゼ条約は仏独両国の2国間関係を強化し，それがヨーロッパ統合の基盤ともなっていく。しかし西ドイツの連邦議会が米独関係に配慮してこの条約は大西洋同盟と抵触するものではないと決議したため，アメリカに対抗する形で西欧諸国を団結させようというド・ゴールの目的にはさほど貢献しなかった。

ド・ゴールは1960年代前半までは，EECの明白な反対者というわけではなかった。ド・ゴールは明白な政府間主義者であったがEECの存在自体を否定したわけではなかったし，何よりもCAPや域外（特にアフリカ諸国）への開発基金で最も得をしていたのはフランスだった。しかし，このイギリスの加盟への反対と期待外れに終わったエリゼ条約以降，ド・ゴールはEECおよび既存のヨーロッパ政治に対して否定的になる。それがきわめて劇的に表れたのが，65年から66年にかけて起こった，フランスが共同体機構から自国代表の出席をボイコットさせた**空席危機**だった。

空席危機の要因は複数あると考えられているが（Palayret et al. 2006），その直接的なきっかけは，共同体組織の権限強化を求めていたEEC委員会委員長ヴァルター・ハルシュタインとの衝突だった。ハルシュタインは1965年3月にCAPに関連するパッケージ提案を発表した。この提案でハルシュタインが実現を求めたのは，関税同盟と共同農業市場を67年に実現すること，関税同盟の実施は対外共通関税の実施を伴うが，その対外共通関税を共同体固有財源にすること，こうして生じた固有財源に対する民主主義的コントロールを実施するために欧州議会に必要な管理権限を移譲することだった。ド・ゴールはこの提案に反発し，折から同年6月末に失効するCAP規定の更新を拒否したうえで，7月1日に理事会，委員会，コルペール（常駐代表会議）のフランス代表を共同体機構からパリに呼び戻した。

┃ ルクセンブルクの妥協 ┃

　EEC の発足からまだ 10 年も経ってない時期のフランスのボイコットは EDC の悪夢を呼び起こすものであり，これ以降 5 カ国を中心としてフランス復帰のための条件交渉が行われることとなったが，結局フランスが復帰の条件としたのは当初問題となった CAP 提案ではなく，閣僚理事会における議決方式に関する問題だった。というのも，1967 年までは理事会での議決方式は移行期間として全会一致制をとっていたが，それ以降は幅広い問題で特定多数決制（制度の詳細については**第 5 章**を参照）をとることが予定されていた。ド・ゴールはこの多数決制への移行に異を唱えたのである。66 年 1 月にルクセンブルクで開かれた臨時閣僚理事会において，両者の主張を両論併記する形で「**ルクセンブルクの妥協**」が成立した。このなかでフランス側は移行期間以降も「死活的な国益が問題となる場合」は閣僚理事会で全会一致に至るまで話し合いを続けることを要求し，フランスが EEC に復帰することで危機は解決した（遠藤 2008：史料 5-17）。このルクセンブルク妥協にもとづく拒否権は，80 年代初頭になると加盟国数の増加もあって揺らぐが，閣僚理事会での議決で多数決が通常の議決方式になるのは，単一欧州議定書以降のことである。ただし閣僚理事会における意思決定は，たとえ法的には多数決の対象となる問題であっても，多くの場合，実質的にはコンセンサスにもとづいている。

┃ 統合の静かな深化 ┃

　このように，1960 年代がド・ゴールによって波乱の時代となったのは確かであるが，他方で統合は静かに深化を進めていったともいえる。何よりも，60 年代は理事会や委員会における制度化が進んでいった時代であり，ローマ条約締結時には想定されていなかったコルペールの制度が 60 年に整備されたことや（Knudsen and Rasmussen 2008），62 年の CAP 規定の採択の際に政策執行の具体的細目を加盟国間の協議によって行うというコミトロジー手続きの登場は，統合の仕組みを共同体機構と加盟国間とを有機的につないで制度化を進めていったことを示していた。また経済統合も，関税同盟の実現や米欧間で貿易係争になったほどの域内食糧生産の向上など，成果を多く出していた。60 年代に

順調に経済統合が進んだがゆえに，70 年代に入ったときに，EEC は初めて排他的権限を獲得した。

　もう 1 点，最後に指摘しなければならないのは，EEC 発足からほどなくして登場した法統合の原理である。1963 年のファンヘントエンロース判決と 64 年のコスタ対エネル判決は，それぞれ EC 法の国内における直接効果の肯定と EC 法の国内法に対する優位の認定を行うものだった。これは，EC 法が通常の国際法とは異なり，加盟国と一体的かつそれを包み込む独自の法体系を打ち立てていく，きわめて重要な法原則だった。実際 1980 年代における「相互承認」原則とあわせて，統合の多くは「法の統合」を介して実現していくのである。その片鱗は，既に 60 年代から垣間見えていた。

ヨーロッパ統合の「停滞」

▶1969 年〜80 年代中葉

　ド・ゴールは 1969 年に政界から引退し，その後開かれたハーグ・サミットで，加盟国首脳は**欧州共同体**（1967 年に機関合併条約が結ばれた後，ECSC・EEC・EURATOM の 3 つを合わせて European Communities と呼び，EC と略すことが一般的になった）の「完成・拡大・深化」を進めることで合意した。「完成」は共通農業政策の財政措置の確立，「拡大」は当時 EC に加盟申請していたイギリス・アイルランド・デンマーク・ノルウェーの加盟，「深化」は経済通貨同盟の実現を指す。このうち，共通農業政策についての合意はほどなく成立し，73 年 1 月にはイギリス・アイルランド・デンマークの加盟によって，EC は 9 カ国に拡大した（ノルウェーでは国民投票により加盟が否決された）。しかし，経済通貨同盟は実現せず，70 年代は統合が停滞した時代だといわれることが多い。ただし，この時期に後の統合の進展を可能にした条件が整備されたことを見逃すべきではない。

統合が停滞した理由

　それでは，統合が進展しなかった理由は何か。一般的には，1970 年代の国

際通貨制度の崩壊と石油危機のため世界経済が混乱し，混乱から抜け出そうとしたヨーロッパ各国が相対立する経済政策を実行したためといわれることが多い（Moravcsik 1998；藤原 2007）。この説明によれば，80 年代中葉から 90 年代にかけて統合が再度進展したのは，各国が市場重視の新自由主義（ネオ・リベラリズム）を受け入れ，経済運営が収斂したためだということになる。この見方は，ヨーロッパ統合が経済的なプロジェクトであることを前提にしている。しかしこれまで見てきたように，ヨーロッパ統合は独仏和解という政治的な目標を達成しようというプロジェクトであり，経済はその手段にすぎない。この時期にヨーロッパ統合が停滞した理由を考えるうえでも，政治的な要因，特に独仏関係の変化を無視することはできない。70 年代前半は冷戦のなかでも緊張緩和（デタント）が進展した時期であり，西側各国が二極構造の桎梏にとらわれずに相対的に自由な外交を展開することが可能になった。緊張緩和は東西関係の改善につながったが，他方で西側諸国間の思惑の違いを表面化させたという側面もあった（山本 2010）。とりわけ，これまで統合の原動力となってきた仏独両国の間では，その力関係がドイツに有利な形で変化しつつあったこともあり，軋轢が起こることになった。加えて，ベトナム戦争で敗北したアメリカの覇権の動揺は，戦後国際秩序を政治経済両面で揺さぶり，短期的には仏独関係にとって遠心力として働いた。

西ドイツの新東方外交

西ドイツでは 1969 年に社会民主党と自由民主党の連立政権が成立し，ヴィリー・ブラントが首相になった。ブラントは**新東方外交**と呼ばれる新しい外交路線を採用し，ソ連との関係改善や東欧諸国との国交樹立をめざした（妹尾 2011）。従来，西ドイツはあくまで西ドイツこそが全ドイツを代表するという立場から，東ドイツを国家承認した東側諸国とは国交を結ばないという姿勢を維持してきた（ソ連とは例外的に国交があった）。これは東ドイツを外交的に孤立させることをめざしたものであった（「力の政策」という）。反面，東側の社会主義諸国との間に国交が存在しないことは，西ドイツの西側諸国に対する依存度を高め，東西両陣営の和解の妨げになるなど，さまざまな問題を引き起こしていた。東方外交はこのような従来の強硬姿勢の行き詰まりを受けて採用された。

ブラントのアドバイザーだったエゴン・バールは，東西ドイツの分断という事実をいったん認めることと引き換えに東側諸国との関係を正常化し，東西両陣営の関係改善のなかで中長期的にドイツの再統一をめざしていた。西側諸国は，緊張緩和をもたらす限りで東方外交を歓迎したが，西ドイツの独自外交の動きを不安視してもいた。とりわけフランスは，西ドイツが統一ドイツの中立化と引き換えにドイツ統一をめざしているのではないか，と危惧したのである。

▌アメリカの覇権の動揺 ▌

　1970年代前半に仏独関係を悪化させた第2の要因は，アメリカの覇権の動揺である。安全保障面では，アメリカ国内で孤立主義的傾向が強まり，アメリカ軍が西ヨーロッパから撤退する可能性が出てきた。これを受け，フランスがイギリスとの協力を模索する一方，西ドイツは国境を隣接する東側諸国との関係改善を加速させた。言い換えれば，アメリカ軍撤退の可能性は仏独関係を疎遠にする方向で働いたのである。

　経済面では，アメリカの経済力を基盤に戦後創設された固定相場制にもとづく国際通貨制度（ブレトンウッズ体制）が動揺をきたした。固定相場制をめぐる対立を理解する鍵は，誰が為替レートを維持する責任を負うかという点にある。1960年代後半になると，ベトナム戦争の経費や社会保障支出の増加によりアメリカの財政状況が悪化した。加えて，西ヨーロッパ諸国や日本がアメリカに国際競争力の面で追いついたため，アメリカの国際収支も悪化した（双子の赤字）。そのため外国為替市場でたびたびドル危機が起き，これが西側諸国間の紛争の種となった。71年8月にはアメリカのリチャード・ニクソン政権がドルの金兌換の停止，アメリカへのすべての輸出に対して10%の課徴金を課すことなどを含む新経済計画を一方的に発表し，ニクソン・ショックを引き起こした。それと同時に，アメリカは西欧諸国や日本に対してより大きな防衛負担を求めた。

　ヨーロッパ側から見れば，アメリカの行動はベトナム戦争のコストを転嫁しようとするもので，容認できなかった。しかしアメリカへの安全保障面での依存度や経済的利害の違いから西欧諸国の足並みは揃わず，変動制への移行を支持するアメリカ・西ドイツと，固定制の維持を主張するフランスとが対立した。

西ドイツは単独で変動制に移行するとフランスの反発を招くため，EC 諸国の通貨についてお互いの間では固定制を維持し，ドルや円に対してはブロックとして変動すること（**共同フロート**）を提案した。しかしフランスは，共同フロートを維持する責任を負わされかねないことや，共同体内部で最大の経済大国である西ドイツの発言力が高まることを懸念し，当初これを拒否した（Ikemoto 2011）。

英仏接近とイギリスの EC 加盟

　フランスのジョルジュ・ポンピドゥー大統領が，1971 年 5 月の英仏首脳会談でイギリスの EC 加盟を容認したのは，このような国際環境の下であった。これを受け，イギリス・アイルランド・デンマークの 3 カ国が 73 年に EC に加盟した（**第 1 次拡大**）。ポンピドゥーは，国際通貨問題での協力を通じて英仏両国の関係を強化したいと考えていた。当面の目的はブレトンウッズ体制を維持することにあったが，ブレトンウッズ体制が崩壊した場合には，フランスと経済的に立場の近いイギリスを共同フロートに参加させることで，西ドイツを牽制することが狙いだった。それに対して，イギリスのエドワード・ヒース首相は核兵器（特にポラリスの後継となる戦略核ミサイル）の共同開発を進めることを提案した。安全保障面でのアメリカへの依存度を低下させることでより対等な欧米関係を築き，英仏両国の関係を緊密なものにするのがその狙いであった（青野 2016）。しかし英仏両国が西ドイツ抜きで協力すれば，当然西ドイツの激しい反発を招くことになる。当時西ドイツのヘルムート・シュミット防衛大臣は，ポンピドゥー大統領に対し「もし英仏が西ドイツ抜きで核兵器の共同開発を推し進めるなら，西ドイツは（NATO を離脱して）中立を宣言する」と警告したという。そこでポンピドゥーは当初ヒースの提案に対して乗り気でなかったが，やがてヒースの提案に耳を傾けるようになった。このことは，ポンピドゥーが当時の西ドイツ政府やその東方外交に対して非常に強い不信感を抱いていたことを物語っている。

仏独協調の再建

　しかし，仏独関係はこの危機の時代を乗り越えた。国際環境の変化がそれを

後押しした。欧米間の対立は，ニクソン大統領の安全保障問題担当主席補佐官ヘンリー・キッシンジャーの「ヨーロッパの年」イニシアティブや第1次石油危機をめぐる対立で頂点に達したが，NATOによる新大西洋宣言の採択や，1975年に初めて先進国首脳会議が開催されたことで一定の収束を見た（妹尾2013）。

　東西緊張緩和は1975年に全欧安全保障協力会議（CSCE）が設立されたことで大きな成果を挙げた。しかし76年以降，米ソ関係は次第に悪化し，ソ連のアフガニスタン侵攻（1979年）により米ソ間の緊張緩和は終わりを告げた。1980年代前半は新冷戦といわれる新たな米ソ対立の時代である。米ソ超大国間のデタントが終焉しても，ヨーロッパにおける経済・文化面でのデタントが終焉したわけではない。しかし米ソ対立が再び激化する一方，アメリカが西欧の安全保障に引き続き関与し続けたことは，仏独関係の改善を助ける方向に働いたと考えられる。英仏両国が安全保障面で協力する必要性は低下したし，西ドイツがフランスの反発を招くような形で東欧諸国との関係改善を進める必要性もなくなったからである。

　英仏接近の試みがうまくいかなかったことも，仏独協調の再建を後押しした。イギリスが1973年のブレトンウッズ体制崩壊時に共同フロートへの参加を見送るなど，EC加盟後も国内での反対の根強さからヨーロッパ統合に対し消極的な姿勢をとり続けたことは，フランスを失望させた。ヒース首相の提案によって始まった核兵器共同開発の試みも，結局のところ実現しなかった。イギリスでは74年2月の総選挙でヨーロッパ統合に対して消極的な姿勢をとる労働党がヒース首相の率いる保守党に勝利した。労働党政権はECに加盟する条件の再交渉を行い，それを受けて行われた75年の国民投票で，ECに残留することがようやく決まった。

　1974年にシュミットが西ドイツ首相，ヴァレリー・ジスカール＝デスタンがフランス大統領になった後，両国の友好的な関係が再確認され，「独仏枢軸」なる言葉が使われるようになった。仏独関係が一時的にせよ悪化したことは，フランスと西ドイツの双方にヨーロッパ統合の必要性を再度認識させることになった。シュミットとジスカール＝デスタンの協力によって，ECの政治制度の強化が図られた。まず，これまで非定期的に行われてきた欧州首脳会議を制

度化する形で 74 年に欧州理事会が創設され，各国首脳のリーダーシップの下でヨーロッパ統合を推進することが可能になった。次いで EC の民主的な正統性を高めるため，欧州議会に直接選挙が導入された（初の直接選挙が行われたのは 79 年）。

　フランスは，経済成長を背景にして力をつけた西ドイツが独自性を強め，西側諸国の利益を犠牲にしてまで東側諸国との関係改善を進めようとしているのではないかと不満を持っていた。しかし，フランスが西ドイツの外交政策に対する影響力を確保したいのであれば，最善の方法はヨーロッパ統合を強化することである。東欧諸国との関係改善は，CSCE に対する西欧諸国の政策の調整も含めて，EC 諸国が外交面で協力するために設けた**欧州政治協力**の枠組みのなかで進められることになった。これにより，フランスは西ドイツの東方外交に対する一定の影響力を確保した。

▌欧州通貨制度の設立

　そして仏独協調を再建するためにシュミットとジスカール＝デスタンの 2 人が選んだプロジェクトが，1979 年に実現した**欧州通貨制度**（EMS）の創設だった。これは石油危機により崩壊した欧州諸国通貨の共同フロートを強化・制度化したものであり，ユーロの前身にあたる。こうして，国際通貨問題をめぐる両国の対立は，もともと西ドイツが提案した政策をフランスが受け入れる形で一定の解決を見た。

　戦後時間が経つにつれ，西ドイツは徐々に自己主張を強めていったが，それが周辺諸国の反発を招くことは西ドイツにとっても望ましくなかった。西ドイツが周辺諸国の強い反発を招くことなく国際的な影響力を高めていくためには，ヨーロッパ統合が不可欠だった。欧州通貨制度の設立に対しては西ドイツ国内でも反対があった。とりわけ，金融政策の自律性を損ねることを恐れたドイツ連邦銀行（西ドイツの中央銀行）は強く反対した。説得のため連銀の理事会に出席したシュミット首相は，「独仏関係といえども薄い氷一枚の上に乗っているようなものであり，アウシュヴィッツのことを人々が忘れる日が来るまで，西ドイツには EC が必要だ」と力説したという。実際に欧州通貨制度が設立すると，ドイツ連邦銀行が実質的に域内の金融政策を決定し，フランスをはじめと

する他の参加国はそれに追随することになった。

　以上のように，1960年代後半から70年代前半の10年間にわたって相対的に関係が冷却した後，シュミットとジスカール＝デスタンにより仏独協調が再建されることになった。1980年代以降の仏独関係は以前より対等なものである点で，ド・ゴールとアデナウアーの時期に築かれた以前の仏独関係とは異なる。1980年代半ばから1990年代にかけてのヨーロッパ統合の目覚ましい進展は，この仏独関係の改善があってこそ初めて可能になった。

③　ヨーロッパ統合の再生

　1980年代半ばから90年代にかけて，ヨーロッパ統合はスペイン・ポルトガルの加盟により拡大する一方，単一市場と経済通貨同盟という2つのプロジェクトが実現し，EUが創設されるなど，大きな深化を遂げた。

┃単一市場┃

　1986年に締結された単一欧州議定書は，92年末までに**単一市場**を実現すること，そのために多数決を共同体の意思決定に再導入することを規定していた。単一市場は，国境を越えた経済活動に対する非関税障壁を撤廃することで，人・モノ・資本・サービスの自由移動の実現をめざすものである。石油危機以降ヨーロッパ経済は日米に対して遅れをとっていたが，その一因は各国の市場規模が小さく，ヨーロッパ企業が日本やアメリカの競争相手に対し技術革新で遅れをとったことにあった。単一市場プロジェクトは大規模な市場を創設することで，ヨーロッパ経済の競争力強化をめざした。単一市場は域外からの投資を促進し，80年代後半から90年代前半のヨーロッパ経済は順調に成長した。単一市場の成功によって，北米や南米，東南アジアなどヨーロッパ以外の地域にも地域統合への動きが波及することになった。

　この時期に単一市場の創設が実現したのはなぜだろうか。経済的には，主要国の経済運営の方向が接近したことが重要であった。戦後の西欧では，戦前の大恐慌の反省から各国の政府が完全雇用を実現するため，さまざまな形で経済

に介入するようになった（戦後福祉国家）。しかし 1970 年代になると，西欧諸国の経済が低迷しているのは，政府が経済に介入しすぎているためだという見方が強くなった。そこで 80 年代には，競争（市場）を重視し，政府はなるべく経済に介入すべきでないとする立場（新自由主義）が米英両国で有力になり，大陸欧州諸国にも波及した。例外はフランスであり，81 年の大統領選では幅広い国家介入にもとづく経済運営を公約した社会党のフランソワ・ミッテランが当選した。新政権の誕生は通貨危機を引き起こし，国家介入を継続するために欧州通貨制度から離脱するか，経済運営の方針を転換して同制度に残留するかが，政権内で激しく争われた（吉田 2008）。83 年に政権が後者の道を選択したことは，新自由主義が勝利したことの証拠とされている。ただし単一市場には，新自由主義の考え方をある程度まで反映する一方，ヨーロッパ経済を再建し，戦後福祉国家の中核的な部分を守ろうとしたという側面もあった（Warlouzet 2017）。

　政治的には，米ソ間の緊張緩和（デタント）が終焉するなか，デタントの成果を守ろうとする西欧諸国とアメリカとの間の対立が深まり，これがヨーロッパ統合の進展を促した。1981 年には西ドイツのハンス＝ディートリヒ・ゲンシャー外相とイタリアのエミリオ・コロンボ外相が欧州政治協力の強化を訴えた（ゲンシャー＝コロンボ・プラン）。しかし外交面での協力は英仏独 3 カ国の足並みの乱れもあってさほど進展せず，統合が前進したのは主として経済面であった。

　EC 内で長らく懸案だったイギリスの財政負担額をめぐる争いが決着したことで，新たな統合の進展に関する主要国間の合意が可能になった。EC の財政制度はイギリスの加盟前に決定されたので，イギリスにとって不利な制度だった。1979 年にイギリスの首相になったマーガレット・サッチャーは「私のお金を返しなさい」と要求し，この問題が解決するまで共通農業政策における農産物価格の引き上げを拒否するなど強硬姿勢をとった。激しい交渉の末，84 年にようやくイギリスがリベート（払戻金）を受けとる形で妥協が成立した。

　単一欧州議定書の締結のもう 1 つの背景は，ギリシャ・ポルトガル・スペインという 3 つの地中海諸国の EC 加盟である（**第 2 次・第 3 次拡大**）。これら 3 カ国は権威主義体制や軍部独裁体制に支配されていたが，1970 年代に相次い

で民主化を達成したことで，EC加盟への道が開かれた。既存の加盟国は，制度面の改革なしに加盟国数が増加すれば，統合の行き詰まりを招くのではないかと危惧していた。ギリシャはいち早く81年にECに加盟したが，ポルトガルとスペインについては，その農産物がフランス産品と競合したこともあって加盟交渉は長期化した。両国は86年にようやくEC加盟を果たした。

┃ ドロールのリーダーシップ ┃

新たに欧州委員会委員長に就任したジャック・ドロールのリーダーシップも，欧州統合の再スタートに貢献した（遠藤 2013）。ドロールはミッテラン政権の蔵相として，フランス経済運営路線転換の立役者となった人物である。彼は委員長就任にあたって，単一市場プロジェクトを中核的なテーマとして選択した。欧州委員会は1992年末までに282の法案を通過させることで単一市場を完成させるよう求める白書を刊行し，85年にミラノで開かれた欧州理事会はこれを受け入れた。

ヨーロッパ大の「市場」を創設し，人・モノ・資本・サービスが国境を越えて自由に行き来できるようにするためには，関税やそれ以外のさまざまな障壁を取り除かなければならない。EECを創設したローマ条約では，参加国間の貿易に対する関税や数量制限を廃止することと並んで，非関税障壁を撤廃することも既に謳われていた。単一市場の中身の多くはそれまでに欧州委員会が行った提案にもとづくものであり，それを実現するためにとられた**相互承認原則**という手法も，欧州司法裁判所の判決に依拠していた（単一市場の詳細は第**7**章）。その意味で，単一市場がこれまでの統合プロセスの蓄積の下に初めて実現したことは否定できない（川嶋 2012）。しかし，そのことによって，統合を進展させる機会をうまく摑んだドロールのリーダーシップの役割を過小評価すべきでない。

実のところ，ドロールの真の目的は**経済通貨同盟**の実現にあったが，まずは国家主権にそれほど関わらず，政治的な抵抗の少ない市場統合を推進することを選んだといわれている。このようにその最終的な帰結を明確にしないまま統合を進める手法のことを**モネ・メソッド**と呼ぶが，近年のユーロ危機のなかで，このようなエリート主義的な手法を用いて統合を進めることに対しては批判も

ある（Majone 2014）。

単一欧州議定書

単一市場の創設に合意したミラノ欧州理事会では，EC の制度に関する条約改正について話し合うため，政府間会議を開催することも決定した（遠藤2008：史料7-6）。イギリス・デンマーク・ギリシャは反対したが，政府間会議の開催は手続事項だという理由で，多数決にもとづく決定がなされた。その結果として 1986 年に署名された単一欧州議定書は，92 年までに単一市場を実現することを目標とし，そのために閣僚理事会で多数決を用いる事項を拡大した。ただし，税制・人の自由移動・労働者の権利に関わる問題には多数決は適用されないものとされた。欧州議会が EC の立法に対して一定の関与をすることが認められたが，79 年の直接選挙実施時に期待されたような大幅な権限拡張は実現しなかった。外交・安全保障に関しては，欧州政治協力が初めて条約に明記されたものの，従来の枠組みが基本的に維持され，経済通貨同盟に対する言及は曖昧なものにとどまった。そのため締結時点では，超国家的な統合の支持者を中心に，単一欧州議定書を期待外れと見る向きもあった。

通貨統合の進展とマーストリヒト条約

実際には，単一市場の成功によって統合への気運は再び高まり，東西冷戦終結後の 1992 年に**マーストリヒト条約**の締結という形で結実した。同条約は EU を設立し，その下に 3 つの柱が置かれることになった。従来の EEC が EC（非常に紛らわしいが，ECSC・EEC・EURATOM の総称として従来用いられてきた EC とは異なる）と改称されて第 1 の柱となり，そのなかには域内市場と並んで，経済通貨同盟の実現と単一通貨の創設が盛り込まれた。第 2 と第 3 の柱は，それぞれ新設された共通外交・安全保障政策と司法・内務協力である。

先に述べたように，ヨーロッパの通貨統合は，ブレトンウッズ体制が 1973 年に崩壊したことを受け，EEC 諸国が共同フロートを開始したことに端を発する。これは，アメリカ経済の消長やドルの乱高下が，貿易依存度の高いヨーロッパ経済を攪乱し，共通農業政策や共同市場のようなこれまでの統合の成果を台無しにすることを防ぐためであった。共同フロートは石油ショックのため

に失敗に終わったが，79年に欧州通貨制度という形で再建・制度化された。同制度の下では，ドイツ連邦銀行が実質的に域内全体の金融政策を決定し，他の参加国はこれに追随することになった。フランスは1980年代を通じて制度を公平な形に改めるよう要求したが，西ドイツ側が応じる経済的な理由は乏しかった。単一市場の一環として加盟国間の資本移動が自由化されたことは，固定相場制を維持するコストを高め，コスト配分の問題をさらに深刻なものにした。88年には経済通貨同盟について検討するため，ドロール欧州委員会委員長を委員長とする委員会が設置された。委員会は89年4月に報告書を刊行し，3段階で経済通貨同盟を実現するよう提案した。単一通貨ユーロが創設されれば，各国は金融政策の決定に際して平等な影響力を持つことが期待され，これはフランスにとって都合がよい。ユーロ創設が実現したのは，フランスの要求を西ドイツが受け入れたためであるが，どうして西ドイツはフランスの要求を受け入れたのだろうか。

▌冷戦終結とドイツ再統一▐

　その答えは冷戦の終焉とドイツ再統一という国際環境の激変にある。通貨統合のプロジェクトは，冷戦が終結し1990年には東西ドイツの統一が現実のものとなったことで，大きな政治的役割を担うことになった。

　1980年代までに，ソ連をはじめとする東側諸国の経済は低迷していた。85年にミハイル・ゴルバチョフがソ連共産党の書記長に就任した。ゴルバチョフはソ連内部で情報公開（グラスノスチ）や改革（ペレストロイカ）を進める一方で，ソ連の影響下にあった東欧諸国に対しても改革・開放を進めるよう促した。ゴルバチョフの改革はあくまで共産主義体制の立て直しをめざしたものであったが，ソ連や東欧諸国の人々は共産主義に辟易していたので現実には体制の崩壊につながり，各国は相次いで複数政党制や市場経済を導入した。

　1989年6月にマドリードで開催された欧州理事会では，経済通貨同盟の第1段階を90年7月に開始すること，経済通貨同盟の実現のために必要な条約改正について協議するため政府間会議を開くことが決まった。しかし政府間会議の具体的なスケジュールは明示されておらず，この時点では経済通貨同盟の最終段階への合意が存在したとはいえない。

1989 年 11 月には，東西分断の象徴だったベルリンの壁が崩壊した。西ドイツのヘルムート・コール首相はドイツ統一への動きを推し進めるため，10 項目提案を行った。しかし 1871 年のドイツ統一がヨーロッパの安全保障環境を著しく悪化させたこともあり，イギリス・フランス・ソ連は再統一に当初反対した（アメリカとこれら 3 カ国は，第 2 次世界大戦の戦勝国としてドイツ再統一までベルリンを共同管理する立場にあり，再統一問題に一定の発言力を有していた）。周辺諸国のこのような態度は，戦後 50 年近くが経過しても，ドイツに対する不信感が根強く存在していたことを示している。とりわけ，コールがドイツ統一を優先して，経済通貨同盟に関する政府間会議開催に消極的になったことは，ミッテランとの関係を悪化させた。ミッテランはドイツ統一を支持する条件の 1 つとして，経済通貨同盟に関する交渉の開始を受け入れるよう迫った。コールが譲歩した結果，1989 年 12 月のストラスブール欧州理事会は，政府間会議を 90 年 12 月に開催することで合意した。この後イギリスとフランスがドイツ統一を阻止するために共同戦線を組もうとするような動きもあったが，90 年 3 月になると，東ドイツの体制が事実上瓦解し，国家として存続できないことは誰の目にも明らかになった（高橋 1999）。

　つまりミッテランとコールは，ヨーロッパ統合を強化し，そのなかに統一ドイツを組み込むことで，周辺諸国に対する脅威にならない形でドイツ統一を実現できると考えたのである。そしてヨーロッパ統合を強化する手段として選ばれたのがユーロ創設だった。コールは第 2 次世界大戦の記憶を持つ世代の政治家として，統一ドイツが周辺諸国から脅威と見なされることを望まなかった。ドイツ再統一を抜きにして，このタイミングで経済通貨同盟が実現したことは説明できない。

政治統合の進展

　マーストリヒト条約では，経済通貨同盟の実現と並んで，政治統合も一定程度進展した。政治統合とは，主として制度改革と外交・安全保障政策に関する協力の強化を指す。

　制度改革に特に熱心だったのはコールであり，彼はドイツ国内で経済通貨同盟への支持を得るため，EU の民主的な正統性を強めるよう要求した。マース

トリヒト条約は欧州議会の権限を強化したほか，加盟国の市民に対して，自らが国籍を持つ国の市民権に加えて EU 市民権を付与した。EU 市民権には，欧州議会選挙での投票権や居住地で行われる地方選挙の投票権など政治的な権利，EU 内での自由移動の権利，EU 条約に関わることで国籍による差別を受けない権利などが含まれている（詳しくは第 **4** 章参照）。このように，人を「市民」として労働と無関係に他の加盟国の居住する権利を認め，政治的権利を付与したことは，EU が経済領域に限定された存在から政治的領域へも広がりつつあることを象徴していたといえよう（中村 2015）。

　ヨーロッパ統合はヨーロッパ諸国の間で再び戦争が起こることを防ぐ，という政治的な目的のために始まった。しかし 1950 年代に EDC 構想が失敗に終わった後，経済領域の統合が進む一方で，第三国に対する外交政策や安全保障面での統合はあまり進まなかった。とりわけ，冷戦期に西欧諸国の防衛を担ったのは米英両国が中心的な地位をしめる NATO であった。そのため，ヨーロッパは「**非軍事的なパワー**（civilian power）」だという理解が定着した。

　しかし冷戦が終結したことで，西側各国にとってソ連という共通の敵が消滅した。そのため，アメリカとヨーロッパ諸国が安全保障をめぐって見解を異にする可能性がこれまでより高くなった。そのため EU が外交・安全保障の領域でもより大きな役割を果たすべきだという声が強まった。とりわけ，ミッテランはヨーロッパの国際的役割を高めたいと考えていた。加えて，ヨーロッパ諸国が外国の軍隊により攻撃を受ける可能性は低下し，代わりに周辺地域で起きる紛争に対処する危機管理能力が求められるようになった。そこでマーストリヒト条約では，**共通外交・安全保障政策**が EU の第 2 の柱として位置づけられた。

司法・内務協力

　マーストリヒト条約の第 3 の柱は**司法・内務協力**である。単一市場の創設と EU 域内で国境管理が撤廃されたことで，いったん EU に入った者は自由に移動できるようになるため，対外的な国境管理や難民政策の一元化が求められた。犯罪者が自由移動を悪用することを防ぐためには，各国の警察・司法の協力が不可欠になった。冷戦終結により東西の分断が克服され，中東欧諸国で民族紛

争が再燃したことも，この領域での協力を深める後押しになった。単一市場や通貨同盟のような EU の第 1 の柱とは異なり，第 2・第 3 の柱は特に国家主権と関わりの深い領域を扱うため，政府間主義的な色彩の強い枠組みが採用され，欧州委員会や欧州議会の関与は限定された。

┃ 欧州懐疑主義の誕生 ┃

　ヨーロッパ統合は長らくエリート主導のプロジェクトであり，市民の「暗黙の了解」にもとづいて進められてきた。しかし域内市場や経済通貨同盟という形でヨーロッパ統合が人々の生活に大きな影響を与えるようになると，統合の進展により悪影響を受ける人々を中心に，統合に対して批判的な声が聞かれるようになる。マーストリヒト条約の批准は，多くの加盟国で統合への反対が初めて政治的に表面化するきっかけになった。1992 年 6 月に行われたデンマークの国民投票で批准が否決されたことで，ユーロ導入に対する政治的な支持の弱さが浮き彫りになった。フランスでも同年，社会党のミッテラン大統領が条約の批准を国民投票にかけることを選択した。これは条約の重要性を踏まえた決定であったが，同時に右派勢力，特にド・ゴール派内部に対立を引き起こすことを狙っていた。国民投票の結果，批准賛成は 51% にとどまった。西ドイツでは，戦後の経済的成功の象徴であるマルクへの愛着が強く，世論調査ではユーロ導入に対して批判的な意見が多かったが，連邦議会は圧倒的多数の賛成でマーストリヒト条約を批准した。ナチの支配を正統化するために用いられたという歴史的経緯から，国民投票は行われなかった。

　とりわけ通貨同盟への強い反対が噴出したのは，歴史的に統合に対し積極的でなかったイギリスである。サッチャー首相は主権国家の協調としてのヨーロッパ統合を支持し，単一市場実現の旗振り役となった。しかしドロールが欧州レベルでの規制の導入によって EU に社会的側面を持たせようとしたことに対しては，1988 年の有名な「ブリュージュ演説」が示すように非常に批判的だった。さらに単一通貨ユーロの創設は，超国家（連邦制）的な EU の誕生につながるとして断固反対した。ドロールが将来的に欧州委員会・閣僚理事会・欧州議会をそれぞれヨーロッパの政府・上院・下院とすることを提案したのに対し，サッチャーがイギリス議会での演説で「ノー・ノー・ノー」と応じたこと

はよく知られている（遠藤 2008：史料7-13）。サッチャーの姿勢はそれまで親欧州的であった保守党の統合への姿勢を硬化させるきっかけとなり，イギリスはデンマークと共にユーロへの参加を見送った。

引用・参考文献　　　　　　　　　　　　　　　　　　Reference ●

青野利彦（2016）「第7章　力の凋落と変容する国際秩序への対応――一九六三～七五年」君塚直隆・細谷雄一・永野隆行編『イギリスとアメリカ――世界秩序を築いた四百年』勁草書房。

遠藤乾編（2008）『原典ヨーロッパ統合史――資料と解説』名古屋大学出版会。

遠藤乾（2013）『統合の終焉――EUの実像と論理』岩波書店。

小川浩之（2008）『イギリス帝国からヨーロッパ統合へ――戦後イギリス対外政策の転換とEEC加盟申請』名古屋大学出版会。

川嶋周一（2007）『独仏関係と戦後ヨーロッパ国際秩序――ドゴール外交とヨーロッパの構築　1958-1969』創文社。

川嶋周一（2012）「第3章　EU規制力の史的形成」遠藤乾・鈴木一人編『EUの規制力』日本経済評論社。

妹尾哲志（2011）『戦後西ドイツ外交の分水嶺――東方政策と分断克服の戦略，1963～75年』晃洋書房。

妹尾哲志（2013）「第8章　デタントと動揺する欧米世界――ニクソンとブラント」益田実・小川浩之編『欧米政治外交史――1871～2012』ミネルヴァ書房。

高橋進（1999）『歴史としてのドイツ統一――指導者たちはどう動いたか』岩波書店。

中村民雄（2015）『EUとは何か――国家ではない未来の形』信山社。

藤原帰一（2007）『国際政治』放送大学教育振興会。

益田実・山本健編（2019）『欧州統合史――二つの世界大戦からブレグジットまで』ミネルヴァ書房。

山本健（2010）『同盟外交の力学――ヨーロッパ・デタントの国際政治史1968-1973』勁草書房。

吉田徹（2008）『ミッテラン社会党の転換――社会主義から欧州統合へ』法政大学出版局。

Dyson, Kenneth and Kevin Featherstone（1999）*The Road to Maastricht: Negotiating Economic and Monetary Union*, Oxford: Oxford University Press.

Ikemoto, Daisuke（2011）*European Monetary Integration 1970-79: British and French Experiences*, Palgrave Macmillan.

Knudsen, Ann-Christina and Morten Rasmussen（2008）"A European Political System in the Making 1958-1970: The Relevance of Emerging Committee Structures," *Journal of European Integration History*, 14（1），51-68.

Loth, Wilfried（2015）*Building Europe: A History of European Unification*, De Gruyter.

Ludlow, N. Piers（2005）*The European Community and the Crises of the 1960s: Negotiating the Gaullist Challenge*, Routledge.

Majone, Giandomenico（2014）*Rethinking the Union of Europe Post-Crisis: Has Integration Gone Too Far?*, Cambridge University Press.

Moravcsik, Andrew,（1998）*The Choice for Europe: Social Purpose and State Power from Messina To Maastricht*, UCL Press.

Wallace, Helen, Pascaline Winand and Jean-Marie Palayret eds.（2006）*Visions, Votes, and Vetoes: The Empty Chair Crisis and the Luxembourg Compromise Forty Years on*, Peter Lang.

Warlouzet, Laurent（2017）*Governing Europe in a Globalizing World: Neoliberalism and its Alternatives following the 1973 Oil Crisis*, Routledge.

CHAPTER

第 **3** 章

拡大と正統性の危機

ポスト冷戦期の EU

ユーロは 1999 年 1 月 1 日に会計通貨として導入され，2002 年 1 月 1 日にはユーロ紙幣と硬貨の流通が開始された。(写真：時事通信フォト)

はじめに

　本章ではポスト冷戦期の EU の発展について説明する。冷戦の終結は，国際環境の変化を通じてヨーロッパ統合の在り方にも大きなインパクトを与えることになった。

　第 1 に，ドイツが再統一したことで，フランスをはじめとする周辺諸国との

関係が改めて問い直されることになった。これは，既存の加盟国間の問題であり，ユーロ創設の合意がその解決策と見なされていたことは，既に前章で見たとおりである。本章の第 1 節ではユーロ導入のプロセスについて述べる。

　第 2 に，EU と外部との関係にも重要な変化が見られた。EU は国際社会における存在感を高め，周辺地域の紛争に対応する危機管理能力を獲得すべく，共通外交・安全保障政策を新たに設けた。しかし旧ユーゴスラビア連邦で起きた民族紛争やアメリカが始めたイラク戦争は，EU が外交面で一体として行動することがいかに難しいかを示した（第 2 節）。

　第 3 に，冷戦終結は東西に分断されたヨーロッパの一体性回復を可能にした。冷戦期のヨーロッパ統合は西欧諸国に限定されていたが，冷戦後の EU は東欧諸国を包摂する形で東方に拡大していく。そのため，これは既存の加盟国と新しく加盟する国との間の問題ということができよう。EU への加盟が東欧諸国を大きく変容させることになったのはいうまでもないが，東方拡大によって EU 自体も変化することになった（第 3 節）。

　第 4 に，冷戦が終わり旧東側諸国が市場経済への体制転換を遂げる一方，中国やインドの経済が対外的に開放されたことで，グローバル経済の一体化が実現した。EU はグローバル経済の発展に積極的に関与した。

　このように EU は，冷戦終結後にめざましい統合の深化と拡大を実現し，国際社会における存在感を高めた。しかし EU の政治制度を新しい現実に適合させようという試みは，2006 年の EU 憲法条約の失敗によって挫折し，代わりにリスボン条約がつくられた（第 4 節）。その後の EU は，ユーロ危機・ウクライナ危機・難民危機・イギリスの離脱と連続的な危機に直面している（第 5 節）。その背景には，EU 自体の問題点と並んで，ウラジミール・プーチン大統領によるロシアの失地回復の試みや，アメリカの安全保障面での役割の縮小といった国際的変化と，グローバル金融危機後のヨーロッパ経済の低迷や難民危機により，各国でポピュリズム勢力が台頭していることがある。

1　ユーロ導入

　ヨーロッパ統合をさらに推し進め，ドイツと周辺諸国との和解を永続化するために創設が決まったユーロであったが，その導入までにはさまざまな困難に直面した。2002年のユーロ流通開始はヨーロッパ統合史のハイライトとなる出来事だったが，その背後には未解決のまま残された問題があった。

ユーロ導入までのプロセス

　マーストリヒト条約は経済通貨同盟を3段階で実現し，最終段階では**単一通貨ユーロ**が各国の通貨に置き換わり，**欧州中央銀行**（ECB）が域内の金融政策を一元的に決定すると謳っていた。移行プロセスに関する条約の規定は，早期の経済通貨同盟実現を望んだフランス側と，具体的な日取りではなく客観的な条件を定めようとしたドイツとの間の妥協の産物だった。第2段階は1994年に開始され，ECBの前身にあたる欧州通貨機構（EMI）を創設して，最終段階への移行の準備作業にあたらせることになった。各国はこの段階の間に自国の中央銀行の政治的独立性を確保するよう義務づけられた。最終段階は，96年末時点で過半数の加盟国が参加可能と判断されれば97年1月に開始されるが，そうでない場合は開始の最終的な期限は99年1月となり，その半年前までにどの加盟国が参加するかを決定することになっていた。しかしユーロが実際に導入されるまでの道のりは，決して平坦ではなかった。

　東西ドイツの統一は，東ドイツの領域を西ドイツの州として編入する形で実現したが，統一はドイツ経済を混乱に陥れた。とりわけ，東独マルクを2：1という比率で西独マルクと交換したことは，両者の経済格差から見て非現実的であり，戦後西ドイツが経験したことのない高水準のインフレを引き起こした。ドイツ連邦銀行はドイツ以外のヨーロッパ諸国で景気が低迷するなか，国内のインフレに対処するため金利を引き上げた。欧州通貨制度の下でドイツの金融政策に追随せざるを得ない他の参加国も金利を引き上げたが，そのため経済状況はさらに悪化し，各国はドイツを自己中心的だと強く批判した。各国の経済

的状況が大きく異なる場合，すべての国にとって望ましい金融政策は存在しない。ユーロ導入は金融政策の一元化を意味するが，それが望ましいことなのか，疑問視されるようになった。

　第 **2** 章でも述べたように，各国におけるマーストリヒト条約の批准は，統合への反対が初めて政治的に表面化するきっかけになった。フランスやデンマークの国民投票の結果を受けて，外国為替市場ではユーロ導入が実現するかどうか疑問視されるようになり，1992 年末から 93 年にかけて欧州通貨制度内の弱い通貨に対する大規模な投機が起きた。イギリス・ポンドやイタリア・リラは欧州為替レートメカニズムから離脱し，制度内部にとどまった通貨も，相互の変動幅は ±2.25% から ±15% に拡大された。そのため，ユーロ導入が予定どおり実現することはないという悲観的な見方が強まった。しかし，90 年代後半になるとヨーロッパの経済状況は回復する。97 年に起きた東アジア通貨危機によって，通貨の安定が重要であることが改めて認識されたこともあり，EU 各国はユーロ導入へと進むことになった。

　ユーロに参加する国は**収斂基準**といわれる 4 つの条件を満たす必要があった。これは，経済的な格差のある諸国が単一通貨を導入するのは不可能なためである。それらの条件のうち最も達成が困難だったのは，単年度の財政赤字がGDP（国内総生産）比 3% 以下で，かつ政府債務残高が GDP 比で 60% 以下であることという条件であるが，各国は自国だけ取り残されることのないよう財政赤字の削減を進めた。そして 1999 年 1 月にまず銀行間の取引にユーロが導入され，2002 年には紙幣とコインの一般への流通が開始された。

┃ ユーロの仕組み ┃

　ユーロの仕組みについて詳しくは第 **7** 章に譲るが，単一通貨を運営するためには共通の金融政策が必要である。そこで 1998 年に設立された ECB が，ユーロ圏の金融政策を一元的に決定し，その主な任務は物価の安定を実現することだとされた。そのため，ECB は EU の他の機関や各国政府に対して高い政治的な独立性を保障されている。

　金融政策とは対照的に，財政政策（予算）の決定は引き続き各国に委ねられた。そのため，両者の間の調整をいかに行うかが，ユーロを運営するうえで大

きな課題となる。ECB が物価の安定を目標とする金融政策を実行しても，各国の政府がそれと矛盾する財政政策をとっては意味がない。そこでユーロ参加国は「安定と成長」協定を締結し，ユーロ創設後も財政面での規律を維持しようとした。収斂基準と同じく，各国の単年度の財政赤字は GDP の 3% 以内，各国政府の債務残高は GDP の 60% 以内でなければならないとされた（遠藤2008：史料 8-11）。

　ユーロの経済的な合理性については当初から疑問視する向きもあった。最大の問題点は，ユーロを導入した国同士の間では為替レートを変更できないことにある。したがって，不況に陥った国が為替レートの切り下げによって国際競争力を回復し，輸出主導で経済回復する道は閉ざされている。これがドイツをはじめとする北欧諸国と，ギリシャ・スペインなど南欧諸国の間で経済的な格差が拡大する原因である（リージョナル・インバランスと呼ばれる）。第 ⑤ 節で見るように，これがグローバル金融危機の影響とあいまって，ユーロ危機を引き起こした。

共通外交・安全保障政策の展開

　EU はヨーロッパ諸国の間で再び戦争が起こることを防ぐ，という政治的な目的のために始まった。しかし第 **2** 章で見たように，1950 年代に欧州防衛共同体（EDC）が失敗した後，経済領域の統合が進む一方で，外交政策や安全保障面での統合はあまり進まなかった。安全保障面では，冷戦期に西欧諸国の防衛を担ったのはアメリカが中心的な地位をしめる NATO であり，ヨーロッパは「**非軍事的なパワー**（civilian power）」であるという理解が定着した。そのためヨーロッパ統合は，「政治的な目的を経済的な手段で実現するプロジェクト」であるといわれることもある。

共通外交・安全保障政策と旧ユーゴスラビア連邦の解体

　しかし冷戦が終結し，ソ連という共通の敵がなくなったことで，NATO は存続したとはいえ，米欧間で問題関心や利害が乖離する可能性はこれまで以上

に高くなった。さらに冷戦の終結は，米ソ対立のなかで沈静化していた世界各地の民族紛争を再燃させたという面があり，EU 各国には外国の軍隊の侵攻に対する領土防衛に加えて，周辺地域での紛争に対応する危機管理能力が必要とされるようになった。

　そこで 1992 年に調印されたマーストリヒト条約では，外交・安全保障分野での協力を進めるため，**共通外交・安全保障政策**に関する規定が EU の第 2 の柱として盛り込まれた。EU 各国の外交政策をできる限り近づけていくことを目標とした共通外交・安全保障政策にとって最初の試金石となったのは，冷戦終結直後に起こった旧ユーゴスラビア連邦の崩壊と，それに伴う民族紛争への対処である。

　旧ユーゴスラビア連邦は，6 つの共和国，5 つの民族から構成される多民族国家であった。冷戦中は東側の一員であったが，自力でナチ・ドイツの支配から逃れたこともあり，ソ連から相対的に高い自立性を有し，経済的も比較的成功していた。だが 1980 年にヨシップ・ブロズ・チトー大統領が亡くなり，冷戦が終結して共産主義の信用が低下するなか，民族対立が激化した。

　連邦レベルで多数を占めるセルビア人が連邦権限の強化をめざしたことに反発したスロベニアとクロアチアは，連邦からの独立をめざした。クロアチアは領域内のセルビア人が連邦にとどまることを認めなかったため，クロアチア内部のセルビア人勢力・連邦と，クロアチア人との間で内戦が発生した。EU 内部では，両共和国の独立を早期に承認した西ドイツと，当初ユーゴスラビア連邦の解体に消極的な姿勢をとったフランスなどとの間で意見が対立した。

　やがて紛争はボスニアに飛び火した。このボスニア紛争（1992〜95 年）では，当初この事件を内戦と見た英仏両国が国際連合保護軍（UNPROFOR）（平和維持活動）の大半を派遣するなど，EU は積極的に活動した。それに対して，アメリカのビル・クリントン政権はセルビア人がムスリム人を虐殺しているという見方に傾きつつあった。和平調停が失敗する一方，NATO が人道支援を保護するためセルビア人勢力に対する空爆を開始し，95 年 7 月のスレブレニツァで虐殺事件が起きた後，爆撃が本格化した。最終的には，セルビア人共和国と，ムスリム人とクロアチア人からなるボスニア連邦との間でボスニアを二分割するというデイトン合意により終結した。

自らの「裏庭」で起きた民族紛争を自力で解決できなかったことへの反省は，共通外交・安全保障政策の発展につながった。とりわけ，英仏両国はアメリカ主導のデイトン合意で幕引きしたことに対する不満を持つ一方，裏づけになる軍事的能力なしに，対立勢力の外交的な調停を実現することは難しいという認識を共有した。イギリスで保守党から労働党への政権交代があった後，1998年12月に両国の首脳は**サン・マロ合意**に至った。これを受けた翌年の欧州理事会は，EU全体で数万人規模の軍事的危機管理能力を設けることで一致し，欧州安全保障・防衛政策（ESDP）が，共通外交・安全保障政策の枠内で発展していくことになった。もっとも，領域防衛は引き続きNATOの役割だと考えられていた。

┃ イラク戦争をめぐる対立から「地政学的争いの復活」まで ┃

　こうした努力にもかかわらず，2003年にアメリカがイラク戦争を開始すると，EU諸国はそれを支持するグループ（イギリスなど）と反対するグループ（仏独両国が中心）とに二分されてしまった（遠藤 2008：史料9-17）。イラク戦争後のEU諸国は，国際的な影響力を維持するためにも，共同歩調をとることに腐心し，イランの核開発問題への対応では一定の成果を挙げた。さらに，リスボン条約（第④節）には初めて**共同防衛条項**が盛り込まれた。

　イラク戦争の際のEU諸国の課題は，国際連合の集団安全保障の枠外で行動しようとする「唯一の超大国」アメリカによる覇権の濫用にどう対処するかという問題であった。国際的には，欧米間の対立は国際社会における法の支配と軍事力の役割や環境・開発問題をめぐる認識の相違として現れ，国内的には，社会的なヨーロッパと自由競争・金融資本主義にもとづくアメリカとの対比として描き出された。しかしグローバル金融危機以降アメリカが内向きの姿勢を強める一方，プーチン大統領がウクライナなど周辺諸国への軍事的介入によりロシアの失地回復を図り西側との関係が悪化すると，「地政学的争いの復活」が懸念されるようになる。このような新しい安全保障環境のなかで，EU諸国は大西洋同盟のなかでより大きな軍事的貢献をすることで，ヨーロッパや周辺地域の安全保障に対するアメリカの関与を維持しようと図ったが，リビア介入などで限定的な成果を挙げるにとどまった。

3 EUの東方拡大

　冷戦終結は，ユーロや共通外交・安全保障政策の創設という形でヨーロッパ統合の「深化」につながっただけでなく，その「拡大」をももたらした。

▌ EU拡大の歴史 ▌

　1950年代に創設された欧州石炭鉄鋼共同体（ECSC）・欧州経済共同体（EEC）・欧州原子力共同体（EURATOM）の原加盟国は，フランス・西ドイツ・イタリア・オランダ・ベルギー・ルクセンブルクの6カ国だった。その後イギリス・アイルランド・デンマークが1973年に加盟し（第1次拡大），81年にはギリシャが，86年にはスペイン・ポルトガルが加盟した（第2次・第3次拡大）。

　だが東西冷戦の間は，ヨーロッパ統合への参加は西側陣営に属する西欧諸国に限定されていた。しかし冷戦が終わったため，1995年には東西冷戦の間は中立国だったスウェーデン・フィンランド・オーストリアもEUに加盟した（第4次拡大）。

　第5次拡大（2004年）・第6次拡大（2007年）で，エストニア・ラトビア・リトアニア・ポーランド・チェコ・スロバキア・ハンガリー・スロベニア・キプロス・マルタ・ルーマニア・ブルガリアが加盟し，2013年にはクロアチアが加盟したことで，現在のEUは28カ国によって構成されている（2020年にイギリスが離脱して27カ国になった）。この第5次拡大と第6次拡大のことを**東方拡大**という。キプロスとマルタ以外の国は，冷戦中は東側陣営に属しソ連の影響下にあった国々である。

　EUの東方拡大とは単に東欧諸国がEUに加盟したことを意味するものではない。冷戦期の東欧各国は政治的には共産党の一党独裁，経済的には計画経済にもとづく社会主義体制であった。そこで東方拡大に備えて，ヨーロッパの国がEUに加盟するための3条件が初めて定式化された（**コペンハーゲン基準**）。①民主主義・法の支配・人権・少数民族の尊重を保障する制度を持っていること。これには死刑制度の廃止が含まれる。②市場経済であること。③EUのル

ールを実行するための法整備を行うこと（遠藤 2008：史料8-6）。EU 加盟にあたっては，以上の項目それぞれについて細部にわたるチェックがなされる。言い換えれば，EU は加盟を希望する周辺諸国に対して，通常であれば内政干渉とされるような影響力を行使することができる。

　冷戦が終結した時点では，東欧諸国が民主化し市場経済に移行するのは，非常に困難だと考えられていた。だが体制移行を実現して EU に参加すれば，単一市場へのアクセスが認められ，共通農業政策や結束政策（地域補助金）を通じて多額の資金援助が得られるだけでなく，安全保障面でもロシアに対する備えとなる。これらの加盟のメリットが国内改革を実行するインセンティブとなり，移行は予想よりスムーズに進んだ。つまり EU は，東欧諸国がデモクラシーや市場経済に移行することを手助けし，それによって地域の安定に大きく貢献したのである。もっとも EU 加盟には，失業の発生や貧富の格差の拡大などの改革のひずみや，EU に加盟しなかった隣国との間に壁ができるといった問題点もあった。

▎東方拡大による EU の変容 ▎

　EU 加盟が東欧諸国の政治や経済に大きな影響を与えたのと同様，EU は東方拡大によって大きな影響を受けた。東方拡大のなかに，現在の EU が抱える問題の種が少なくとも3つ存在したことは指摘しておく必要がある。第1に，東方拡大は加盟国数の増加や多様性の増加を通じて，EU のガバナンスにとってかなり負担になったことは否定できない。政治制度の面では，加盟国の数が15 から 28 に増えたことで，全会一致では決定を行うことが難しくなった。また東欧諸国は小国が多いため，小国と大国のバランスが変化した。これが EU 憲法制定への動きの一因となった（第4節）。経済的には，東欧の新規加盟国の国民1人あたり GDP の平均は旧加盟国平均の4分の1程度にすぎず，非常に大きな格差があった。経済支援の必要性や東欧諸国からの移民の流入は旧加盟国において EU に対する不満が高まる一因となり（拡大疲れ），その不満はイギリスの国民投票で離脱派によって利用された。社会的な価値観のレベルでも，難民の受け入れやその配分をめぐって，相対的に積極的な西欧諸国と消極的な東欧諸国とが対立を続けている。

第2に，東欧諸国の改革がEU加盟という目的を達成するためのものだった（つまり，価値観の転換ではなく道具的なものだった）ことは，ハンガリーやポーランドなどいくつかの東欧諸国で加盟後に改革の成果が後退する一因となった。

　第3の問題は，東西分断の克服が「西と東の共存」ではなく，「西による東の吸収」，すなわちNATOとEUの東方拡大という形で実現する一方，ロシアとヨーロッパ国際秩序との関わりは曖昧なままに残されたことである。これがプーチン大統領によるロシアの失地回復の試みを引き起こし，EUがウクライナ危機や（シリア内戦長期化に伴う）難民危機に直面する理由の1つだと考えられる。

拡大のゆくえ——ヨーロッパの境界線はどこか？

　EUがこれだけ拡大したので，最近はどこでヨーロッパが終わるのかが争点になっている。最も論争的なのが1987年に加盟申請したトルコである。2005年からは正式に加盟交渉が始まり，トルコはEU加盟のために国内改革を進めた。しかし加盟に対しては，「人の自由移動」により多数のトルコ人労働者が既存の加盟国に押し寄せると予想されること，トルコの経済水準が低く多額の援助が必要なこと，トルコは既存の加盟国のなかでドイツに次ぐ人口を擁しているため，大きな発言力を持つこと，歴史的・文化的・宗教的な違い（トルコは世俗主義を掲げているが，イスラーム教の国），キプロス問題などの理由で，EU内部で根強い反対がある。最近トルコのレジェップ・タイイップ・エルドアン大統領が国内で強権的な姿勢を強めているため，加盟は遠のいた。

EUに入らない諸国

　地理的にヨーロッパの国であり，他の加盟条件も満たしているが，EUに加盟していないのがスイス・ノルウェー・リヒテンシュタイン・アイスランドである。スイスは，永世中立国であることとEUの共通外交・安全保障政策とが相容れないことが，非加盟の理由とされている。ノルウェーは北海原油のおかげもあり，ヨーロッパでも一二を争う国民1人あたりGDPの高さを誇る。高水準の福祉国家がEU加盟により脅かされるのではないかという懸念から，1972・94年の2回にわたり国民投票で加盟が否決された。

ノルウェー・アイスランド・リヒテンシュタインは EU のメンバーではない
が，EU との間に**欧州経済領域（EEA）**協定を締結し，単一市場に参加している。
EEA のメンバーは単一市場に関する EU のルールに従う必要があるが，これ
らのルールの制定に参加することはできず，単一市場参加の見返りに多額の財
政貢献を行っている。

　スイスでは 1992 年に EEA 参加の是非をめぐる国民投票で，反対派が僅差で
勝利した。そのため，国民投票後に予定されていた EU 加盟交渉はスイス政府
によって停止された。それでも，EU の政策の多くに参加する協定を個別に結
んでいる。

4 ヨーロッパ憲法条約の起草と失敗

　東方拡大の結果として EU の政治制度の見直しが必要になり，ヨーロッパ憲
法条約が起草された。だがフランスとオランダの国民投票で条約案が否決され，
ヨーロッパ憲法の制定はならなかった。その後，憲法条約の主要部分を継承し
た**リスボン条約**が締結・批准された。

憲法条約の背景

　東方拡大により加盟国の数は 15 から 28 へと増加し，全会一致で決定を行う
ことが難しくなった。また東欧諸国は小国が多いため，従来の制度のままでは
小国と大国のバランスが小国有利に変化することが予想された。加えて，東方
拡大以前から，EU の意思決定過程は複雑で透明性が低く，民主的でないとい
う批判があった。アムステルダム条約（1997 年調印）やニース条約（2001 年調
印）はこれらの問題に取り組もうとしたものではあったが，成果は不十分だっ
た。

　このような状況のなかで，ヨーロッパ憲法制定の動きの先駆けとなったのが，
ドイツのヨシュカ・フィッシャー外相のフンボルト大学演説（2000 年 5 月）で
ある。フィッシャーはシューマン・プランの 50 周年を記念して演説を行い，
そのなかで東方拡大を成功させるために制度面の早急な見直しを進めることと

並んで，ヨーロッパ統合の最終的な目標としてヨーロッパ連邦を創設すること，そのために独仏両国が中心となって憲法を制定することを提案した。ヨーロッパ統合の「最終的な目標」について語るのは，これまでタブーとされてきた。主要国の間やそれぞれの加盟国の内部で合意がないので，議論を始めると対立や混乱を招くおそれがあるからだ。フィッシャーの演説はこのタブーを打ち破るものだった。

当時英独両国の首脳の間で共通農業政策改革をめぐる協力の動きがあることを苦々しく見ていたフランスのジャック・シラク大統領は，この提案に機敏に反応した。ただし，連邦という言葉はフランスでも異論があるので，それを使わずにヨーロッパ憲法が起草されることになった。これはあくまで国際条約であるため，政府間会議によって決定され，EU の全加盟国によって批准されなければならない。他方，憲法の名にふさわしいものにするためには人々の意見を幅広く募る必要がある。そこで政府間会議の前に欧州諮問会議を開催して，政府間会議の交渉のたたき台になる草案を作成した（遠藤 2008：史料 9–14）。

┃ 憲法条約の内容 ┃

ヨーロッパ憲法条約はこれまでの EU の統治機構の簡素化・効率化・分権・民主化を狙いとしていた。簡素化のため，EU の下に 3 本の柱（EC，共通外交・安全保障政策，警察・刑事司法協力）が存在する従来の仕組みが廃止され，EU と EC が一本化された。

これまで欧州理事会の「議長」は半年ごとの輪番制だった。これでは連続性が保てないので，2 年半の任期を持つ常任ポスト（再任可）となった。なお日本ではこのことをもって EU に「大統領」職が設けられたといわれることがあるが，正しくは「常任議長」と訳すべきである。

マーストリヒト条約で共通外交・安全保障政策が EU の柱の 1 つと位置づけられたが，旧ユーゴスラビア連邦の崩壊やイラク戦争に際してヨーロッパ諸国の足並みは一致しなかった。そこで EU が外交面で一体となって行動できるよう，安全保障問題担当上級代表の権限が強化された。上級代表は EU の外務大臣だといわれることがあるが，これは条約上の正式な肩書ではない。

理事会で多数決を行う場合，「55% 以上の加盟国の賛成＋賛成国の人口が

EU 全体の 65% 以上」という二重多数決制が原則となった。これは国際機関の一国一票の原則と，民主主義の人口比例の原則を組み合わせたものであるが，従来の規定と比べると人口が多い大国にとって有利な変化といえよう。欧州委員の人数を削減するため，従来の各国 1 人から，小国については輪番制を採用することになった。

EU の権限が際限なく拡大されてしまうことを防ぐため，EU と加盟国の間の権限の分配が明確化された。EU の民主化のため，直接選挙で選ばれた欧州議会が，立法過程で原則として理事会と対等の権限を持つことになった。

憲法条約の失敗

ヨーロッパ憲法条約は 2005 年にフランスとオランダの国民投票で批准が否決されたため，発効しなかった。EU を市民に近づけることを目標とした憲法案が，国民投票で否決されたのはなぜだろうか。

フランス国民が反対した理由としては，シラク政権の不人気に加え，東方拡大により東欧諸国から移民が増加することや，トルコとの加盟交渉が開始されたことへの反発があった。加えて，憲法条約批准と同時にサービス業の自由化が進められていたことから，左派の有権者の間には，ヨーロッパ統合が進むことが競争重視の経済改革につながるのではないかという懸念があったといわれる。つまり，ヨーロッパ憲法そのものへの反対というより，最近の EU の方向性に対する不満が否決の主な原因だったのだ。

ヨーロッパ憲法条約は失敗に終わったが，EU の政治制度を東方拡大後の EU の現状に合わせる必要性がなくなったわけではない。2007 年 6 月，EU 各国はヨーロッパ憲法の大枠を継承しつつ，大幅に簡素化した条約を作成することで合意した。新条約（リスボン条約）は既に説明したようにヨーロッパ憲法の主な特徴を引き継いでいるが，EU のシンボル（旗，歌，標語）や「憲法」のように，国家を彷彿とさせる規定や表現は削除されている。ヨーロッパ憲法と異なり，リスボン条約の批准の可否を国民投票にかけたのはアイルランドのみであった。リスボン条約が EU にとって必要だったのは事実だが，国民投票で否決されたヨーロッパ憲法と内容的に大差ない条約をほとんどの加盟国が国民投票なしで批准したことは，民意を無視したものといわれても仕方がないだろ

う。遠藤乾は，ヨーロッパ憲法条約の失敗をもって，「大文字の統合」（とその行き着く先としての連邦国家）は死んだと評している（遠藤 2013）。

5 EU が直面する危機

　最近の EU は，ユーロ危機，ウクライナ危機，難民危機，イギリスの EU 離脱・EU に対して批判的なポピュリズム勢力の台頭と，連続的な危機に直面している（遠藤 2016）。ユーロ危機とイギリスの EU 離脱，各国におけるポピュリズム勢力の台頭についてはそれぞれ第 7 章と第 11 章で詳しく触れるが，さまざまな危機の概要についてはここで見ることにしよう。

財政危機からユーロ危機へ

　ギリシャ財政危機に端を発したユーロ危機は，アイルランドやポルトガル・スペイン・イタリアなど南欧諸国にも波及し，EU 自体を危機に陥れたばかりでなく，世界経済にとっても深刻な問題となった。

　不動産バブルの崩壊とサブプライム・ローンの焦げつきによって 2007 年にアメリカで金融危機が起こり，やがてヨーロッパにも飛び火した。ヨーロッパの金融機関は，サブプライム・ローンをもとにした証券を大量に購入していたため多額の損失を出した。さらに，イギリスやアイルランド，そしてギリシャやスペインなどの南欧諸国では，アメリカ並みに（あるいはそれ以上）の不動産バブルが起きていたが，これが崩壊した。ヨーロッパ諸国の財政状況は急激に悪化し，国家債務危機を引き起こした。

　このようななか，2009 年 10 月にギリシャでゲオルギオス・アンドレアス・パパンドレウ社民党政権が誕生し，前政権が GDP 比で 12.7% に相当する規模の財政赤字を約 4% と過少申告していたことを公表した。ギリシャ国債の金利は急上昇し，新規の国債発行が不可能になったギリシャ政府は国際的な支援を要請せざるを得なくなった。国家債務危機はアイルランドやポルトガル・スペイン・イタリアなど南欧諸国にも波及し，ユーロの存続自体が問われる事態へと発展した。国家債務危機がユーロ危機につながったのは，ユーロが抱える構

造的問題のために，南北間に深刻な経済格差が存在したためだった。ユーロの
なかで南欧諸国が経済成長を実現する目処が立たないからこそ，その財政赤字
が問題視されたのである。

　早急の課題は，ギリシャをはじめとする各国の国債に対する信用を回復し，
国債市場を安定化させることだった。国債の金利が上昇すると政府の利払いが
増加するだけでなく，金融機関の財務状況が悪化して政府による追加支援が必
要になるという悪循環が起こる。当初は反応が鈍く，危機の深刻化を招いたユ
ーロ圏諸国であったが，2010年5月，支援のため7500億ユーロの金融安定化
メカニズム・金融安定ファシリティが創設され，EU諸国が3分の2，IMFが
3分の1を拠出した。2011年7月の合意では，ギリシャ国債を保有する民間銀
行が債務削減に応じる一方，ユーロ加盟国の金融安定ファシリティに対する拠
出額が大幅に引き上げられた。2011年11月イタリア出身のマリオ・ドラギが
欧州中央銀行総裁に就任したことで，事態は徐々に好転した。ドラギは2012
年7月に「欧州中央銀行はユーロを守るために何でもする」と発言し，8月に
なると欧州中央銀行は無制限の国債買い入れプログラム（Outright Monetary
Transactions）を開始し，10月には金融安定ファシリティを恒久化する形で，
欧州安定メカニズムが創設された。これを受けて各国の国債市場の状況は落ち
着き，ユーロ危機はさしあたり沈静化した。

長期的な対策

　ギリシャ財政危機の勃発当初は反応が鈍く，危機の深刻化を招いたユーロ圏
諸国であったが，最近はドイツが主導する形で対策が進んでいる。銀行の財務
状況の悪化が危機を深刻化させた一因であったため，ユーロ圏諸国は銀行に対
する監督を強めるべく，2012年に**銀行同盟**の設立で合意した。

　さらに「安定と成長」協定を強化し，各国の財政赤字やマクロ不均衡（経常
収支の不均衡を含む）に対する監視強化のため，ドイツが主導する形で6パック
協定・財政条約・ヨーロッパセメスター・2パック協定等の一連の施策が導入
された。他方，参加国間での財政移転の拡大やユーロ共同債の発行は，ドイツ
の消極的姿勢もあって実現していない。

　今後，最も重要なのは，経済成長を実現するための手段を講じることである。

南欧諸国がユーロの下でも経済成長を実現するためには構造改革が必要だが，実行には政治的な困難が伴う。他方，緊縮財政への不満が強まるなか，物価の安定や財政赤字の削減でなく，失業の解消や経済成長を重視する方向にマクロ経済運営を転換すべきだという声も強くなっている。

ギリシャの不満

IMFやユーロ圏諸国の支援と引き換えに，財政赤字の大幅削減や抜本的な構造改革を求められたギリシャでは支援条件の再交渉を求める声が高まった。2011年11月には支援策受け入れの是非を国民投票にかけようとしたパパンドレウ首相が国際的圧力によって辞任に追い込まれ，二大政党による挙国一致政権が成立した。ギリシャ国民の不満は収まらず，2015年1月の総選挙の結果，急進左派勢力を中心とするアレクシス・チプラス政権が誕生した。これはグローバル金融危機以降，先進国で既存政党を含まない政権が樹立された最初の事例である。新政権は財政支出削減目標の緩和や債務の減免を求めたが，ユーロからは離脱しないという姿勢をとった。しかし実質的に最大の債権国であるドイツ側は譲歩を拒否した。その理由としては，ドイツはユーロ導入時に自ら痛みを伴う構造改革を行ったため，世論がギリシャ支援に懐疑的なことや，半永久的に支援を続けなければならないことへの恐れ，自らの経済運営モデルの正しさに対する信念，などが挙げられるだろう。ドイツ政府のなかには，ギリシャが支援条件を受け入れられないなら，ギリシャのユーロ離脱も選択肢とすべきという強硬論もある。結局，ギリシャ政府が債権者側から大きな譲歩を引き出すことはできなかった。

EUとウクライナ危機

ウクライナはEUとロシアの間に位置する国である。2004年のオレンジ革命以来，親欧米派（主としてウクライナ語を母語とする人々）と親ロシア派（ロシア系住民が多い）との間で主導権争いが続いてきたが，2013年11月に親ロシア派のヴィクトル・ヤヌコヴィッチ大統領がEUとの連合協定締結を延期し，ロシアからの経済援助受け入れを表明したことをきっかけに反政府デモが起きた。大統領が力による弾圧を試みたことで衝突が拡大し，国を二分する対立となっ

た。EUとロシアの調停により，大統領・野党間で協定が締結されたが，生命の危機を感じたヤヌコヴィッチ大統領はロシアに逃亡した。野党側はヤヌコヴィッチを解任し，事実上政権を掌握した。これに対して，2014年3月にロシアの特殊部隊が，ロシアの黒海艦隊の基地があり，ロシア系住民が多数を占めるクリミア半島を占領した。クリミア議会はロシアへの編入を問う住民投票を強行し，ロシアは住民投票の結果を根拠にクリミアを自国に編入した。続いて4月以降，ウクライナ南東部ではロシアに支援された親ロシア派勢力が政府の建物を占領し，ウクライナ政府軍と事実上の内戦状態に突入した。

　ロシアがクリミア半島を併合したことは，武力による国境線の変更を禁じた国際規範を踏みにじるものであった。プーチン大統領は，旧ソ連崩壊により失われた国際的影響力を回復することをめざしており，特にグローバル金融危機後，アメリカの国際的な影響力に陰りが見えるにつれて，その行動は大胆さを増してきた。その背景には，冷戦終結後旧ソ連の勢力圏だった東欧諸国にNATOやEUが拡大し，ロシアがヨーロッパの国際秩序から排除されたことへの不満があるものと見られる（Welsh 2016）。

　アメリカとEUは経済制裁を科すことでロシアの動きに対抗した。ウクライナは1993年以来EU加盟を希望してきたが，多額の経済的支援が必要になるため，既存の加盟国は消極的だった。もっとも，EUはウクライナがロシアの勢力圏になることも望んではいない。EUの側には，東方拡大の経験からEU加盟を希望する国に対して非常に大きな影響力を行使できるという思い込みがあった。ウクライナ親ロシア派政権による連合協定締結延期は，このような思い込みを打ち破るものだったといえよう。

　2015年2月には，独仏両国とウクライナ・ロシアの間で，欧州安全保障機構（OSCE）の監視下での停戦，重火器の前線からの撤去，ウクライナの憲法改正などを内容とする第2次ミンスク合意が締結され，内戦は小康状態を保っている。イラク戦争時のEUの課題がアメリカによる覇権の乱用にどう対処するかということだったとすれば，現在の問題はアメリカの国際的な関与が低下するなかで，EUがいかにその穴を埋めるかということにある（この点は次に扱う難民危機についてもあてはまる）。とりわけウクライナと国境を隣接する東欧諸国の危機感は強く，NATOやEUがロシアに対して毅然とした態度をとること

を求めている。

EU と難民危機

2011 年にイスラーム諸国で「アラブの春」と呼ばれる革命運動が始まったが、その後シリアでは内戦状態が続いている。このようななか、政治的な庇護を求めて EU 諸国への難民申請を行う者の数が急増し、EU にとって大きな問題を投げかけている。

「難民」は、より良い生活や教育などを求めて国境を越えて移動し、自国に帰還しても危害を加えられる恐れのない「移民」とは異なる。「移民」は各国がそれぞれの国の法律に即して扱うことが認められているが、「難民」には国際的な保護のルールが存在している。そのなかでも最も重要なのが、難民を彼らの生命や自由が脅威にさらされる恐れのある国へ強制的に追放したり、帰還させたりしてはいけないとするノン・ルフールマン（追放および送還禁止）の原則である。

2015 年度の EU 内での難民申請の国別の割合は 1 位ドイツが全体の約 3 分の 1 を占め、以下ハンガリー、スウェーデン、オーストリア、イタリア、フランスと続いている。難民申請者の出身国 1 位は内戦が続くシリアであり、全体の約 5 分の 1 を占める。以下アメリカの同時多発テロに伴う軍事活動以降、政情が不安定なアフガニスタン、パキスタン、イラクなどが続く。もっとも、シリア難民を最も多く受け入れているのはトルコ（約 273 万人）であり、次いでレバノン（約 103 万人）、ヨルダン（約 66 万人）といったシリアと地理的に隣接している国々が続く。それと比較すれば、ドイツ（約 43 万人）、スウェーデン（約 11 万人）のような EU 諸国の難民申請者数は比較的小規模だといえる。

難民危機と EU の基本原則

難民危機は、人の自由移動や難民の積極的な庇護という EU の基本原則を脅かしかねない事態を招いている。

人の自由移動は EU の基本原則の 1 つである。1985 年に締結された**シェンゲン協定**は 97 年のアムステルダム条約で EU 法に取り込まれた（イギリス・アイルランドのみ適用除外）。参加国の間では、パスポートやビザによる国境管理が

廃止されており，EU市民でなくてもいったん域内に入れば自由に国境を越えて移動することが可能である。しかし多くの難民が急激に流入した国（ハンガリーなど）では，一時的に国境管理を復活させる動きが出てきている。

　域内での国境管理を廃止するためには，域外諸国との国境の管理について共通のルールを策定することが不可欠である。これは難民庇護についても当てはまる。そこでEU諸国は欧州共通難民システムを発展させてきた。ダブリン協定は，EU内で難民申請を審査する国（基本的には難民が最初に到達した国）を定め，その国に難民を移送することを認めている。難民の受け入れ条件や難民資格に関する規定も共通化されている。ダブリン協定の目的は，庇護申請者が複数の国で難民申請を行うのを防ぐことにあったが，EU外の国と国境を接する南東欧諸国にとっては申請数が増加し，負担の不均衡が発生しかねない。

ドイツの難民受け入れ政策

　そこでドイツのアンゲラ・メルケル首相は2015年にシリア人難民をダブリン協定の適用除外とすること，難民を80万人受け入れることを表明した。ドイツへの難民の流入が急増したのはそのためである。ドイツへの難民申請者は審査期間中無償で施設に入居できるだけでなく，月額で1人あたり最大2万円程度の手当が支給されるなど，手厚い保護を受けている。ドイツが難民保護に積極的な理由としては，第2次世界大戦の際にナチが多くの難民を生み出したという歴史的経験に対する反省のほか，少子高齢化の進展により労働力不足が深刻になると予測されているため，難民を労働力として期待している面もあるといわれる。

　当初，ドイツの世論はメルケル首相の積極的な難民受け入れ政策を支持し，「難民を歓迎する」姿勢を示していた。しかし流入する難民の数が急増し，そのコストが明らかになるにつれて反対も増えている。難民の受け入れがポピュリズム的な極右政党（「ドイツのための選択肢」）への支持拡大につながっている。

EUの対応

　EU理事会は2015年9月，イタリア・ギリシャに滞在する12万人の難民をEU諸国に再配分すると決定したが，イスラム系の難民受け入れに消極的な東

欧諸国の反対のため，この種の問題では異例の多数決にもとづく決定となり，EU 内に大きなしこりを残した。ただし，実際の難民の移送はほとんど進んでいない。

そのため，EU はトルコ・レバノン・ヨルダンといったシリアの周辺諸国と資金提供その他の形で協力することで，これ以上の難民が流入することを抑制しようとした。トルコと EU の間では，2016 年 3 月に以下のような合意が結ばれた。①ギリシャはトルコから渡航してきた「非正規の移民」を送還できる。その代わりに，EU 諸国はそれと同人数のシリア難民をトルコから受け入れる。②トルコ市民の EU へのビザなし渡航を拡大する。③トルコで生活する難民の支援のために，EU が資金を拠出する。

この合意に対しては，トルコは難民条約の締結国ではないので，同国に難民を送還することは国際的な取り決めに違反するという批判もある。合意の結果としてトルコからギリシャへの渡航者は激減したが，その代わりにアフリカのリビア経由でイタリアをめざす難民が増えるなど，問題の根本的解決にはほど遠いのが現状である。難民危機の長期化に伴って，EU 全体でイスラーム系の難民や移民一般に対して強硬な姿勢をとる右派のポピュリズム勢力に対する支持が拡大している。

イギリスの EU 離脱とポピュリズムの台頭

イギリスでは 2016 年 6 月に EU 残留の是非をめぐる国民投票が行われ，51.9% 対 48.1% という僅差でイギリス国民は EU からの離脱を支持した。これを受けて 2017 年 3 月にイギリス政府は EU に対して正式に離脱意思を通告し，2020 年 1 月に EU から離脱した。イギリスの EU 離脱は，いくつかの要因が複合的に結びついた結果であった。二大政党の一角である保守党のなかでは，マーストリヒト条約に経済通貨同盟が盛り込まれたことをきっかけに EU に対し懐疑的な勢力が台頭していたが，ユーロ危機に対処するなかでユーロ圏諸国がマクロ経済運営や金融規制に関する統合を進めるにつれて，EU の方向性やイギリスの影響力低下を懸念する声がますます強くなった。加えて，新たに EU に加盟した東欧諸国からの移民が急増するなか，多くの移民が流入した地域では，移民に仕事を奪われるとの懸念が広まるとともに，医療や教育など

のインフラに負担がかかることになった。その結果,「グローバル化から取り残された人々（相対的に低学歴・低スキルで高年齢の労働者層）」の間で, EU 離脱を唱えるポピュリズム勢力のイギリス独立党への支持が急速に広まっていった。デーヴィッド・キャメロン首相が 2013 年に国民投票の実施を公約したのは,これ以上イギリス独立党が支持を拡大するのを防ぎつつ, 保守党の党内対立を収拾するためだったといわれる。

　ポピュリズム勢力は他の EU 諸国でも支持を拡大している。フランスでは,右派ポピュリズム政党の国民戦線を率いるマリーヌ・ルペンが, 移民排斥やユーロ離脱の是非をめぐる国民投票実施を公約して支持を集め, 2017 年の大統領選挙で決選投票に進出した（決選投票ではエマニュエル・マクロンに敗北）。歴史的な事情から右派ポピュリズム勢力への支持が弱かったドイツでも, 2017年の連邦議会選挙では「ドイツのための選択肢」が約 12% の票を得て, 第三党に躍進した。イタリアでは「同盟」と「五つ星運動」という 2 つのポピュリズム政党が 2018 年に連立政権を結成した（2019 年に連立は崩壊した）。中東欧諸国のなかでもポピュリズム的な政権が注目を集め, 特にポーランドとハンガリーの両国では, その非自由主義的な政治の在り方が「民主主義の後退」もしくは「非自由主義的な民主主義」への移行という議論さえ喚起している。EU からすれば, 両国は EU が拠って立つリベラル・デモクラシーの価値自体に挑戦しているように見える。

┃ おわりに ┃

　以上見てきたように, 冷戦終結とその後のリベラルな国際秩序の発展のなかで, 統合のめざましい深化・拡大を実現した EU は, 近年さまざまな危機に直面している。きわめて野心的な計画を実行していくうえで多くの問題が発生することはある意味当然であるが, EU が直面する困難にはそれ以外にも 3 つの原因があると考えられる。

　第 1 は, 国際環境の変化, とりわけグローバルな金融危機後のアメリカの国際的影響力の低下と, ロシアによる武力行使も厭わぬ勢力回復の試みである。ウクライナ危機や難民危機に見られるように, EU 諸国はアメリカの覇権の後退が生み出した穴を埋めることに成功していない。いまから既に 30 年以上前,

ヘドリー・ブルは東西緊張緩和の文脈のなかで「EC や他の非軍事的なアクターによる影響力の行使は，国家間の軍事力の分布によって形成される戦略的環境次第である」と指摘していた（Bull 1982）。EU が存在感を発揮できる国際環境を自力で取り戻すためには，EU 諸国が安全保障面で協力を深めるとともに，より多くの資源を投入する必要があるだろう（第 **10** 章）。2016 年のアメリカ大統領選挙で自国優先主義を掲げるドナルド・トランプが当選したことは，EU 諸国が安全保障面で自立する必要性をさらに高めることになった。

第 2 に，これまでヨーロッパ統合をリードしてきた独仏両国が，EU を牽引できなくなっている。フランスは経済的な低迷が続いており，その国際的影響力にも陰りが見られるため，両国の力関係はドイツ優位に傾いた。とはいっても，ドイツも単独でリーダーシップを発揮するのに十分な資源や意思があるとは言い難く，EU は牽引役不在の状況にある。

第 3 は，ヨーロッパ統合の進め方の問題である。経済通貨同盟が典型例であるが，ヨーロッパ統合の新規プロジェクトはその最終的な目的地や含意が不明確なまま開始されることが多い。当初は不完全な形で制度が構築され，危機が起きて初めて，既に達成された成果を維持するために必要な施策をとる，という形で統合が先に進むことになる。このようなやり方は，欧州統合に対して世論の一般的な支持がある限りは有効な手法だが，それが弱まり各国の政治指導者が自国の有権者の反応を窺わざるを得ないようになると，うまくいかなくなる。経済通貨同盟は，統合の最終的な目的地やロードマップを市民に隠したまま統合を進めるモネ・メソッドの問題点を浮き彫りにした。

もちろん，市民が EU に不満を抱く原因は，EU 自身の政治制度や政策決定過程の在り方や，政策的なアウトプットにもあると考えられる。この点については，第 2 部と第 3 部で詳しく述べることになる。

引用・参考文献 ┃　　　　　　　　　　　　　　　　　　　　　　　　Reference ●

遠藤乾編（2008）『原典ヨーロッパ統合史──史料と解説』名古屋大学出版会。
遠藤乾（2013）『統合の終焉──EU の実像と論理』岩波書店。
遠藤乾（2016）『欧州複合危機──苦悶する EU，揺れる世界』中央公論新社。
櫻田大造・伊藤剛編（2004）『比較外交政策──イラク戦争への対応外交』明石書店。

田中素香（2016）『ユーロ危機とギリシャ反乱』岩波書店。

羽場久美子・小森田秋夫・田中素香編（2006）『ヨーロッパの東方拡大』岩波書店。

益田実・山本健編（2019）『欧州統合史——二つの世界大戦からブレグジットまで』ミネルヴァ書房。

マヨーネ，G.／庄司克宏監訳（2017）『欧州統合は行きすぎたのか（上）——〈失敗〉とその原因』岩波書店。

マヨーネ，G.／庄司克宏監訳（2017）『欧州統合は行きすぎたのか（下）——国民国家との共生の条件』岩波書店。

柳沢英二郎・加藤正男・細井保・堀井伸晃・吉留公太（2013）『危機の国際政治史——1873〜2012』亜紀書房。

Bastasin, Carlo（2012）*Saving Europe: Anatomy of a Dream*, Brookings Institution Press.

Bull, Hedley（1982）"Civilian Power Europe: A Contradiction in Terms?," *Journal of Common Market Studies*, 21（2）, 149–170.

Cramme, Olaf and Sara B. Hobolt, eds.（2015）*Democratic Politics in a European Union under Stress*, Oxford University Press.

Loth, Wilfried（2015）*Building Europe: A History of European Unification*, De Gruyter.

Krotz, Ulrich and Joachim Schild（2013）*Shaping Europe: France, Germany, and Embedded Bilatteralism From the Elysée Treaty to Twenty-First Century Politics,* Oxford University Press.

Norman, Peter（2005）*The Accidental Constitution: The Making of Europe's Constitutional Treaty*, EuroComment.

Welsh, Jennifer（2016）*The Return of History: Conflict, Migration, and Geopolitics in the Twenty-First Century*, House of Anansi Press.

第**2**部

EU の政治制度と政治過程

PART **2**

第**4**章

EU の全体像

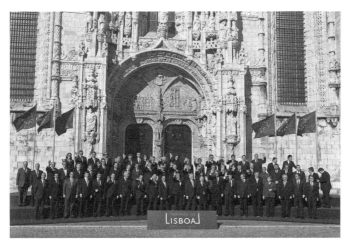

現在の EU の統治構造や基本政策は，2007 年に調印されたリスボン条約によって
規定されている。（写真：時事通信フォト）

はじめに

　第 1 部では，欧州連合（EU）がどのように現在の姿まで発展してきたのか
説明した。それに引き続き，第 2 部では EU の政治制度と政策決定プロセス，
第 3 部では EU の政策，第 4 部では EU と各国政治・EU の正統性について扱
う。本章は，本書の第 2 部以降の序論としての性格を持っている。そこで EU

に関する 3 つの問いを提示し，それに答えることを通じて EU の全体像を描き出すことを試みる。

　第 1 節では，EU の統治構造と活動内容を概説したうえで，EU をどのように分類すべきなのか論じる。EU はそれ自体として 1 つの国家のような存在なのか，それとも通常の国際機関と似たような存在なのだろうか。本書では，EU は国家でもなく通常の国際機関でもない，「唯一無二」の存在だという立場をとる。第 2 節では，EU が現在のような統治構造をとっているのはなぜか，新機能主義（超国家主義），政府間主義，マルチレベル・ガバナンス（多層的統治）などの代表的な理論を簡単に紹介しつつ，説明する。最近の EU に対しては，個々の政策に対する批判のほかに，その政策決定手続きが民主的な正統性に欠けるという「民主主義の赤字」を指摘する声がある。そこで第 3 節では，そのような批判がでてくるのはなぜか，問題に対処するためにどのような選択肢があるのかを見ることにする。

1　EU の統治構造と活動内容

　現在の EU の統治構造や基本政策は，欧州憲法条約の失敗を受けて 2007 年に調印された（発効は 2009 年）リスボン条約によって規定されている。

リスボン条約への道

　通常の民主主義国家では，政治制度の主要な仕組みは憲法によって規定される。憲法は主権者たる国民の意思にもとづくものだとされる。それに対して，EU は加盟国の間で結ばれた条約によって設立され，そのなかでさまざまな機関の構成と権限が定められている。EU の持つ権限は加盟国から委ねられたものであり，条約を改正するためにはすべての加盟国による合意を得る必要がある。

　EU を創設したのは 1992 年に調印されたマーストリヒト条約である。1951 年のパリ条約によって欧州石炭鉄鋼共同体（ECSC）が，1957 年のローマ条約によって欧州経済共同体（EEC）・欧州原子力共同体（EURATOM）が設立され

たが，3つの共同体が別々の機関を持つことによる無駄を避けるため，1965年に機関合併条約が調印された。それ以降，3つの共同体を総称して**欧州共同体**（European Communities：EC）という呼称が一般化した。しかしマーストリヒト条約はEUを設立するとともに，単一市場や経済通貨同盟を中核とするEECを**欧州共同体**（European Community：EC）と改称し，これをEUの第1の柱として位置づけた。同時に，新設の共通外交・安全保障政策と司法・内務協力が，それぞれ第2の柱，第3の柱として位置づけられた。換言すれば，EUは3つの柱を有する列柱構造としてデザインされたのである。ECSCとEURATOMはEUとは別に存続することになった（その後ECSCは2002年に条約が失効して消滅した）。

　マーストリヒト条約がこのように複雑な構造になったのは，外交・安全保障や司法・内務協力は国家主権に深く関わる領域であるため，その決定は各国の代表からなる理事会に委ねられるべきであり，超国家的な機関である欧州委員会や司法裁判所の影響力を排除しようという考慮が働いたためである。1997年のアムステルダム条約で，司法・内務協力は警察・刑事司法協力に改編されたが，EUとECの二元構造は維持された。EUの統治構造が非常に複雑で市民に理解しがたいことは，EUに対する批判の一因となった。

　そこで**リスボン条約**はEUの政治制度を簡素化することをめざして，EUとECの二元構造を廃止し，EUに一本化した。それにあわせて，欧州共同体条約は欧州連合の機能に関する条約と改称された。そこで現在では，リスボン条約により修正された欧州連合条約（民主主義についての規定やEUの機関についての規定が中心）と，欧州連合の機能に関する条約（EUの政策や機関の詳細に関する規定が置かれている）の2つの条約があることになる。リスボン条約による簡素化にもかかわらず，現在のEUでもEUと加盟国の間の権限分配やEU内部の政策決定の在り方は政策領域ごとに相当程度異なっている。以下では，リスボン条約に即してEUの全体像を説明していこう。

EUの政治制度

　EUは国家とも国際機関とも異なる非常にユニークな政治制度を有する。EUの政治制度を理解するためには，EUの権限が諸機関によってどう担われ

ているか，そして EU と加盟国の間でどのように権限が分配されているか，という 2 つの問題がとりわけ重要である。

EU 諸機関の構成や権限の詳細は第 5 章に譲るが，ここで概略だけ述べておこう。欧州委員会は EU 全体を代表する機関である。新しい EU 法を提案する権限をほぼ独占するとともに，EU の行政を担っている。理事会（閣僚理事会や EU 理事会とも呼ばれる。欧州理事会とは別物なので注意が必要）と欧州議会による立法を執行するだけでなく，競争政策など一部の分野では強力な独自権限を有する。

理事会と欧州議会は EU の立法と予算に関する権限を共有している。理事会は各国の大臣により構成され，原則として多数決で決定を行う。ただし税制，社会保障，外交・安全保障など国家主権に関わる問題について決定する場合には全会一致が必要である。欧州議会の議員は，5 年に 1 度，EU 市民による直接選挙で選出される。欧州議会の権限は条約改正のたびに強化され，「通常立法手続き」が用いられる立法領域と予算の策定では理事会と対等な権限を持っている。議会の会派は加盟国別ではなく，各国議会と同様に政治的立場にもとづいて組織されている。主流政党は穏健右派の欧州人民党（キリスト教民主党系が中心）・穏健左派の欧州社会民主党・中道の欧州自由民主党であるが，いずれも各国の政党の連合体としての性格が強い。

欧州理事会は加盟国の首相・大統領による会議であり，欧州委員会委員長も出席する。欧州理事会は立法権限を有さないが，EU が進むべき方向について指針を与えるとともに，理事会では各国の利害が対立して解決できない問題について決定を行うという，非常に重要な役割を果たしている。

EU 司法裁判所は，EU 法が各加盟国において同様に適用されるよう保障する役割を果たしている。EU 法には「直接効果」（EU 法は加盟国市民が裁判所で直接援用できる権利を生み出す）と「優越」（EU 法は加盟国の国内法に優越する）という 2 つの重要な原則があるが，これらの原則は EU 司法裁判所の判例を通じて確立した（第 2 章）。この 2 つの原則のおかげで，EU 法は通常の国際法と比較して非常に強い実効性を持っているといえる。

以上の説明からわかるように，EU には加盟国の代表によって構成される機関（理事会・欧州理事会）と，EU 独自の機関（欧州委員会・欧州議会・EU 司法裁

判所）とがある。EU の在り方をめぐっては，加盟国の独自性を重視し EU の
なかでも引き続き各国政府が中心的な役割を果たしていくべきという立場（**政
府間主義**）と，EU はそれ自体として 1 つの国家のような存在となるべきであ
るとして，EU 独自の機関である欧州議会や欧州委員会の役割を重視する立場
（**超国家主義**）の 2 つが対立してきた。両者は，理事会の決定に多数決方式を用
いることをめぐっても争ってきた。政府間主義は各国政府の拒否権を維持する
ため多数決の拡大に消極的なのに対し，超国家主義は実効的な意思決定のため
に多数決の拡大を支持する。EU の政治制度が非常に複雑なのは，さまざまな
立場の妥協の産物であるためである。

　こうした公式の意思決定のルールが，どこまで EU の実態を反映しているの
か疑問の余地がないわけではない。そもそも新しい条約の制定や EU の拡大に
ついては，条約上加盟国の全会一致が必要であり，加盟国政府，とりわけドイ
ツやフランスといった主要国の政府の影響力が強く，欧州委員会や欧州議会の
ような EU 独自の機関の影響力は限定的である。最近のユーロ危機に代表され
る，危機への対応も同様だと見てよいだろう（ギデンズ 2015）。EU 研究では，
これらを「歴史的な決定」と呼ぶこともある。他方で，各国が公式の意思決定
ルールの在り方，とりわけ理事会における票数や多数決の対象となる問題の範
囲をめぐって激しく争うことは，こうしたルールが無意味なものではないこと
を物語っている。とりわけ，歴史的な決定と対比される日常的な政策決定につ
いては，ルールが重要だといえる。

EU と各国の間の権限配分

　次に，EU と加盟国との間の権限配分の問題に移る。EU はあらゆる問題に
ついて決定を行う超国家のような存在ではなく，その権限の内容は問題領域ご
とに大きく異なっている。この点では，EU はアメリカやドイツのような連邦
制国家と類似した存在だといえるだろう。

　第 1 部で見たように，欧州統合の当初の主たる目的は，独仏和解を実現して
ヨーロッパの平和を維持するという政治的なものであったが，欧州防衛共同体
の失敗以降，実際の統合が進展したのは主として経済面，とりわけ市場統合で
あった。冷戦終結後は外交や安全保障面での役割も拡大したとはいえ，現在で

も単一市場や通貨統合が EU の中核であり，外交や安全保障政策・警察面での役割は限定的だといえるだろう。

　EU の活動内容の第 2 の特徴は，その制定するルールの拘束力が高い反面，以下で見るようにその予算規模が比較的限定されていることである。そのため，EU はその政策を実行するにあたって，財政的な手段でなく法の権威に依存している。EU が「規制国家」であると評される所以である（Majone 1996）。EU 法の提案権をほぼ独占し，その執行状況を監視する欧州委員会の役割が重要なのはこのためである。反面，EU の予算が小規模なことは，福祉国家のように多額の財政支出を伴う政策領域に参入することは難しいことを示している。

　通常，連邦国家では中央政府と地方政府の間で権限分配をめぐり熾烈な争いが起きるのに対して，EU は 1990 年代に至るまで政治的抵抗に直面せず，権限を拡大することができた。その時点までは理事会の決定が基本的に全会一致で行われ，加盟国の政府が EU の政策決定にあたって拒否権を有していたため，EU の権限拡大に抵抗がなかったのだと考えられる。その結果として，環境政策のように元来条約に規定されていなかった領域も含め，EU は幅広い問題に対する管轄権を有するようになった。

　もっとも最近では，後述するように EU の権限が拡大することに対する批判的意見も少なくない。そこでリスボン条約は EU の権限を，排他的（専属的）権限，共有権限，補充権限の 3 つに区分し，その明確化を図った。排他的権限とは EU のみが権限を有する領域であり，域内市場の機能に必要な競争ルールの策定，対外通商政策やユーロを採用した国の金融政策（第 **7** 章）が含まれる。共有権限とは加盟国と EU で権限を共有する領域であり，これは域内市場（第 **7** 章），社会政策（第 **8** 章），農業政策，漁業政策，環境，消費者保護，運輸，研究・技術開発，人道的援助など多岐にわたる。補充権限は EU が加盟国の行動を支持，調整，補完する領域のことをいう。経済政策，雇用政策，教育，文化がこれに該当する。このほかに，EU による立法を伴わない政府間協力の枠組みとして，共通外交・安全保障政策（第 **10** 章）がある。

　現在では「個別授権原則」により，EU は基本条約に明記されていない権限を行使することはできない。また EU に権限がある場合であっても，共有権限と補充権限には「**補完性原理**」が適用され，EU はその目的が加盟国の行動に

よっては十分に実現できない場合にのみ行動を起こすべきだとされている。さらに「比例性原則」によって，実現をめざす目的とそのためにとられる手段の間のバランスをとることも求められている。

　もちろん，以上はあくまでEUと各国の権限分配に関する条約上の規定にすぎない。EUの政策決定過程の実態については第6章で詳述する。

┃ ヨーロッパ統合の柔軟性 ┃

　すべての加盟国が，EUの政策すべてを同一のタイミングで受け入れているわけではない（Lynch 2014）。例えば，単一通貨ユーロに参加しているのは27カ国中19カ国のみであり，アイルランドは域内での国境管理を廃止したシェンゲン協定に参加していない。一部の加盟国が新たな領域での統合に先行して取り組むことを「**複数速度の**（multi-speed）**ヨーロッパ**」と呼ぶ。このような方策がとられるのは，統合に前向きでない国々によって統合のペースが遅れるのを防ぐためである。ただしこのモデルにおいては，いずれはすべての加盟国が統合に参加することが前提になっている。換言すれば，共通の目的に対して異なるスピードで向かうことが想定されている。現実の問題としては，先行して統合に参加した加盟国がEUにおける中核的な存在になり，それに加われなかった／加わろうとしなかった加盟国が周辺化して分断が固定化することもありうる。このような状態を指して，特に「**可変形態**（variable geometry）**のヨーロッパ**」といった表現が用いられることもある。

　「複数速度のヨーロッパ」やそれに類する概念の歴史は古く，1975年に刊行されたティンデマンス報告書にその淵源を求めることができる。それに対して，近年統合の対象となる政策の範囲が拡大し，かつ加盟国数の増大によってEUの多様性が増加するなかで，加盟国は自らが参加する統合の範囲を自由に選択し，望まない統合の進展からは距離をとることを認められるべきだという立場が出現している。これを「**アラカルト・ヨーロッパ**」という。この立場においては，各加盟国は単一市場などの最低限の目的を除けば新たな統合に参加する義務を負わず，場合によっては既にEUに移譲された権限を取り戻すことさえ許容される。

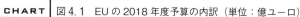

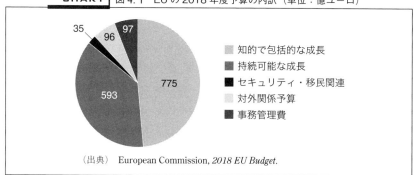

CHART | 図4.1　EU の2018年度予算の内訳（単位：億ユーロ）

凡例：
- 知的で包括的な成長
- 持続可能な成長
- セキュリティ・移民関連
- 対外関係予算
- 事務管理費

（出典）　European Commission, *2018 EU Budget.*

EU の予算

　EU の財政支出は年額約 20 兆円，その域内経済総生産の 1% 強に相当する。2018 年度の予算は総額で約 1601 億ユーロ（1 ユーロ＝130 円で換算すると約 20 兆 8100 億円）であった。その内訳は「知的で包括的な成長（smart and inclusive growth）」が約 775 億ユーロ（うち貧しい地域へ資金を配分する結束政策が 555 億ユーロ），「持続可能な成長（sustainable growth）」が約 593 億ユーロ（うち共通農業政策が 432 億ユーロ），「セキュリティ・移民関連（security and citizenship）」が約 35 億ユーロ，「対外関係予算（global Europe）」が約 96 億ユーロ，「事務管理費」が約 97 億ユーロである（図 4.1）。大まかにいえば，EU の歳出のうち 6 割強は貧しい地域への補助金と農業保護のために用いられている計算になる。

　国際連合の予算が年額で 3000 億円に満たないことを考えれば，EU の予算は国際機関としてはきわめて多額である。しかし EU 各国の財政支出の規模は平均で国内経済総生産の 47% に相当するため，EU の財政規模は民主的な国家のそれと比較すればはるかに小さい。しかもここ数十年にわたって，域内経済総生産比で見た EU の財政支出はほとんど増加していない。EU は財政赤字を出すことはできないので，その歳出は歳入の範囲内に限定される。1970 年と 75 年の予算条約は，関税・農業課徴金と各国の間接税の税率 1% 分を上限とする独自財源を EU に与えた。通常の国際機関のように各国からの拠出金に依存するのでなく独自財源を有することは，その独立性を高めた。現在では，EU の財源は旧来からの関税・農業課徴金と，新しい財源（各国の間接税の税率

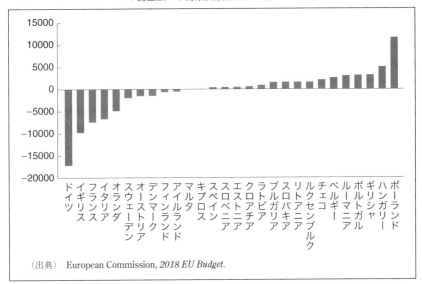

（出典） European Commission, *2018 EU Budget.*

0.3% 分と国民総生産〔GNI〕の約 0.7% 分相当額）から構成されている。2018 年度を見ると，EU 財政に対する最大の貢献国はドイツであり，イギリス，フランス，イタリアの順で続く。最大の受益国はポーランドである（図4.2）。

　EU 予算の策定過程と使途は 1988 年を境に大きく変化した。88 年以前の予算は，フランスの主張を反映する形で共通農業政策に偏ったものであり，その策定はしばしば加盟国間や理事会と欧州議会の間の紛争で紛糾した。88 年の合意により，5〜7 年間にわたる**多年次財政枠組み**を加盟国政府間の交渉によって策定し，その枠組みにもとづいて理事会と欧州議会が各年度の予算を定める方式に切り替えられた。この合意は支出と歳入の均衡を図るとともに，共通農業政策の支出の増加を抑えるため，政策領域ごとに各年度の上限も定めた。したがって，各年度の予算が理事会と欧州議会によって決定されるといっても，その大枠は政府間の折衝によってあらかじめ定められている。88 年合意により EU 予算をめぐる対立はある程度沈静化し，結束政策が支出に占める割合が増加した。2014 年から 2020 年までの 7 年間をカバーする最新の多年次財政枠組みによれば，使途で最も多いのは結束政策の 3250 億ユーロであり，共通農業政策の 2780 億ユーロが続く。

リスボン条約では，多年次財政枠組みに各国政府が合意する前に，欧州議会の同意を得ることが必要になった。この改革が欧州議会の発言力向上につながるのかどうか，今後の多年次財政枠組み決定過程を注視する必要がある。他方で，多年次財政枠組みの事後変更が従来よりもさらに難しくなり，各年度の予算策定における柔軟性が低下したのではないかという懸念もある（Benedetto 2013）。それもあって，研究・開発や安全保障などプライオリティの高い目的のために十分な予算が確保できていないと批判されている（Wallace et al. 2015, ch. 9）。

▌EU の政策の分類 ▌

　第1部で説明したように，ヨーロッパ統合の中心は経済面での統合である。本書ではこれを**市場創設的政策・市場是正的政策・市場緩和的政策**の3つに分類する。市場創設的政策とは，国境を越える経済活動を促すような政策を指す。人・モノ・資本・サービスの4つの自由移動を実現した単一市場や，単一通貨によって取引費用の軽減をめざした経済通貨同盟はその代表的なものである（**第7章**）。一般的に市場には需要と供給の均衡を通じて資源を最適に配分し，経済成長をもたらす機能があるとされる。しかし，独占や環境破壊，貧富の格差のような「市場の失敗」に対処するためには政治の役割が不可欠である。本書では市場建設に伴うコストが降りかかる特定グループに対する補償のことを市場是正的政策，経済活動が人や自然にもたらす悪影響の緩和のことを市場緩和的政策と呼ぶ。EU のなかで市場是正的政策にあたるのが共通農業政策や結束政策であり（**第7章**），市場緩和的政策にあたるのが環境政策や社会政策である（**第8章**）。

　ここで注意すべき点が2つある。第1に，1つの政策が市場創設・市場是正・市場緩和のなかから2つ以上の機能を持つことがありうる。例えば，共通農業政策は EU 大の農産物市場の創設（市場創設）と，市場介入による農産物価格の維持（市場是正）という2つの機能を果たしている。本書は，市場創造／市場是正／市場緩和のどの側面が一番重要かによって，政策の区分をしている。

　第2に，市場創設的政策／市場是正的政策の区別は，よく知られている消極

的統合／積極的統合の区別とは異なることである。消極的統合は，国境を越えた経済活動に対する障壁となっている各国のルールを撤廃することを，積極的統合は，EU 全体のルールによる置き換えをそれぞれ意味している。EU 大の市場の創設には，単なる各国の規制の緩和や撤廃だけでなく，EU 大での競争ルール・安全基準等の制定（再規制）が必要であるから，消極的統合と積極的統合の両方の側面を持つ。言い換えると，消極的統合はすべて市場創設的であるが，積極的統合は市場創設的でも市場是正的でもありうる（Scharpf 1999）。

EU による基本権保護

EU の加盟国やその一員であることを希望する国が，民主的な政治制度や人権保護のための仕組みを有さねばならないことは，長らく暗黙の前提とされてきた。1993 年には，欧州理事会によって EU に加盟を希望する国が満たさなければならない条件が明文化され（コペンハーゲン基準），民主主義・法の支配・人権やマイノリティの尊重が盛り込まれた。しかし EU 自体が人権保護のための規定を有するようになったのは，比較的最近のことにすぎない。

EEC は，共同市場の実現のため，モノ・資本・サービスの自由移動に加えて，人の自由移動も目標として掲げていた。しかし実際に加盟国の市民に認められていたのは，労働のために域内を自由に移動し居住する権利にすぎず，人間としての権利を保障していたわけではなかった（中村 2019）。

1992 年に調印されたマーストリヒト条約は，EU 加盟国の市民に，自らが国籍を持つ国の市民権に加えて，EU 市民権を付与した。そのため，国籍を有する国以外に居住している場合でも，欧州議会の選挙権に加えて，居住地で行われる地方選挙の投票権を有している。EU 市民は，EU 域内での移動・居住・就労の自由を持ち，EU 条約に関わることで国籍を理由にした差別を受けない権利を有する。

その後 2000 年になって，EU はその市民や住民の政治的・経済的・社会的権利を定めた基本権憲章を策定した。この憲章はリスボン条約によって法的拘束力を付与された。基本権憲章は EU が憲章に則って活動し，その法令が憲章に合致するものであることを義務づけたのみならず，加盟国に対しても人権の徹底的な尊重を求めている。基本権憲章の策定は，EU が経済共同体の段階を

終え，政治的な統一体への道を歩み始めたことを意味する。

EU は連邦制（国家）か，国際組織か，それとも「唯一無二の存在」か

　以上見てきたように，EU はいくつかの重要な点で国家とは異なっている。国家が主権を持ち，その統治構造が憲法によって規定されるのに対して，EU は独自の主権を持たない。そのため，あくまで主権国家間の国際条約によって設立され，一定の権限を授権された国際機関にすぎない。EU で条約の締結や改正に加盟国の全会一致が必要なことは，連邦制国家のアメリカが合衆国憲法を制定した際，13 州のうち 9 州の批准で足りるとされていたこととは対照的である（Middelaar 2013）。EU には独自の政府と呼べるものはなく，政策の決定や執行に際して各国の行政機構に依存している。とりわけ，EU は警察のような強制力や，対外的な安全保障のための軍隊を持っていない。また加盟国のなかでかなり多くの人々が EU の一員であるという意識を持つようになった一方，国民としての意識と比較すれば，アイデンティティの弱さは否定できない。

　他方，EU は多くの点で通常の国際組織とも異なっている。第 1 に，EU は加盟国の拠出金に依らない独自財源を持ち，予算規模も大きい。また，たしかに EU 独自の政府と呼べるようなものはないが，EU の政策決定や執行にあたっては，欧州委員会・欧州議会・EU 司法裁判所のような EU 独自の機関が無視できない役割を果たしている。この点，一般の国際機関が事務局－理事会（大国の代表）－総会（すべての加盟国の代表）という構造をとり，事務局の役割は限定されていることが多いのとは対照的である（最上 2006）。さらに，EU のルールは通常の国際法と比較して非常に高い実効性を有している。

　このように考えると，EU は国家とも通常の国際機関とも異なり，「唯一無二」の存在であるといえるだろう。EU に関する議論のなかでは，論者によって引照基準が国家の場合もあれば国際機関の場合もあって，まちまちである。そもそも何が引照基準なのか，はっきりしないことも多い。EU について学ぶ際には，この点に細心の注意を払うことが求められる。

2 EUについてのさまざまな説明

次に，EUが「唯一無二」の統治構造を有し，またその統治構造がきわめて複雑になったのはなぜか，EUについてのさまざまな理論的研究を手がかりにして考えてみよう。

新機能主義と超国家主義

新機能主義によれば，ヨーロッパ統合はさまざまな社会経済的グループや市民が国家から超国家的な存在に忠誠心を移していくプロセスとして定義される（Haas 1958）。ヨーロッパ統合は，当初国家主権にとってそれほど重要でない分野で始まる。しかし1つの分野で統合が始まると，統合の完全なメリットを実現するためには関連領域の統合も必要であることが，統合の深化・拡大への支持を生み出すという。この1つの領域から他の領域への統合の拡大をスピル・オーバーという。この説明によれば，欧州委員会のような超国家機関が，そこから統合が進展していくような，最初の第一歩となる領域をうまく選択できるかどうかが，統合の進展の鍵を握ることになる。

新機能主義は1970年代の統合の停滞により下火となったが，80年代半ば以降に統合が再度進展すると，**超国家主義**として再建された（Sandholtz and Sweet 1998）。新機能主義はリベラル政府間主義（後述）からはヨーロッパ統合のプロセスにおける各国政府の役割を軽視しているとして批判されたが，モネやドロールに代表される欧州委員会委員長のリーダーシップの描写としては，ある程度の妥当性を有している（Ross 1994）。

リベラル政府間主義

リベラル政府間主義とは，EUは主要国政府の取引の結果として発展してきたと見なす立場である。この立場によれば，各国の政府は，経済的な相互依存から発生する問題を解決するために，限定的な範囲で主権を制限することに自ら同意したとされる。それに対して，欧州委員会のような超国家的機関は，各

国政府から権限の「委任」を受けたにすぎない。各国政府がこのような委任を行うのは，取引コストを低下させ，コミットメントの信頼性を高める（合意が実行される可能性を高める）ためであるとされる。

　EUの発展を説明するにあたって，主要国政府間の取引が重要であることに疑いの余地はないが，リベラル政府間主義は各国政府以外のアクターの役割を軽視しすぎている傾向がある。また，EU司法裁判所の判例によって確立したEU法の「優越」「直接効果」原則のように，EUの特徴のなかには各国政府が条約に合意した時点で意図していたかどうか疑わしいものも含まれている（以下の「法統合とEUの立憲化」に関する項を参照）。

　以上のようなヨーロッパ統合のプロセスの説明に加えて，政府間主義と超国家主義という語は，EUの統治構造に対する政治的な立場を指す概念としても用いられてきた。政府間主義が加盟国の独自性を重視しEUのなかでも引き続き各国政府が中心的な役割を果たしていくべきという見方を指すのに対し，超国家主義はEUがそれ自体として1つの国家のような存在となるべきであるとして，EU独自の機関である欧州議会や欧州委員会の役割を重視する立場を意味する。両者は政治的な権限を各国政府の代表とEU独自の機関の間でどう配分するかについて，理事会における多数決拡大の是非をめぐって争ってきた。EUの政治制度が非常に複雑なのは，こうしたさまざまな立場の間のせめぎ合いの結果として発展してきたためである。

マルチレベル・ガバナンス

　EUの一定の成熟に伴い，ヨーロッパ統合のプロセスの大きな見取り図を提示しようとする統合理論に代わって，日々の意思決定を司るEUの統治構造の在り方を解析しようという学問的な潮流が生まれた。そのなかから出てきたのが，**マルチレベル・ガバナンス**と呼ばれるアプローチである。その主唱者であるフーグとマークスは，貧しい地域への支援を行う結束政策の研究を出発点として，EUのなかでは国家から超国家的なレベルへと「上向き」に権限が移行しているだけでなく，国家内部で地方自治体への「下向き」の分権も進んだ結果として，複数の地理的なレベルの政治的単位に権限が拡散していると主張し

た（Hooghe and Marks 2001）。2人の結束政策の研究には現在では異論もあるが（第7章），EUの統治構造が政策領域ごとに大きく異なっているのを指摘した点は重要である。

法統合とEUの立憲化（constitutionalization）

　ヨーロッパ統合について説明する際，EU法やその解釈主体としてのEU司法裁判所が果たした役割を無視することはできない。

　既に見たように，EU司法裁判所の判決（と各国裁判所による受容）によってEU法の「優越」と「直接効果」の原則が確立した結果，EUは各加盟国の主権を部分的に制約するような，固有の法秩序を形成した（**法統合**）。その後のEUの活動範囲の拡大により，EU法は，ヨーロッパ憲法条約の失敗（第3章）にもかかわらず，「憲法的」な性格を持つようになったといわれる（庄司2013；Burley and Mattli 1993）。

　このような **EUの立憲化**（constitutionalization）は，EUの統治構造にどのような影響を与えただろうか。EU法が高いレベルの法的拘束力を有するため，通常の国際法で見られるように，国家が条約の一部から選択的に離脱することは不可能である。

　と同時に，1980年代までは，ルクセンブルク妥協のために理事会による意思決定に際し多数決は事実上回避され，各国政府は拒否権を有していた。そのため，各国政府はEUへの権限委譲にそれほどの抵抗感を持たず，ローマ条約のもとですべての加盟国が同意すれば権限拡大が可能だとされていたこともあって，EUの活動範囲は当初から条約に明示されていた領域を越えて拡大した。EUに権限を委譲しても，各国政府は自国に都合の悪い決定には拒否権を行使すればよく，むしろEUの決定という形をとることで，政府が内心望んでいても，国内の政治的圧力のために実現できない政策を実行に移すことが可能だったからである。この点が，州の抵抗のために中央政府への権限委譲が難しい連邦制国家とEUとの違いを説明するうえで鍵となる。

　しかし1986年の単一欧州議定書以降，ルクセンブルク妥協のもとでの拒否権は事実上消滅した。それ以後，東方拡大によって加盟国の数が増加し，全会一致による決定が難しくなったこともあって，一連の条約改正を通じ多数決で

決定される問題の範囲は拡大してきた。EUの多くの決定に多数決が用いられるようになり，各国政府が拒否権を失う一方で，EU法の拘束力が国際法と比較して強く，各国が自国にとって都合の悪い規定から一方的に離脱できないことで，EUの政策やそれを決定する手続きの正統性が重要な問題になった（Weiler 1999）。

このように，加盟国政府が一団としては政策決定過程で大きな影響力を行使しているものの，個々の政府は拒否権を失ったこと，他方で法的にはEU法の拘束力が非常に強いことが，最近のEUの特徴であり，全会一致による決定や決定の実効性のなさといった通常国際機関の限界とされるものを超克した存在にEUをしている。マーストリヒト条約の批准過程でヨーロッパ統合に対する懐疑的な立場が各国で初めて顕在化し，EUにはそれ以降正統性の問題がつきまとっているが（Hix 2008），その原因の少なからぬ部分は上記のようなEUの統治構造の特徴にあると考えられる。

③ EUが抱える正統性の問題

さて，上記のようなEUの特徴こそ，EUの政策や政策決定手続きの正統性の有無がEUにとって重要になった理由だとして，それでは，最近とりわけEUに対する批判が各国で噴出し，EUが正統性を失いつつあるように見えるのはなぜだろうか。一般的に政治学において正統性について論じる場合，政治体制の正統性の根拠には，①伝統，②カリスマ的な指導者，③インプット（民主的手続き），④アウトプット（機能・政策）などさまざまなものがある。民主的な政治体制の場合，重要なのは③と④の2つである。簡単にいえば，③は人々が正しいと考える手続きにもとづいて物事が決められたことに由来する正統性であり，④は決定内容の正しさ・結果に由来する正統性である。それでは，EUの正統性にはどんな問題があるのだろうか。

EUの民主的正統性

EUの特徴は，民主的正統性にさらに2種類あることである。第1は，EUそ

れ自体の民主的正統性であり，第2は，EUの政策決定過程で加盟国政府が重要な役割を有することを前提にして，その政府が各加盟国の民主的手続きによって選出されていることに依拠した正統性である。本書では，前者をEUの直接的な民主的正統性，後者を間接的な民主的正統性と呼ぶことにする。超国家主義の立場が前者を重視するのに対して，政府間主義の側は後者を重んじるのはいうまでもない。

この点，EUの直接的な民主的正統性，とりわけ欧州議会を通じた民主的正統化の弱さは，かねがね指摘されてきたところである。EUは加盟を希望する国が民主的であることを求めているが，EU自身がEUに加盟申請したら基準を満たせず却下されるという人もいる。具体的な問題としては，欧州議会の立法権限は強化されてきたが，選挙の投票率は低下傾向にある。EU大のデモス（民衆）や公共空間が不在である。欧州議会選挙やEUについての国民投票は，EUよりもむしろその国の政治的課題をめぐって戦われる傾向がある。欧州議会選挙はEUの顔（政権）を選ぶ選挙でない。EUの重要な決定の多くが専門家によって行われており，とりわけ金融政策の決定が欧州中央銀行という専門家集団に委ねられているため，他のEU機関や加盟国による民主的な統制が及ばない，などの点が指摘されている。このような議論の是非やそれを克服するための方策については，第12章で詳しく検討する。

それでは間接的な民主的正統性はどうか。実のところ，現在のEUの問題点は，EUが加盟国経由の間接的な民主的正統性にかなりの程度依存する一方で，EUの存在がそれを掘り崩すのに貢献してしまっている点にある。各国政府がEUの決定過程で拒否権を有している間は，民主的に選出された政府の合意にもとづくという根拠でEUの決定を正統化することが可能であった。しかし単一欧州議定書以降，各国政府の拒否権が消滅すると，EUの決定はそれに反対した国でも拘束力を有するようになり，間接的な民主的正統性は揺らぐようになった。第7章で触れるユーロ危機で見られたように，ギリシャ政府が強硬に反対しているにもかかわらず，財政支援の条件として緊縮財政など厳格な条件が押しつけられる状況を，ギリシャ政府が民主的に選出されていることのみで正統化するのは困難である。

EUが各国の民主政治に対してインパクトを持つことの問題は，EUの決定

が加盟国政治の文脈のなかで必ずしも政治的に中立であるとはいえない点である。第**7**章で見るように，EUの単一市場は「**市場創設的**」統合，つまり各国レベルの規制の撤廃や共同体レベルでの再規制を推し進める一方で，各加盟国が単独で市場の弊害を是正するための政策を追求する余地を狭めた。市場経済に対する政治的なコントロールがヨーロッパ統合によって弱まるべきでないという立場からすれば，単一市場の法的なルールや経済的な競争が各国の政策選択の余地を狭めるにつれ，ヨーロッパレベルにおいて市場是正的な施策がとられる必要がある。しかし現実には，豊かな地域から貧しい地域への所得再分配のような「**市場是正的**」統合はそれほど進展していない。

　このようなEUの政策は，EU法の優越原則や直接効果原則のために，各国政治にとっては外的な拘束要因として働く。それゆえ各国の民主的な自己決定のメカニズムは，その範囲が減少しただけでなく，外部の影響によって汚染され非正統化されたと感じられかねない（Scharpf 1999；Grimm 2015）。このようにEUが加盟国政治のなかで問題視され，各国でEUに懐疑的なポピュリズム政党が台頭するようになった経緯については，第**11**章で詳述する。

EU の機能的正統性

　そこで，EUは通常の国家よりも**機能的正統性**に依存する度合いが高いといわれる。すなわち，EUの存在意義は，平和や経済成長など一般に幅広く受け入れられている目標を，それぞれの国家が単独で追求した場合よりもうまく実現できるかどうかにかかっているのである。EUがその正統化根拠をパフォーマンスに負っているという事実は，EUが頻繁に危機に直面する理由の一端を説明する。すなわち，EUは多くの民主的国家と比較して民主的正統性が弱いために，国際的秩序の動揺やグローバル経済の低迷といった外部条件の変化によるパフォーマンスの低下が，ただちに危機として認識されやすいのである。最近のユーロ危機や難民危機はその例といえる。

　かつては，ドイツ問題を解決し，平和で民主的なヨーロッパを実現するという目標が，統合のプロジェクトを正統化する最大の根拠であった。しかし平和の時代が長続きすると，それだけでEUを正統化するのは難しくなる。また最近では，ユーロがドイツ問題を解決するどころか，ドイツに覇権的な地位を与

えたという批判や，EU が実現した人の自由移動こそ，イスラーム過激派によるテロを助長しているという批判が浴びせられるようになっている。

　同様に，持続的な経済成長の時代には，機能的正統性の観点から EU を積極的に評価することも可能だった。例えばマヨーネは，公共選択論の立場から，EU による規制緩和・市場形成や金融政策決定の脱政治化による効率性の向上を評価する一方，EU には民主的正統性がないことから，政治的に論争的な所得再分配を行うことは望ましくないと主張してきた（Majone 1996）。しかしグローバルな金融危機やユーロ危機のために，EU の経済的パフォーマンスが落ち込んだ結果，経済面でも機能的正統性に依存するのは難しい状況になっている。

■「欧州複合危機」とその解決策 ■

　以上のように，EU がその民主的正統性に難を抱える一方，機能的正統性も低下している状況を踏まえれば，最近多くの加盟国でヨーロッパ統合の是非が政治的に争点化しているのは不思議ではない。それでは，EU が直面する複合危機が一段落すれば，EU は機能的な正統性を回復し，再び前進することが可能になるのだろうか。たしかに政治学者のなかには市民にとっては機能的正統性のほうが民主的正統性よりも重要だと指摘する者もいる（Rothstein 2009）。しかし，たとえそうだとしても，機能的正統性があれば民主的正統性はなくてよいということにはならない。というのは，政策決定担当者が市民にとって望ましいアウトプットを実現しようというインセンティブを持つのは，そうしなければ交代させられる等，民主的なインプットが一定程度ある場合に限定されるからである（Bellamy 2010）。だとすれば，EU が危機から脱却するには，何らかの方策で民主的な正統性を再建する必要があるだろう。

　危機のなかで強まっているのは，加盟国に権限を戻そうとする再国民化の動きである。イギリスの EU から離脱するという決定は，その最も極端な例といえる。そこまでいかなくても，各国が自国の望む政策にだけ参加することを認める「アラカルト・ヨーロッパ」は，この方向での変化である。この方向性がとられた場合，EU は間接的な民主的正統性への依存を強めることになる。

　他方，現在のヨーロッパが直面する課題の多くは，安全保障にせよ経済問題

にせよ，各国が単独で解決することが困難なものである。またユーロのように，離脱や解体のコストがきわめて高く，うまく機能させる以外の選択肢が乏しい政策も存在する。国家レベルでの民主政治には，移民・難民問題で外国人や国際社会の利益を軽視したり，財政赤字や環境問題に取り組むのを先送りして，若い世代に負担を押しつけたりする傾向があり，こうした各国の民主政治の近視眼的性格を是正する役割を EU に期待する向きもないわけではない（Nicolaïdis 2018）。とすれば，一部の国々が安全保障や経済運営の面で統合をさらに進め，同時に EU の民主化を図る（EU の直接的な民主的正統性を高めようとする）可能性は十分にあるだろう。

　換言すれば，EU の将来にとって考えられる選択肢は，現状（政府間主義と限定的な超国家的要素）の維持，再国民化，超国家的な民主主義にもとづく EU の確立の 3 つということになろう。

引用・参考文献 ┃　　　　　　　　　　　　　　　　　　　　　Reference ●

遠藤乾（2013）『統合の終焉——EU の実像と論理』岩波書店。

遠藤乾（2016）『欧州複合危機——苦悶する EU，揺れる世界』中央公論新社。

ギデンズ，アンソニー／脇阪紀行訳（2015）『揺れる大欧州——未来への変革の時』岩波書店。

庄司克宏（2013）『新 EU 法 基礎篇』岩波書店。

中村民雄（2019）『EU とは何か——国家ではない未来の形〔第 3 版〕』信山社。

最上敏樹（2006）『国際機構論〔第 2 版〕』東京大学出版会。

Bellamy, Richard（2010）"Democracy without Democracy? Can the EU's Democratic 'Outputs' Be Separated from the Democratic 'Inputs' Provided by Competitive Parties and Majority Rule?," *Journal of European Public Policy*, 17（1），2–19.

Benedetto, Giacomo（2013）"The EU Budget after Lisbon: Rigidity and Reduced Spending?," *Journal of Public Policy*, 33（3），345–369.

Burley, Anne-Marie and Walter Mattli（1993）"Europe Before the Court: A Political Theory of Legal Integration," *International Organization*, 47（1），41–76.

Cramme, Olaf and Sara B. Hobolt, eds.（2014）*Democratic Politics in a European Union Under Stress*, Oxford University Press.

Grimm, Dieter（2015）"The Democratic Costs of Constitutionalism: The European Case," *European Law Journal*, 21（4），460–473.

Haas, Ernst（1958）*The Uniting of Europe: Political, Social, and Economic Forces, 1950–1957*, Stanford University Press.

Hix, Simon（2008）*What's Wrong with the European Union & How to Fix It*, Polity Press.

Hooghe, Liesbet and Gary Marks（2001）*Multi-Level Governance and European Integration*, Rowman & Littlefield.

Kenealy, Daniel, John Peterson and Richard Corbett（2015）*The European Union: How Does It Work?*, 4th edition, Oxford University Press.

Lynch, Philip（2014）"Flexibility and Closer Cooperation: Evolution or Entropy?," in Philip Lynch, Nanette Neuwahl, and G. Wyn Rees, eds., *Reforming the European Union: From Maastricht to Amsterdam*, Routledge, 200–216.

Majone, Giandomenico（1996）*Regulating Europe*, Routledge.

Middelaar, Luuk Van（2013）*The Passage to Europe: How A Continent Became A Union*, Yale University Press.

Moravcsik, Andrew（1998）*The Choice for Europe: Social Purpose and State Power from Messina to Maastricht*, UCL Press.

Nicholaïdis, Kalypso（2018）"Sustainable Integration in a Demoicratic Polity: A new（or not so new）Ambition for the EU after Brexit," in Benjamin Martill and Uta Staiger eds., *Brexit and Beyond: Rethinking the Futures of Europe*, UCL Press, 212–221.

Ross, George（1994）*Jacques Delors and European Integration*, Polity Press.

Rothstein, Bo（2009）"Creating Political Legitimacy: Electoral Democracy Versus Quality of Government," *American Behavioral Scientist*, 53（3）, 311–330.

Sandholtz, Wayne and Alec Stone Sweet eds.（1998）*European Integration and Supranational Governance*, Oxford University Press.

Scharpf, Fritz（1999）*Governing in Europe : Effective and Democratic?*, Oxford University Press.

Schmidt, Vivien A.（2013）"Democracy and Legitimacy in the European Union Revisited: Input, Output and 'Throughput'," *Political Studies*, 61（1）, 2–22.

Wallace, Helen, Mark A. Pollack and Alasdair R. Young（2015）*Policy-Making in the European Union*, 7th Edition, Oxford University Press.

Weiler, Joseph H. H.（1999）*The Constitution of Europe*: "*Do the New Clothes Have An Emperor?" And Other Essays on European Integration*, Cambridge University Press.

第**5**章

EUの諸機構

ブリュッセル市内ヨーロッパ地区の，幹線道路をまたいで隣接し合う EU 理事会本部（左側）と欧州委員会本部（右側）。2019 年撮影。（写真：alamy）

はじめに

　EU の機構はきわめて複雑である。欧州委員会，EU 理事会，欧州理事会，欧州議会……，通常の国際機関にある名称（理事会）もあれば一見すると一般的名称の組織（委員会）もある。EU 理事会と欧州理事会に至っては，そもそも名前が非常によく似ていて，名前だけからその違いを窺い知ることは難しい。

● 107

EU を理解するためには，まずこの複雑な機関の役割とその意味について一通り知っておく必要がある。EU の主要な機関がどのように構成され，どのような権限を持ち，EU の政治過程においてどのような役割を果たすのかを理解することで，EU への理解は格段に上がることになろう。

　現在 EU における主要な機関は，リスボン条約の 13 条で規定されている 7 つの機関である。そのうち，第 4 章でも触れたように，**欧州委員会，EU 理事会，欧州議会，欧州理事会，EU 司法裁判所**が 5 つの主要な機関であり，最初の 3 つはとりわけ重要度が高い。共通通貨ユーロの発行を司る**欧州中央銀行（ECB）**は第 7 章で触れるが，会計監査院の説明は省略する。本章は，まず EU の機関をどのように俯瞰的に理解するかについて第 ① 節で扱う。そのうえで，先に挙げた 5 つの主要機関，その他の関連機関を，政府間組織，共同体組織，その他の関連組織に分けて，それぞれ EU 理事会と欧州理事会を第 ② 節で（なお，単に理事会と記す場合，EU 理事会もしくはその前身の機関を指す。欧州理事会を指す場合は省略しない），欧州委員会と欧州議会を第 ③ 節で，その他の機関を第 ④ 節で解説する。

1　EU 機構全体の俯瞰

　EU の組織の複雑さは少々度を越している（日本で EU から研究者を招いて講演をお願いするとき，日本人学生には EU の基礎的知識が欠けていることを念頭に置いてほしいというと，「大丈夫だ，ヨーロッパでも同じだから慣れている」とジョークで返答される）。しかし複雑さには意味があるし，複雑さを分解していく手がかりもある。EU の機構を理解するには，次の 3 つの問いを手がかりにしていこう。①その組織は誰の利益を体現しているのか，②その組織は誰によってどのように成り立っているのか，③その組織は EU のなかでどのような役割を果たすのか。

　第 2・第 3 の問いへの答えにあたる各機関の詳しい解説を始める前に，最初の問いに答えることで，EU の諸機関全体をまず俯瞰しておきたい。EU の最重要機関は，欧州委員会，EU 理事会，欧州議会の 3 つであり，それぞれ，欧

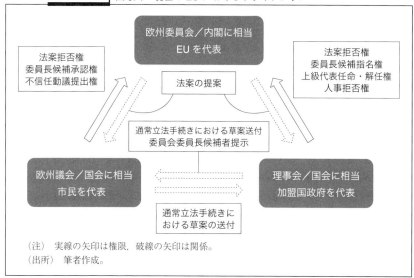

CHART | 図 5.1　現在の EU におけるトライアングル

欧州委員会／内閣に相当
EU を代表

法案拒否権
委員長候補承認権
不信任動議提出権

法案拒否権
委員長候補指名権
上級代表任命・解任権
人事拒否権

法案の提案

通常立法手続きにおける草案送付
委員会委員長候補者提示

欧州議会／国会に相当
市民を代表

理事会／国会に相当
加盟国政府を代表

通常立法手続きに
おける草案の送付

（注）　実線の矢印は権限，破線の矢印は関係。
（出所）　筆者作成。

州委員会は EU 全体を，EU 理事会は加盟国政府を，欧州議会は EU 市民を代表する機構として位置づけられている。この 3 つの機構が持つ権限は，現在それぞれに均衡している。この 3 つの機関がバランスをとることで成り立つこの「トライアングル」こそ，EU の制度的要諦である。それゆえ，EU を成り立たせているトリアーデ（3 人組）とも称される。歴史を遡ると，複数の主要機関に同等の存在感を持たせることで共同体内における均衡を確保するという発想は，統合の初期から存在していた。ただし，トライアングルは当初から成立していたわけではなく，EU 成立以前の EEC 期には，理事会と欧州委員会のバランスとして成立していた。これが，マーストリヒト条約の成立に伴い，欧州議会に対して政策決定上の大幅な権限付与が与えられることで，トライアングルが成立することとなる（図 5.1）。

　この三者の関係は，いわゆる三権分立原則に則ったものではない。欧州委員会に対して欧州議会と理事会は，ある程度相互的な権限上の上下関係をつくり上げているが，議会と理事会間のつながりは薄く，その権限関係は明確ではない。むしろ同等の権限を持った競合的な組織として，二者の関係は均衡している。とりわけ欧州議会から理事会へのチェック機能がほぼ存在していない点は，EU の課題の 1 つである**民主主義の赤字**の議論（第 **12** 章 2 節）ともつながって

いる。

　国家のアナロジーとして EU 政治を理解することはできるのだろうか。EU
の諸機構を見れば，EU の組織は国家のアナロジーが通じる部分と通じない部
分の両方があることがわかる。欧州議会は日本でいえば国会に相当するはずだ
が，唯一の立法機関ではない。EU 理事会も同様に国会に相当する立法機関だ
が，選挙で選ばれていない。欧州委員会は官僚機構（日本でいうところの霞が関）
に相当するが，立場としては内閣に近い。これらは，EU が国家機構のような
制度に近づこうとしてきたこれまでの歩みを意味する一方で，国家機構とは異
なる独自の仕組みの存在を意味している。

　国家のアナロジーが使えない以上，EU の機関を理解する際には，その機関
が EU の全体的な仕組み，とりわけ EU の政治過程のなかでどのような位置を
占めるのかを理解することが大変重要になる。したがって，本章の機構に関す
る説明と次章の政策決定に関する説明は，まとめて読めばよりいっそう理解が
深まるだろう。

 政府間組織

EU 理事会（閣僚理事会）

　EU の機関において「理事会」（Council）という名前がつく組織は，EU 理事
会（Council of European Union）と欧州理事会（European Council）の 2 つがある。
さらに Council of Europe（CE：欧州審議会ないしは評議会と訳される）も存在す
るが，これは EU とは別組織である（第 1 章 ➁ 節参照）。EU 理事会は，長い間
「閣僚理事会」（Council of Ministers）と呼ばれていた，閣僚級の加盟国の政府代
表によって構成される，EU における主要な決定機構である。まずこの機構に
ついて解説したい。

　➀ **理事会の役割**　　EU 理事会の役割は大きく分けて 3 つある（Kenealy et
al. 2015：53）。第 1 の役割は，欧州議会と並ぶ EU の立法過程における枢要な
決定機関であることである。現在では欧州議会と理事会の決定に関する権限は
均衡しているが，長らく権限は理事会のほうが圧倒的に強かった。マーストリ

1. 外相理事会
2. 総務理事会
3. 経済財政理事会
4. 司法内務理事会
5. 農業・漁業理事会
6. 競争理事会
7. 教育・青少年・文化・スポーツ理事会
8. 雇用・社会政策・健康・消費者問題理事会
9. 環境理事会
10. 運輸・テレコミュニケーション・エネルギー理事会

ヒト条約成立まで，立法過程における決定権限は理事会のみにあり，議会は諮問機関としての役割しか与えられなかったからである。理事会による政策決定権限の独占は失われているが，それでも EU の政策決定において理事会が果たす役割はきわめて大きい。

　第2の役割は，各加盟国の利害を EU のなかで代表することである。これは，EU 理事会が果たす役割で最も重視されていることであろう。理事会は EU の政策決定の枢要にあり，それが加盟国政府の代表によって構成される政府間的な組織であることは，理事会の目的が EU の政策を定める際に加盟各国の意向を重視していることの現れである。

　第3の役割は，それゆえ理事会が各国政府の利害の調整の場を提供していることである。実は理事会は，現在10種類存在する（表5.1）。初学者にはややこしいが，理事会は固定されたメンバーによって構成されるのではない。EUが扱う政策領域に従い，それぞれの政策領域において各国政府で当該政策に責任を負う閣僚級の人物がそれぞれに理事会を構成することになる（EU理事会がしばしば「閣僚理事会」と呼ばれるのはこのためである）。理事会の数はこの10が上限で，現在の規定ではこれ以上増えることは予定されてない。例えば外相理事会には各国政府で外交政策を担う外相が参加して外交・対外政策に関する問題を議論し，農業・漁業理事会であれば農相が参加して農業・漁業問題を議論し，経済財政理事会ならば経済相ないしは財務相が参加して経済財政問題を議論する。理事会が特定の政策領域に特化して開催されることで，理事会を舞台として，各国の閣僚級の代表によって各国利益の調整が行われるのである。

②**理事会の構成**　それぞれの理事会の間柄に権限上の上下関係はない。た
だし総務理事会は，EU の政策に一貫性を持たせるために，各理事会間の調整
や理事会の制度的活動に責任を持ち，欧州理事会の議論を準備しその結論の内
容をフォローアップする役割を担っている。また各理事会の議長は半年ごとで
交代する輪番制をとっている。ただし，外相理事会については**外務・安全保障
政策上級代表**（以下，上級代表）が常任の議長を務める（上級代表については第**10**
章②節も参照）。上級代表は EU の対外政策における「顔」であるのと同時に，
欧州委員会の副委員長も兼ねている。EU の対外政策の推進役であるのと同時
に加盟国間の調整役でもある上級代表は，理事会と欧州委員会を橋渡しするき
わめて重要な役職である。このような議長職をめぐる混合的な仕組みは，リス
ボン条約で議長国がそれまでの輪番制から常任制に変更された欧州理事会とは
異なっている（後述）。

③**理事会における表決**　理事会の第 1 の役割でも触れたように，理事会が
EU のなかで果たす役割は，何といっても EU の立法を決定することである。
詳細は第 **6** 章に譲るが，理事会における決定方式は，原則的には特定多数決
が適用され，部分的には全会一致制が要請され，そして非常に限られたケース
で単純多数決制がとられる仕組みになっている（しかし実際には採択ではなくコ
ンセンサスによって合意に至ることが多い）。特定多数決とは，理事会が加盟国の
代表によって構成されているので，一国一票ではなく人口の多寡を考慮して加
盟国に票数を傾斜配分し，賛成票が一定数を超えた場合に可決される方式を指
す（後述するように，現在では廃止されているが，例えば独仏伊はそれぞれ 29 票が，
キプロスなら 4 票，マルタは 3 票が割り当てられていた）。

さらにこの特定多数決においては，理事会における票数に加え，加盟国数お
よび人口の比重を考慮した多重多数決がとられている。ニース条約では票数
（345 票中 255 票以上）・加盟国数（過半数）・人口（65% 以上）のトリプル・マジ
ョリティが求められ，リスボン条約では加盟国数と人口のダブル・マジョリテ
ィで決される。具体的には，移行期間後の 2014 年以降は，賛成した国の数が
全体の 55% 以上で，かつその人口が EU 全体の 65% 以上であれば可決される。
法案が欧州委員会の提案にもとづかない場合は，賛成国が全体の 72% 以上で
なければならない。

表決に関する規定は，EU の決定権限に関わるため，加盟国間の対立につながりやすい。そのため条約での規定よりも実態に即した慣習が成立しやすい。例えば**ルクセンブルクの妥協**や**イオニアの妥協**といった慣習がある。ルクセンブルクの妥協とは，1966 年の空席危機の解決のためになされたもので，規定にかかわらず表決を原則的に全会一致で行おうとするものである。後者は，特定多数決を可決できる場合でも一定数の反対国がいる場合は，表決せずに審議継続を行うというものである。リスボン条約における表決方法の移行期間規定は，イオニアの妥協にならい，実質的にダブル・マジョリティ実施を時限的に凍結するものである。理事会の表決は EU の規定の根幹にある問題といえる。

　④**準備組織：常駐代表会議（コルペール）と作業部会**　　　決定機関としての重要性を反映し，理事会には法案の議決や理事会業務に対応する準備組織（Preparatory Bodies）が整備されている。準備組織には大きく分けて常駐代表会議（コルペール）と作業部会（Working Parties）の 2 種類がある。コルペールは，EU を 1 つの国際機関と見なして加盟各国が派遣する大使級の外交官（これを常駐代表と呼ぶ）によって構成されている。コルペールの役割は条約にも規定されており，毎週会合を持ち理事会の議題を準備する。コルペールでの決定は公的な拘束力を持たないが，実際には理事会で採択される結論を予め加盟国間で調整して決めておくための重要な機関である。では，コルペールが理事会の議論をすべて実質的に決める場なのだろうか。そうではない。実はコルペールで議論されるより前に，既に実質的な協議が始まっているのである。それが作業部会である（作業部会は現在 150 ほど存在している）。

　つまり，欧州委員会で作成され EU 理事会に送られた法案を最初に議論する場は作業部会であり，ここで合意されればその内容はコルペールから EU 理事会まで原則そのまま採択されることになる。作業部会レベルで合意できなかった項目（II 項目と呼ばれる）がコルペールで議論される。コルペールは，II 項目を交渉により合意するか，合意を諦めより高次の理事会での議論に委ねるか，もしくは作業部会に差し戻す。理事会では，作業部会ならびにコルペール・レベルでの交渉で事前に合意された項目は異議なければそのまま決定し，事前交渉で合意されなかった項目について審議する。審議され票決されることが決まれば，票決にて意思決定を行う。理事会で議論されても合意されなかった場合，

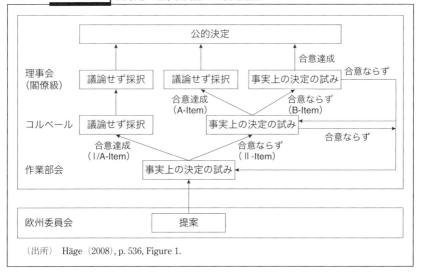

図5.2　理事会内部での決定過程

公的決定

理事会
（閣僚級）　　　議論せず採択　　　議論せず採択　　　事実上の決定の試み　　合意ならず

合意達成

合意達成
（A-Item）　　　　　　合意ならず
（B-Item）

コルペール　　　議論せず採択　　　　　　　　事実上の決定の試み　　　　　合意ならず

合意達成
（I/A-Item）　　　　　　合意ならず
（II-Item）

作業部会　　　　　　　　事実上の決定の試み

欧州委員会　　　　　　　　　提案

（出所）　Häge（2008），p. 536, Figure 1.

次回以降の理事会で再審議となるか，作業部会もしくはコルペールに差し戻される。（図5.2参照）。これらの点で，理事会での意見形成は実際にはコンセンサス方式がとられているといえる。

欧州理事会

　欧州理事会は EU（EC）サミットとも呼ばれる，加盟国の政府首脳・国家元首が一堂に会して話し合う場である。現在のところ，欧州理事会こそ，EU において最も政治的に光が当たる場所になっており，EU の重要な問題はほぼすべてこの欧州理事会で議論される。

　①**役割と意義**　　欧州理事会を理解する際に気をつけなければならないのは，何よりも EU 理事会との役割の相違である。第1に，EU 理事会が EU の立法に関する政策決定を行うのに対して，欧州理事会は EU の方向性を議論しアジェンダを設定する役割を担う。いわば，EU 理事会が日常的でルーティーン的および技術的な色彩が強い決定を行うのに対して，欧州理事会は今後の EU の在り方や EU が取り組むべき課題とは何かといった，大きな方向性を決める。

　第2に，欧州理事会はそれ自体が単体のもう1つのトリアーデとして機能している，という点である。というのも，欧州理事会には欧州委員会の委員長が

正式なメンバーとして入っているばかりか，欧州議会議長も欧州理事会に出席して議会代表として発言するのが慣例である。欧州理事会は，政府首脳によるサミットの体裁をとりながら，欧州委員会と議会の代表を取り込んで，それ単体でEUを代表する3つの組織を融合している側面がある。

　第3に，にもかかわらず欧州理事会で最も重要なのは，加盟国間の見解の調整であり妥協の形成である。欧州理事会では領域を横断して議論するため，一括取引（パッケージ・ディール）によって加盟国間で妥協を得やすいという側面がある。

　②歴　史　　これほど重要な役割を持つ欧州理事会であるが，EU機関のトリアーデの一角を占めていないのはなぜか。それは，欧州理事会はリスボン条約成立までは，EUの非公式的な組織であり続けたからである。そもそも欧州理事会は，1975年3月のダブリン理事会より制度化された。これは，70年代初頭において，イギリスの加盟やヨーロッパ大の安全保障会議の開催といった大きな国際政治的変動が起こり，それに対処しようとした当時のECが対内的な制度改革と対外的な独自性の発揮のために，72年から何度も首脳会談を重ねた末に定期的開催の制度化に至ったものだった。欧州理事会は設立条約には規定されない非公式組織だったが，特に80年代以降における根幹的な政策（通貨統合，市場統合，東方拡大など）は，すべて欧州理事会での議論において決まった。このような積み重ねを経て，リスボン条約でようやく公的な地位を与えられた。

　③EU常任議長　　欧州理事会に関する重要な点が，常任議長の存在である。リスボン条約の成立に伴い，欧州理事会には常任議長が置かれるようになった。それまで欧州理事会もEU理事会も，議長国が半年ごとに交代する輪番制をとっていた。EU理事会は現在もそうである。しかし加盟国への役割負担の平等性を意味するこの輪番制は，EUのリーダーシップの不在を印象づけるものでもあった。そのため，目に見えるEUの「リーダー」として**欧州理事会常任議長**というポストを設立することで，対外的な顔をつくったのである（一部の新聞で「EU大統領」と呼ばれるのはこの欧州理事会常任議長を指す）。常任議長は任期2年半で1回の再任が可能である。2009年から2014年まで初代議長をヘルマン・ファン・ロンパイ（ベルギー）が，2014年から19年までドナルド・トゥ

スク（ポーランド）が，そして現在はシャルル・ミシェル（ベルギー）が務めている。

④**表　決**　欧州理事会の表決方法は原則全会一致で行う。これは，欧州理事会は法規則の決定機関ではなく，EU全体の枠組みや大局を話し合う場であることを反映している。

③ 共同体組織

▎欧州委員会（コミッション）▎

　欧州委員会は，EUにおいて最も独特な機構といっても過言ではない。なぜなら，リスボン条約17条で欧州委員会は「EUの一般的利益」を促進することが規定されており，欧州委員会は加盟国の利害から独立することが求められ，共同体そのものの利害を体現する機構となっているからである。このような，加盟国から独立した，国家を超えた存在として自らを位置づける超国家的組織は，欧州委員会以外に存在しないであろう。

　他方で，欧州委員会は国の政治機構になぞらえれば，官僚組織であり行政機構である。2019年時点で，約3万2000人のスタッフが欧州委員会で働いている。国際機関としての規模は大きいが，国の官僚機関と比べればその規模は大きいとはいえない（日本の国家公務員一般職職員は約27万5000人である）。理念上，欧州委員会は政治的権力を行使しない。あくまで中立的であり，ルソーを想起させる共同体の一般的利益を追求するという規定は，このような理由からなされている。しかし，EUの制度的発展の歴史は欧州委員会の発展の歴史でもあり，その現実的な役割は行政的なものにとどまらず政治的にもきわめて重要である。欧州委員会が持つこのような二面性や共同体性といった独自性は，ヨーロッパ統合という現象の核心でもある。

　①**歴　史**　欧州委員会の歴史は，モネが委員長を務めたECSCの高等機関に遡る。EUの歴史を振り返れば，統合の推進の陰には歴史に名を残す欧州委員会委員長がいる（表5.2参照）。特に80年代後半から90年代にかけてヨーロッパ統合を別次元のレベルに引き上げたドロールの功績は特筆すべきものがあ

名前	出身国	在任期間
W・ハルシュタイン	西ドイツ	1958–1967（10）
J・レイ	ベルギー	1967–1970（4）
F・M・マルファッティ	イタリア	1970–1972（3）
S・マンスホルト	オランダ	1972–1973（2）
F-X・オルトーリ	フランス	1973–1977（5）
R・ジェンキンス	イギリス	1977–1981（5）
G・トルン	ルクセンブルク	1981–1985（5）
J・ドロール	フランス	1985–1995（11）
J・サンテール	ルクセンブルク	1995–1999（5）
R・プロディ	イタリア	1999–2004（6）
J-M・バロッソ	ポルトガル	2004–2014（11）
J-C・ユンカー	ルクセンブルク	2014–2019（5）
U・フォンデアライエン	ドイツ	2019–現在

る。EU には加盟国政府の思惑によって動く力学だけでなく，共同体そのものの利益を代表し実際に政治を動かす欧州委員会の存在とその力学もまた重要である。欧州委員会委員長の選出は，加盟国間の思惑に大きく左右される。制度的には，現行のリスボン条約では，欧州理事会が欧州議会の選挙結果を考慮して委員長候補を定め，それを議会が承認するという手続きをとる。リスボン条約以前には委員長選出に議会は一切関与できなかったが，2014 年からは欧州議会選挙に合わせて議会の最大勢力の声を委員長選出に反映する仕組みも登場している（筆頭候補制。詳しくは後述）。このような関与は EU の制度的決定に民意を反映したい近年の EU デモクラシーの推進と軌を一にしている。

②**コミッショナーと総局**　組織についていえば，欧州委員会には 2 つの身体がある。各加盟国から任命される委員（コミッショナー）の集合体としての欧州委員会（狭義の欧州委員会。コミッショナーの合議体 College of Commissioners と呼ばれる）と，**総局**（Directorates-General：DG）を代表とする官僚組織の集合体としての欧州委員会（広義の欧州委員会）である。総局とは，国家機構における省庁に相当し，それぞれの管轄領域を有している。総局のトップはコミッショナーであり，コミッショナーは任期 5 年で加盟国の代表が就任する（コミッショナーを置かない総局もある）。他方で総局の行政組織の長（事務局長）は別に存在する。コミッショナーは任期のある政治家である一方で，事務局長は長く総局

に勤めている官僚であり，この二者が協働して総局を運営する。

　コミッショナーは現在28人（ブレグジット後は27人）おり，これは加盟国数に相当する。各国から1人のコミッショナーを充てているためである。これらのコミッショナーは，委員長，上級代表（副委員長兼務），執行副委員長（2020年2月現在2人），数名の副委員長，その他のコミッショナーにより合議体を構成しているが，役職上の上下関係があるわけではない（委員長と上級代表はそれ自体特別な役割が与えられており別格の存在である）。それよりも，欧州委員会には戦略的な優先的政策課題が設定され，コミッショナーにはこれらの政策課題や総局のトップとして何かしらの役割が付与されるのだが，その際，どのような役割が与えられているかがコミッショナーの重要度を決めている。

　③政策過程における位置づけ　　欧州委員会は，政策過程において立法権限と執行権限の両方の権限を有している。立法権限については，欧州委員会は法案の作成権を概ね独占している。ただし，対外・安全保障政策については，法案を発議できない。執行権限としては，欧州委員会は直接行政において，政策の実施を自ら行うことができ，間接行政においても加盟国が適切にかつ十分に執行を行っているかを監督する。加盟国が政策の実施を怠っていると判断した場合は加盟国に勧告を出し，それでも改善されない場合は司法裁判所に提訴する。

　④制度的特徴　　欧州委員会の制度的な特徴は，①合議制，②二重性，③超国家性にある。まず欧州委員会における意思決定や責任の特徴としてまず取り上げなければならないのが，その合議的性格（collegiality）である。というのも，欧州委員会の議決は多数決をもって行うと条約には規定されているものの，実際に議決が多数決で行われることは稀だからである。欧州委員会での決定はコンセンサス方式であり，その責任も共同で負う。リスボン条約において，欧州委員会は欧州議会に対して責任を負うものとされており，コミッショナーの1人に対しても罷免決議が通った場合，その他のコミッショナー全員が辞任しなければならない。決め方も責任も，欧州委員会は集合的な存在である。

　第2の特徴である二重性とは，欧州委員会がEUの仕組みのなかで立法と行政という二重の役割を果たすことである。欧州委員会はEUにおいて何よりも行政機構として政策を立案し，その細部をつめ，政策をヨーロッパ大で実施す

るために必要な仕組みを整備する役割を果たしている。他方で，国内政治において行政機構は政策執行という役割を担うが，EUにおいて政策の執行は加盟国の国内行政機構が間接的に担うのが原則である（第6章参照）。したがって，欧州委員会は純粋な意味の行政機構ではない。近年の欧州委員会はより政治的な役割を果たしている。そもそも，コミッショナーとして指名されるのは各国の政治家であり，それが官僚組織の総局と協働するという点で，欧州委員会には政治的性格と行政的性格の二重性がそもそも内在していることを表している。このように，欧州委員会が何よりも官僚機構でありながら，同時に共同体の一般的利益を追求するための政治的役割も発揮している点において，国内にも国際機関にも類似の機構がない。

第3の特徴である超国家性とは，EUの特質そのものでもある。ローマ条約の頃より，欧州委員会は共同体の一般利益を体現すること，そのためにコミッショナーは出身国政府から何ら指令を受けないことが定められた。加盟国から独立し共同体のために奉仕することを求められる欧州委員会は，最もヨーロッパ統合の理念を体現している組織である。

しかし，超国家的でありかつ政治的役割も拡大しようとしている欧州委員会の存在感や統合における貢献は，2005年以降の危機の局面においては低下しつつあるといえる。欧州委員会の立法過程上の強みは法案作成権の独占にあるが，市民イニシアティブや欧州議会による法案発議要請権の強化といった制度的な理由に加え，危機に対する加盟国政府代表による協議の有用性といった政治的な理由から，欧州委員会が統合の推進や安定的な運営に与える影響は小さくなっていっているのが現状である。

┃ 欧 州 議 会 ┃

共同体の組織として欧州委員会と並んで重要な機構が，欧州議会である。民主主義はEUの理念の1つであるが，EUにおいてこの民主主義を体現しているのが欧州議会である。欧州議会は，現在直接選挙でEU各国国民によって選出された751人（ブレグジット後は705人）の議員によって構成されており，その権限は立法・監査・予算といった広範囲に及ぶ。しかし，欧州議会はEUにおけるトリアーデの一角を占めるも，その地位は始めからそうだったわけでは

ない。むしろ，欧州議会の権限や役割は，時代を追って大きく変化してきた。マーストリヒト以降の EU の設立条約において，欧州議会は EU 理事会や欧州委員会よりも先に言及される。象徴的な意味合いではあるが，これは EU において市民の利益を体現する議会の位置づけが最も大事であることをアピールしている。

①**歴　史**　欧州議会は，もともとは ECSC における共同議院（common assembly）から始まり，EEC の設立後の 1962 年に現在の名称となった。しかしこの時期における議会はあくまで諮問機関にすぎず，また議員も加盟国市民からの選挙で選ばれていたわけではなかった。議員選出の方法として直接選挙の導入は 1979 年まで待たなければいけないが，これは 70 年代中盤より欧州共同体に民主主義のメカニズムを取り入れることが重視され始めたからであった。しかし，それでも欧州議会に政策決定に関わる権限が与えられたのは，マーストリヒト条約に規定された共同決定手続きによってだった。これ以降，政策過程における欧州議会の権限は拡大充実化していき，現在のようなトリアーデの一角を築くこととなる。

②**所在地**　欧州議会の独特な点として，その所在地がブリュッセルとストラスブールに分散していることがある。正式な本拠地は長らく独仏抗争の地であったアルザス・ロレーヌ地方の中心都市ストラスブールで，本会議の多くはここで行われている。しかし，議員の主な事務所が置かれ，常設委員会や特別会期の本会議が開催されるのは欧州委員会の所在地であるブリュッセルである。主だった EU の機関が集まるブリュッセルに欧州議会の機能を集約しようとする動きもあるが，ストラスブールを抱くフランスが頑なに移転を拒否している。そのため議員はブリュッセルとストラスブール間の移動を毎月強いられており，所在地と機能の複雑な役割分担が現在も続いている。

③**役割と権限（予算権限）**　現在の欧州議会は，通常決定手続きの導入に伴い，大半の立法手続きに参与している。これに加え，欧州議会が持つ権限は多く，欧州議会による自己区分によると①立法，②諮問，③予算の 3 種類に大別できる。議会が持つ立法上の権限は，EU 理事会が持つ権限とほぼ同等である。予算に関する権限は，欧州議会がいち早く獲得した権限である。EU の予算は 5〜7 年にわたる多年次財政枠組みにもとづいている（第 **4** 章参照）。欧州議会

は 1970 年と 1975 年の予算条約によって，非義務的経費（EU の基本条約と EU が結んだ国際条約に由来する支出以外の経費）について決定権限を持つようになった。ただし当時の予算の大半を占めていた農業政策関連の支出に対する発言力はなかった。しかし，リスボン条約によって義務的経費とそれ以外の経費の区別がなくなり，欧州議会は現在すべての予算について，理事会と同等の決定権限を有している。

④**機構（本会議，常設委員会，議員使節団）**　欧州議会の制度的な中核は，全議員が出席して討議する本会議（Plenary）である。本会議は毎月 4 日間の会期でストラスブールにおいて開催される。ただし，これとは別に追加の特別本会議がブリュッセルで開催される。本会議での議論を準備するのが，20 に分かれている常設の議員委員会（parliamentary committee）であり，全議員がどこかの常設委員会に属することとなる。常設委員会は 1 カ月に 1 回もしくは 2 回，ブリュッセルで開催される。これは常設委員会で政策に関する実質的な議論がされるため，ブリュッセルに置かれている他の機構との連携をとりやすくするためでもある。これら常設委員会とは別に，例えば反人種差別，児童の権利，LGBT，企業の社会的責任などのより細かく現状の問題に取り組むインターグループが，議員の任期内に限った時限的な措置として置かれている。

また，自由・民主主義原則，人権尊重，法の支配といった EU の根幹的理念を推進するべく，対外的な連携を行うために欧州議会は EU の域外国の議会との関係を結んでいる。そのための制度が議員使節団（delegation）であり，現在，国・地域別に分かれた 44 の使節団が世界各国の議会と定期的な会合を持っている。日本についていえば，1979 年より日・EU 議員会議が毎年開催されている。

⑤**議員の選出と政党グループ**　議員の選出は，各国ごとに直接選挙で選出する。任期は 5 年である。欧州議会議員選挙をどのような方法で実施するかは各国ごとの判断に委ねられている。比例代表制，政党代表比例名簿制（独仏），単記移譲式制（アイルランド）など，いくつもの選挙方式が各国ごとにとられており，統一されていない。また，どの国から何人の議員が選出されるかについては，ニース条約までは各国ごとに議席数が決められていたが，リスボン条約では人口に比例して最小議席数（6 議席）と最大議席数（96 議席）の間で配分

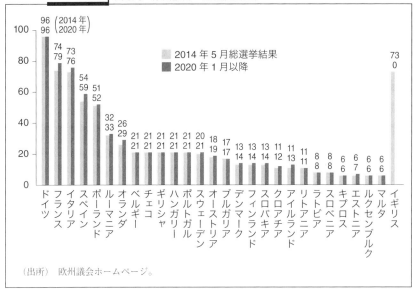

CHART | 図 5.3 欧州議会の国別議席配分

（出所） 欧州議会ホームページ。

することと，全体数として 750 議席（これに議長を加えた 751 人が定員。ただしブ
レグジット後は 705 人へと変更）を超えないことという規定に変更となった（ブレ
グジット実現により定数および各国議席数は変更されている。図 5.3）。選挙権，被選
挙権については詳細な点で各国ごとに異なる点もあるが，原則的に EU 市民で
あれば居住地で立候補および投票が可能である。

　国の議会には政党別の会派が存在するが，欧州議会にも同様の会派が存在し，
議会内で政党のように振る舞う。特徴的なのは，これらの会派（政党）は国別
ではなく，保守，リベラル，社民，緑，排外主義など，イデオロギー的・政治
志向上の傾向に沿って集合し，成立していることである。代表的な会派として
ヨーロッパ人民党（European People's Party：EPP）と社会主義者・民主主義者進
歩連合（Progressive Alliance of Socialists and Democras：S&D）がある。EPP はベ
ルギー，ドイツ，イタリアに多いキリスト教民主主義政党（保守：ドイツ CDU
が代表的）所属の政治家からなり，S&D は左派の社会民主主義の政党（フラン
ス社会党やドイツ SPD が代表的）の政治家によって成り立っている。皮肉なこと
に反 EU 的立場をとる欧州懐疑的政党も欧州議会に議席を持っている（議員に
は歳費が支出されるので EU 懐疑派は EU からの助成金で EU への反対活動を行ってい

るといえる）。EUへの批判で知られるナイジェル・ファラージュ（前UKIP党首，現ブレグジット党首）やフランスのマリーヌ・ルペン（FN／RN党首，前者は2018年までの，後者はそれ以降の呼称）は古参の欧州議員である（前者は1999年から2020年まで，後者は2004年から現在まで）。2014〜19年の会期でいえば，イギリスのUKIPとイタリアの五つ星運動，ドイツのAfDは会派EFDD（自由と直接民主主義のヨーロッパ）を結成し，フランスのFNやベルギーのフランドル地方独立を訴えるフラームス・ベランクはENF（国民と自由のヨーロッパ）を結成した。2019〜24年の会期では，AfD, RN, フラームス・ベランクなどがアイデンティティと民主主義IDを形成し，イギリスのブレグジット党や5つ星運動はグループ未所属となっている（2020年1月のブレグジットをもって，イギリス選出の議員は資格喪失）。なお，欧州議会のトップである議長は議員の相互選出で定まるが，二大勢力であるEPPとS&Dのどちらかから選ばれるのが慣例となっている（図5.4）。

　⑥加盟国の議会との関係　　欧州議会は各国の議会との緊密な協働関係の構築に動いている。加盟国議会に対してEUの法案や他の加盟国に関する情報をデータベース化し，加盟国議会に提供する情報交換枠組み（IPEX）を構築している。また，加盟国議会の代表者と欧州議会との会議も1960年代から続いており，90年代以降は年次大会化されて加盟国議会と欧州議会間の意見交換が行われている。

　⑦筆頭候補制とトリアーデ　　2014年の欧州議会選挙の際，EUの実質的な舵取り役でもある欧州委員会委員長の選出に市民の声を反映させるため，欧州議会は筆頭候補制なる仕組みを導入した。これは，選挙に先立ち主要議会グループが委員会委員長候補を予め提示して選挙戦を戦い，最大勢力となったグループの候補者が委員長に就任するという，疑似議院内閣制的な仕組みである。議会の選挙と委員会人事を架橋して，EUに市民の意向を間接的ではあるが反映させ民主主義的な正統性を高めることを意図したものだった。条約上，委員長候補者の指名権は欧州理事会にあり（リスボン条約17条7項），欧州議会は承認権を持つにすぎない。2014年においては最大勢力となったEPPの筆頭候補のジャン＝クロード・ユンカーを理事会は委員長候補として指名したため，この筆頭候補制は機能した。しかし2019年選挙においては，欧州理事会は筆頭

2019 選挙前

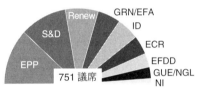

EPP	欧州人民党	216
S&D	社会主義者・民主主義者進歩連合	185
ECR	欧州保守改革*	77
ALDE	欧州自由民主同盟	69
GUE/NGL	欧州統一左派・北方緑の左派同盟	52
GRN/EFA	緑の党	52
EFDD	自由と直接民主主義のヨーロッパ*	42
ENF	国民と自由のヨーロッパ*	36
NI	無所属	20
計		749

2019 選挙後

EPP	欧州人民党	182
S&D	社会主義者・民主主義者進歩連合	153
Renew	欧州刷新	108
GRN/EFA	緑の党	75
ID	国家と自由の欧州運動*	73
ECR	欧州保守改革*	62
EFDD	自由と直接民主主義のヨーロッパ*	43
GUE/NGL	欧州統一左派・北方緑の左派同盟	41
NI	無所属	7
その他	未所属	7
計		751

（注）　＊印は欧州懐疑主義的主張を行うグループ
（出所）　House of Commons Library, Political Group for-
mation in the European Parliament.（https://com
monslibrary.parliament.uk/parliament-and-elections/
parliament/political-group-formation-in-the-european-
parliament/）

候補ではないウルズラ・フォンデアライエンを指名し，また議会も最終的に理事会案を承諾し，筆頭候補制は機能しなかった。筆頭候補制の問題は，市民の声をEUの制度のなかにどのように反映させるのか，欧州議会と理事会間において役割とその権限にどのバランスをとるのかという点にあり，EUの今後を占う重要なイシューである。

EU司法裁判所

EU司法裁判所（CJEU）はEUにおける司法機関であり，EU法の統一的な適用と解釈に責任を負う，いわばEUにおける法の番人である。

①役割　　CJEUの役割はEU法の統一的解釈の確保，法の執行，EUの違法行為の是正，EUの行為の確保，他のEU機関への罰則が挙げられる。特に重要なのが先決裁定手続きと呼ばれる各国裁判所との有機的な司法的連携によって，EU法の統一的解釈を行い，それによってEUの法的な一体性を確保する機能である。

②歴史と構成　　CJEUは，1952年に欧州石炭鉄鋼共同体（ECSC）の司法機関として，ルクセンブルクに本拠が置かれた司法裁判所（Court of Justice）を前身とする。設立当初より，裁判官（Judge）と法務官（Advocate General）によって構成されるこの司法裁判所によってECSCの司法業務は担われていた。共同体の拡大により名称は変更されたが，大きな制度的変革は80年代末に起こった。これは，判決を下すまでの労力の肥大化・期間の長期化による司法裁判所の業務負担を軽減するため，下級審に当たる「第一審裁判所（Court of First Instance）」が1989年に設立され，部分的にECJに二審制が導入されたことである。2003年のニース条約によって第一院は「総合裁判所（General Court）」と名称を変更し，現在に至るまで，司法裁判所が上級審，総合裁判所が下級審の役割を果たす二審制の体裁を部分的にとっている。2017年2月現在，CJEUは司法裁判所と総合裁判所の2つの裁判所を合わせたものとして存在しており，司法裁判所には28人の裁判官と11人の法務官が，総合裁判所には44人の裁判官が勤務している。法務官は，判決に関する決定過程には関与できないが判決が下される前に当該案件に関する法的見解を中立的な立場から述べる役割を果たす。

③**先決裁定手続きと各国裁判所との関係**　CJEU が EU 法の一体的解釈を行
う際に鍵となるのが，先決裁定手続きと呼ばれるものである。これは，各国の
裁判所において EU 法の解釈と適用について争いがある際，当該裁判所がその
解釈に関する判断を CJEU に付託し，CJEU がそれを先に裁定を下し，その裁
定にもとづいて再び各国裁判所が判決を下す，という手続きである。つまり，
EU 法の判断主体を CJEU に一元化することで統一的な法解釈を確保しつつ，
その執行は各国裁判所に委ねることで，各国裁判所と CJEU との協働も促進す
ることが求められる仕組みになっている。また，CJEU の判決を通じて確立し
た EU 法の直接効果や優越といった原則により，EU は法を通じた統合を実現
することになった。またカシス・ド・ディジョン判決（遠藤 2008：史料 6-15）
によって定式化された相互承認原則は，単一市場形成の重要な要因である。そ
の意味で，CJEU は委員会や理事会といった政治行政的機関とは異なった側面
での統合を担う，きわめて重要な機関である。

4 その他の機関

┃ エージェンシー ┃

　エージェンシーとは，特定の政策に関して政策執行を円滑かつ効率的に実施
するために設立された法人格を有する機関で，その数は現在 40 を超える。ま
た，エージェンシーの本部は EU 圏内のさまざまな国や地方に点在しており，
七大機関がブリュッセル・ストラスブール・ルクセンブルクに集中しているの
とは対照的である。EU 自身，エージェンシーを①専門分化，②安全保障・防
衛政策，③ユーラトム，④代理執行の 4 種類にタイプ分けしている。そのなか
で最多なのは①のタイプである。当該種類のエージェンシーは単に数が多いだ
けでなく，EU の統治にも重要な役割を果たしている。ただ，設置時期や抱え
ている人員には大きな差がある。医薬品，食料安全，化学物質使用といった，
専門的知識が要求される政策領域における規制の制定に関わるエージェンシー
に多くの人員が割かれていることを見ると，EU のパワーがどのように行使さ
れているかの一端が垣間見られよう。なお④の代理執行のタイプは，特定の政

策の執行のために欧州委員会のなかに時限的に設置されるもので，他の3つの
エージェンシーとは性質を異にしている。

主な諮問組織

① **欧州経済社会委員会 (European Economic and Social Committee: EESC)**　1958年のローマ条約のときに既に規定されていた，EUの立法内容に社会経済セクターの見解を反映させるための諮問組織である。EESCに所属するメンバーは現在350人おり，経営者，労働者，その他職能団体（農業，中小企業，自由業，女性団体，消費者団体等多岐にわたる）の3つのカテゴリーに分けられ，5年任期で選出される。これらのメンバーは，通貨経済，単一市場，農業，雇用といった部局に分かれて，委員会，議会，理事会から送付される立法案に対して諮問的見解を作成して返答する。自ら見解を作成し委員会等に送付する場合もある。EESCの諮問意見が実際の立法に与える影響は，限定的ではあるが一定の影響を与えているとされる。当初よりEUが職能団体の諮問を立法過程に組み込んでいたことは，EUに反映されるべき見解がどのようなものなのかという点を考えると，興味深い。

② **地域委員会 (Committee of the Regions)**　マーストリヒト条約の成立とともに設立された，EU加盟国の地方自治体の意見・利害をEUに反映させるための諮問組織である。EUの政策過程に地方自治体を巻き込むべきという考えは60年代からあり，1975年には地域政策委員会が地域政策の立案に対する試問的立場として設置され，単一欧州議定書成立以降はさらに地域政策への諮問を行う組織の立ち上げが図られた。現在各加盟国から350人の代表を集め，6つの委員会に分かれて活動している。代表は各国において選挙で選ばれた地方自治体（都市，市町村，地域圏等）の首長でなければならない。委員会は立案段階において地域委員会からの諮問を受けるだけでなく，特定の政策（教育，文化，環境，トランス・ヨーロッパネットワーク，結束等）の立法過程において必ず諮問しなければならない。地域委員会は政策過程において決定権限を持つわけではないが，マルチレベルの統治や補完性の原理といったEUに特有な構造に深く関係している。

国立国会図書館調査及び立法考査局編『グローバル化の中の議会の役割——欧州の経験から日本への示唆』平成 27 年度国際政策セミナー報告書（調査資料 2016-2）。

鷲江義勝編（2009）『リスボン条約による欧州統合の新展開——EU の新基本条約』ミネルヴァ書房。

Alomar Bruno, Sébastien Daziano, Thomas Lambert, et Julien Sorin（2010）*Grandes questions européennes,* 2ème edition, SEDES.

Beyers, Jan and Guido Dierickx（2012）"The Working Groups of the Council of the European Union: Supranational or Intergovernmental Negotiations?", *Journal of Common Market Studies*, 36（3）, 289–317.

Häge, Frank M.（2008）"Who Decides in the Council of the European Union?" *Journal of Common Market Studies*, 46（3）, 533–558.

Hönnige, Christoph and Diana Panke（2013）"The Committee of the Regions and the European Economic and Social Committee: How Influential are Consultative Committees in the European Union?", *Journal of Common Market Studies*, 51（3）, 452–471.

Kenealy, Daniel, John Peterson and Richard Corbett（2015）*The European Union: How does it work?,* 4th edition, Oxford University Press.

Peterson, John and Michael Shackleton（2012）*The Institutions of the European Union*, 3rd edition, Oxford University Press.

第**6**章

EU の政策過程

ストラスブールのルイーズワイスビル。欧州議会の本会議を行う半円形会議場があり，750 名を超える議員が会議を行うことができる。予約なしでの見学も可能である。(写真：時事通信フォト)

はじめに

　長い欧州統合の過程を通じて，EU は徐々に加盟国の政治・社会へ具体的な影響を及ぼすようになった。例えば市場やスーパーで売られる野菜にも EU の規制がかけられており，市民の日常は EU と無数の接点を持つようになっている。しかしどのような政治の帰結として EU の政策が生まれるかを理解するこ

とは必ずしも容易ではない。むしろ多くの市民にとって EU は遠くブリュッセルに位置する官僚集団であり，自分たちと接点のない場所から不合理で不可解な政策を押しつける「穏やかな怪物」なのである（Enzensberger 2011）。

　例えば「曲がったきゅうりの禁止」はその典型例である。1988 年に採択された EEC 規則のなかでは，きゅうりの品質について詳細な基準が設けられていた。傷がなく，硬く，新鮮で，汚れがなく，苦くないことなどが最低限の要求であり，特に「エクストラ」という等級のきゅうりは「実質的に曲がっていてはならない」と定められていた（EEC 1677/88）。きゅうりの形など気にしない一般の消費者からは不合理に見えるこの規定は，2008 年に撤廃されるまで世間を知らない EU 官僚がつくる法律の典型として言及されてきた。

　もちろんこの規則は単に不合理であったわけではない。曲がった形状のきゅうりは整然と箱詰めしたり，数量の調整や加工をしたりするのに不都合であったため，真っ直ぐなきゅうりには流通業や農業の利益団体から支持が表明されていた。しかし EU の政策は国内政治とは異なる立法手続きによって形成され，しかも多様なアクター間の妥協の産物となることが多いため，大多数の市民にとって自分たちの利益が明確に反映されない不可解なものに映ってしまう。さらに EU が歴史的な制度発展とともに各政策領域において多様な政策形成の方式を発展させてきたことも，この不可解さを助長している。

　そこで本章では，まず EU の政策権限の拡大を跡づけ（第1節），それに伴って共同体に生まれた多様な政策形成の在り方と，その結果生まれる法規の種類を概観する（第2節）。そのうえでリスボン条約から最も基本的な立法手続きとなった「通常立法手続き」の政策形成過程を概観し（第3節），続いて近年注目の高まった「新しいガバナンス」による政策形成を紹介する（第4節）。その後，最近のさまざまな危機がもたらす EU の政策形成への影響に触れながらまとめとする（第5節）。

1 EU の政策権限

欧州統合の基礎を敷いた 1950 年代の諸条約は，ほぼ経済政策，なかでも市

場の創設に関連する諸領域に焦点を置いていた。1957年のEEC条約は，共同市場の建設と経済政策の近似化とを通じた経済発展や生活水準の向上など，主に経済的な観点から共同体の目的を定めている。しかし初期の統合に比べれば，現在のEUは権限を持つ政策領域を大きく拡大し，EUが中心的な役割を果たす政策領域も増えている。リスボン条約上の権限分担は既に**第4章**で説明がなされているので，ここではEUの権限拡大の実態を時系列的に示しておく（**表6.1**参照）。

EUの政策にはさまざまな分類の仕方が考えられるが，例えば以下のように整理できる。

①**市場創設的な政策**：EUの政策権限は大きく拡大したとはいえ，域内市場の創設とそれに関連する政策は欧州統合の中心に位置している。人・モノ・資本・サービスの，いわゆる4つの自由移動を中心として，域内での自由な競争を促進するための競争政策や，加盟国間での為替リスクを解消するための単一通貨の導入などでEUは最も強い権限を確保している。

次に，市場に関連するが市場創設とは異なる性質を持つ政策群がある。これは大きく②**市場緩和的政策**と③**市場是正的政策**に分けられる。前者の市場緩和的政策は経済活動が人や自然にもたらす悪影響を是正しようとする政策であり，社会政策や環境政策が典型的な例である。後者の市場是正的政策とは市場建設に伴ってコストが降りかかる特定グループに対し補償を行おうとする政策であり，地域間格差を是正する地域政策や，競争にさらされる農家に保護を提供する農業政策などがこれにあたる。

④**非市場的な政策**：最後に市場形成や経済的目的とは異なる目的から協力が行われている分野がある。マーストリヒト条約を契機として協力の進展した司法内務協力，外交安全保障などの分野がそれである。司法内務協力において域内的な人の自由移動の達成が1つの原動力になったことは疑いないが，それに伴う対外的な境界形成・管理の必要が生じたことも大きな原動力となった。また共通外交・安全保障政策の進展は，より明確にEUが単一市場という経済的領域から政治的領域へ一歩を踏み出したことを示している。

もちろん，それぞれの政策領域は多面的な性格を有し，これらの区分は絶対的なものではない。したがって過剰な単純化は避けねばならないが，**表6.1**か

表6.1　EUの政策権限の展開

政　策		1970	1985	2000	2012
単一市場関連政策	商品の自由移動	4	4	4	4
	サービスの自由移動	2	2	3	3
	労働力の自由移動	2	2	4	4
	資本の自由移動	1	1	5	5
	競争政策	2	3	4	4
	農業政策	4	4	4	4
	消費者保護政策	2	2	3	3
広義の経済関連政策	公的支出・税	1	1	1	2
	通貨政策	1	1	2	5
	マクロ経済政策	1	1	3	3
	地域政策	1	3	3	3
	運輸政策	1	2	3	3
	エネルギー政策	1	2	2	3
	研究開発政策	1	2	2	2
	環境政策	1	3	3	3
	開発政策	2	3	3	3
社会関連政策	労働政策	2	2	3	3
	保健政策	1	1	2	2
	教育政策	1	1	2	2
司法内務関連政策	域内移動・域内国境管理	1	1	3	4
	域外からの人の移動管理	1	1	2	3
	市民権関連政策	1	1	2	2
	警察・司法協力	1	1	2	3
対外関係・安全保障	対外的通商政策	3	3	3	4
	外交政策	1	1	3	3
	安全保障政策	1	1	2	2

（注）　1：主な決定のほぼすべてを加盟国で行う，2：主な決定の大半を加盟国で行
　　　　う，3：主な政策決定はEUと加盟国双方で行う，4：主な政策決定の大半をEU
　　　　レベルで行う，5：主な政策決定のすべてをEUレベルで行う
（出所）　Buonanno and Nugent（2013）をもとに筆者作成。

らはEUの関与する政策領域が当初の市場創設・経済領域を超えて徐々に拡大
していることが見て取れるであろう。他方でEUの政策権限の中心が依然とし
て市場・経済関連の領域にあることも疑いがない。特に国家主権に強く関係す
る司法内務，外交安全保障等の領域では未だEUの権限は強いものではない。
また住宅政策や国内犯罪，初等・中等教育のようにEUがほとんど権限を持た
ない領域の存在にも注意する必要がある。これらの政策領域では各国内でも地

域・地方自治体など国家より下位の政治・行政組織が大きな役割を果たす場合が多く，EU の役割はほとんど不在なのである。

2　政策形成方式の多様性

┃政策形成の多様性┃

　これらの政策領域において EU はどのように政策形成を行っているのだろうか。最初に留意したいのはその政策決定が「歴史的決定」か，それとも「日常的な政策形成」かという区別である（Peterson 1995）。もし決定が前者の場合，すなわち EU の条約の変更や EU のその後の方向性を左右するような大きな戦略の決定である場合には，最終的な決定権を握るのは加盟国である。欧州理事会や政府間会議の場における相互の妥協・交渉を通じて，全加盟国の一致により決定することが必要となる。したがって各加盟国は自国にとって受け入れ難い決定には拒否権を有しているといえる。

　これに対して日常的な政策形成の場合には，一般に超国家機関，つまり欧州委員会や欧州議会など EU 諸機関が政策形成に占める比重が高まる。欧州委員会はほとんどの政策領域で法案提出の権限を独占しており，欧州議会も歴史のなかで徐々に権限を拡大してきた。特にリスボン条約で「**通常立法手続き**」が導入され約 7 割の立法事項に適用されるようになると，欧州議会は EU 理事会とほぼ対等な立法者の地位を得ることとなり，多くの領域で政策形成は欧州委員会と EU 理事会，欧州議会の 3 者を中心とするものとなった（なお，リスボン条約ではその他に「特別立法手続き」が存在し，これは例外的に EU 理事会と欧州議会のいずれかが単独で決定を行う場合である）。

　他方で日常の政策形成においては統合の進展のなかで歴史的に生じた権限配分の差異や諸機関の関与の度合い等に応じて多様な政策形成の在り方が知られている。ここではウォレスらの分類に従って 5 つの政策形成モードを概観しよう（Wallace and Reh 2014；表 6.2 参照）。第 1 のモードとして指摘されるのは**古典的共同体方式**であり，その特徴は欧州委員会への広範な委任（議題設定・執行・対外的代表まで）にもとづき行われる「超国家的」な政策形成である。そこで

は欧州議会の関与が限定的である一方，EU 理事会が政策決定の中心となり，各国の政策を共同体の政策へ置き換える「積極的統合」が行われる。その原型は 1960 年代後半以降の共通農業政策に求められるが，現在では欧州中央銀行（ECB）が広範な権限を付与されている通貨政策が最も近いモデルとされる。

第 2 に，1980 年代後半から域内市場の形成がアジェンダに上ったことで顕著に存在感を増したのが EU 規制方式である。各国に比べ予算が限定的な EU は，単一市場政策や競争政策で規制目標やルールを作成し，それを通じ権力を行使する「規制国家」（Majone 1996）だとの指摘は早くからなされており，その特徴は欧州委員会，独立規制機関，EU 司法裁判所が EU 全体に及ぶ規制形成や実効性確保に果たす役割の大きさ，また政策形成において欧州委員会，EU 理事会，欧州議会の 3 者が主要な役割を担うことが挙げられる。「通常立法手続き」導入に伴い，農業政策や経済ガバナンス，移民政策等が規制方式へ包含されたため，ほとんどの政策がこれに含まれるが，それだけに内部の多様性は増大している。

第 3 に挙げられるのが EU 配分方式である。資源の配分・再配分に関わる，市場緩和・是正的政策としては共通農業政策が当初その大半を占めたが，1980 年代後半から団結政策が共同体のレパートリーに加わると，これに従来の欧州社会基金，地域開発基金なども統合され，加盟国内で周辺化された社会集団や地域を保護するための再配分がなされるようになる。マーストリヒト条約では地域委員会が設置され，自治体や地方政府が EU へ直接に接触できるようになったため，「多層的統治（マルチレベル・ガバナンス）」（Marks 1993）として EU 団結政策の形成を捉える見解も提出された。しかし実のところ配分政策を特徴づけるもう 1 つの側面は加盟国で行われる激しい交渉と妥協である。各加盟国の EU への拠出金負担の問題とも関連し，予算策定や結束政策等の配分的政策はしばしば政治化を伴う。従来は欧州議会の関与は限定的であったが，リスボン条約で欧州議会は多年度予算への同意権限を付与され，また団結政策も通常立法手続きへ組み込まれている。

第 4 の政策調整は，EU を加盟国間の対話や情報交換を促進する場として用い，緩やかな形で協調を促進する手法である。欧州委員会は専門家や利害関係者のネットワークを形成・発展させる役割にとどまり，法的拘束力のあるハー

政策形成モード	特　徴	典型となる政策分野
古典的共同体方式	・政策設計，政策執行，対外代表における欧州委員会への委任 ・EU 理事会による政策決定 ・欧州議会の限定的・諮問的関与 ・EU 司法裁判所の機会主義的だが高い影響力	共通農業政策の一部，貿易政策（リスボン条約以前），通貨政策
規制方式	・EU 諸機関の相対的に高い政策形成権限 ・欧州委員会による議題設定と監視 ・EU 理事会と欧州議会の共同立法 ・EU 司法裁判所の政策執行への高い影響力	ほとんどの政策領域，伝統的には競争政策，単一市場政策，環境政策，司法内務協力の大部分，貿易政策（リスボン条約以後）
配分方式	・欧州委員会による議題設定と政策執行 ・主要な政策決定主体としての EU 理事会 ・近年の欧州議会の影響力増大（特に予算） ・EU 司法裁判所の周辺的役割	予算，団結政策
政策調整	・主要な政策形成手法としての OMC を通じた分権的アプローチ ・欧州委員会による議題設定と政策執行のモニタリング，ネットワーク形成 ・EU 理事会による熟議 ・欧州議会・EU 司法裁判所の周辺的役割	雇用政策，財政政策の一部，経済ガバナンス，司法内務協力の一部
強度のトランスガバメンタリズム	・欧州委員会の周辺的役割 ・EU 理事会の議題設定・政策決定における支配的役割 ・欧州議会・EU 司法裁判所の周辺的役割	共通安全保障・防衛政策

（出所）　Wallace and Reh（2014），Drachenberg and Brianson（2016）を参考に筆者作成。

ドな立法で加盟国を拘束するのではなく，よりソフトな形式で加盟国に関与を促すのが特徴である。EU が強い権限を持たないにもかかわらず各国間の調整が必要なマクロ経済政策や，各国間の多様性が大きく，画一的な立法が適さない雇用政策などから使用されるようになった。

　第5の政策形成モードが**強度のトランスガバメンタリズム**である。その特徴は各国の政策決定者が大きな影響力を有し，EU 諸機関からの関与はほとんどなされない点である。政策決定には欧州理事会が政策の大きな方向性を決定し，また EU 理事会が政策協調に顕著な役割を果たすのに対し，欧州議会や EU 司

法裁判所など超国家機関は政策形成から排除され，欧州委員会の役割も周辺的である。歴史的には EU の政策権限の中核である市場形成から遠い非市場的政策で，国家主権に関わりの深い司法内務協力や外交安全保障の領域で用いられてきたのがこの方式である。ただし，いずれの領域でも協調の深化と制度化が生じており，特に司法内務協力では，リスボン条約以後多くの分野で通常立法手続きが適用されるようになっている。

　以上から EU の歴史とともに多様な政策協調の方法が生み出されてきたことが見て取れるだろう。ただし同じ政策分野が一貫して同じモードであったとは限らず，また近年は 1 つの政策分野でも複数のモードが併存する例も増えている。政策モードの類型自体も変化を続けている点には留意が必要である。

▎立法行為の類型とそのインパクト▎

　以上のさまざまな方式による政策形成の結果として EU が制定する法律は，規則，指令，決定，勧告および意見の 4 種類に分けられる（運営条約 288 条，詳細は表 6.3 参照）。これらの法行為は，どの名宛人をどのように拘束するかにより区別される。例えば，規則はすべての加盟国で一般的適用性を有し，国内法への置き換えを行うことなく加盟国内で直接的に適用される。これに対して指令はすべての加盟国を拘束するが，達成すべき結果のみが定められるため，どのように結果を達成するかその手段や形式は各国に委ねられる。決定は特定の名宛人に対してのみ拘束力を有する個別的な措置である点が前 2 者とは異なる。例えば競争政策の分野で特定の企業に対して措置がとられる場合には決定が用いられる。また，勧告や意見は法的拘束力を持たず，共同体が政策権限を持たない場合や義務的な措置をとることが不適当な場合に用いられる。これらの 4 種の法律は，公式には相互に水平的な関係にあり，上下関係にあるわけではない。

　ではそれらの EU の法律はどの程度加盟国の法律へ影響を与えてきたのだろうか。かつて欧州委員長であったドロールはいずれ各国の 8 割の法律が EU 由来のものとなると述べ，その数字は EU を肯定的に捉える者にも懐疑的に捉える者にも繰り返し言及されてきた。しかし近年の実証研究によれば，この数字は大きく修正される必要がある（Brouard et al. 2012）。1984 年から 2007 年まで

CHART 表6.3　立法行為の諸類型

法行為類型	法的拘束力	名宛人
規則	あり	全構成国を拘束し，直接適用される
指令	あり	名宛人の構成国を拘束するが，決定内容の結果のみを拘束し，達成の手段は各構成国に委ねられる
決定	あり	名宛人となる特定の人や構成国を拘束する
勧告・意見	なし	全構成国および関係当事者

（出所）　筆者作成。

の期間で EU が制定した規則・指令・決定の総数は6万5910本（内，規則72.7％，指令3.6％，決定23.7％）であり，加盟国の国内法のうち，EU 法由来とされるのは相対的に比率の低いフランスでわずか14％，比率の高いオーストリアでも 26％ 程度にすぎない。もちろんこの数値は EU からの影響力を測定する手法にも左右されるし，国や政策領域によっても異なる。また時を追って EU 由来の法律が各国内に蓄積され，その比率は上昇傾向にあるものの，量的に見れば EU の影響力はドロールの予言には遠く及んでいないのが実態である。

③ EU の政策プロセス

▍通常立法手続き──「乗用車規則」の事例から

　リスボン条約の下で，かつて共同決定と呼ばれていた手続きが通常立法手続きと改称され，適用領域も大幅に拡大された。通常立法手続きはおよそ3つの段階に分けられる（図6.1参照）。手続きは欧州委員会による立法提案に始まり，第1段階，第2段階では議会と EU 理事会の間で互いの立場を表明し合いながら合意形成がめざされる。それが成功しなかった場合には，第3段階として EU 理事会と議会双方から同数の代表による調停委員会が組織され，共同草案の形成がめざされる。共同草案作成に成功した場合，当該文書について両機関が改めて審議・承認すると法案として採択される。したがってリスボン条約では各加盟国の国益を代表する理事会と EU 市民全体を代表する欧州議会とが対等に政策形成を行うという図式が明確にされたといえる。本節では通常立法手続きを用いた政策形成について，環境政策の自動車排ガス規制を例にとって概

第1段階：第1読会

```
┌─────────────────────┐
│      欧州委員会       │
└─────────────────────┘
          │ 立法提案
          ▼
┌─────────────────────┐
│   欧州議会第1読会    │
└─────────────────────┘
          │ 議会の立場
          ▼
┌─────────────────────┐
│   EU理事会第1読会    │
└─────────────────────┘
```

修正
EU理事会共通の立場　　承認 →　　法案成立

第2段階：第2読会

```
┌─────────────────────┐
│   欧州議会第2読会    │
└─────────────────────┘
```

否決　　　　　　　　承認または修正せず

法案不成立　　　　　　　　　　　法案成立

修正
```
┌─────────────────────┐
│      欧州委員会       │
└─────────────────────┘
          │ 議会の立場への意見表明
          ▼
┌─────────────────────┐
│   EU理事会第2読会    │
└─────────────────────┘
```

承認せず　　　承認 →　　法案成立

第3段階：調停

```
┌─────────────────────┐
│      調停委員会       │
└─────────────────────┘
```

調停不調　　　　　　　　　共同文書

法案不成立

```
┌─────────────────────┐      ┌─────────────────────┐
│   EU理事会第3読会    │      │   欧州議会第3読会    │
└─────────────────────┘      └─────────────────────┘
```

いずれか，または両機関承認せず　　　　　　　両機関承認

法案不成立　　　　　　　　　　　法案成立

（出所）　Delreux and Happaerts（2016），p. 101 を参考に筆者作成。

観してみたい。

　EU における環境政策は早期から EU 諸機関の権限が拡大され，統合の成功例とみなされてきた。統合の原動力となったのは単一市場の形成である。環境基準が各国で異なるままでは市場内での自由貿易の妨げとなるため，環境政策の調和化は不可欠の施策として受け止められたのである。しかし共通の環境基準を創設することは決して容易ではない。排ガス規制の事例でいえば，第 1 に環境保護と経済利益のバランスが必要である。ヨーロッパにはベンツやフォルクスワーゲン，プジョー，フィアットなどの自動車メーカーがあり，環境保護は産業界の利益を抜きに考えることはできない。第 2 に各国の間でも利害の相違があった。ドイツのように大型車を生産する諸国と，フランス・イタリアのように中・小型車を生産する諸国の対立である。すべての自動車に一律の規制を適用すると中・小型車には有利だが大型車には不利になるため，規制の方法が問題となる。このように複層的な亀裂があったため，1995 年に欧州委員会が CO_2 排出基準を定めようとした折には，拘束力を持った合意には至らなかった。そして，この経緯からすれば，2008 年の 12 月「乗用車の二酸化炭素排出量に関する規則」（「乗用車規則」，EC 443/2009）が採択され，2015 年までに排ガスに含まれる CO_2 排出量を 120 g/km とすべきと定められたことは画期的な出来事であった。

　乗用車規則の採択の流れを理解するのに有効な参照点となるのが，政策の流れを①議題設定，②政策立案，③政策決定，④政策執行，⑤政策評価等の段階に分けて分析を行う政策サイクルのモデルである。①議題設定とは，社会のなかにあるさまざまな課題から，ある特定の問題を政治が対応すべき政策課題として議論の俎上に載せる段階であり，②政策立案はその顕在化した政策課題について具体的な政策案を練り上げる段階である。その政策案を立法機関が審議し，決定する段階が③政策決定である。そして決定された政策は④政策執行の段階へ移り，政策の執行により当初の政策目的を達成できたかを評価するのが⑤政策評価という段階になる。以下，①から③までを乗用車規則の事例とともに追ってみよう（以下の記述は主として Iguchi 2015 を参考）。

欧州委員会による諮問プロセス

EUでは政策立案を欧州委員会がほとんど一手に引き受けるため，①議題設定においては欧州委員会が大きな役割を果たす。しかしそれは必ずしも委員会が自由に議題設定を行うことを意味するものではない。政策の大局的な方向は欧州理事会で各国首脳によって先んじて決定されており，また具体的な政策案の立案に向けては加盟国や利益集団など多くのアクターが影響を与えるため競い合うのである。

「乗用車規則」もこの点は例外ではない。欧州委員会は政策草案の提出に先立ち2007年7月から公開諮問を行い，利益団体や市民団体・NGO，市民から69の意見が寄せられた。産業側では欧州自動車工業会（ACEA）やドイツ自動車工業会（VDA）等，環境NGOでは運輸と環境（T&E），グリーンピース，フレンド・オブ・アース，世界自然保護基金（WWF）等から見解が提出された。そこに現れたのは産業界と環境団体との著しい見解の相違である。環境団体の側は毎年5%ずつ燃費を向上させ，2012年に120 g/km，2020年に80 g/km，2025年に60 g/kmの達成という非常に厳しい基準を主張した。対するACEAはCO_2の排出削減には賛成しつつも，2012年の目標は非現実的だとして年限の2015年への先延ばしを求め，かつ自動車・エンジンによる削減は135 g/kmまでを目標とし，残りの15 g/kmはその他の手段で達成を認めるよう要請している。その結果，委員会による②政策立案は双方の主張の折衷となった。すなわち2012年までに120 g/kmという目標を掲げながら，うち10 g/km分は産業界の主張した補完的手段による「統合的アプローチ」を認めることとしたのである。

欧州議会と閣僚理事会における討議と採択

委員会の立法草案が提出されると通常立法手続きが開始され，法案はEU理事会と欧州議会へ送付される。③政策決定の開始である。政策領域によっては同時に地域評議会や欧州経済社会評議会への諮問も義務づけられており，リスボン条約以降は全加盟国の議会へも草案が送付されている。通常立法の手続きでは先に欧州議会が立場を示し，これにEU理事会が修正を加えるか，承認す

るかにより第2読会へ進むかが決定される。

　この段階では EU 理事会は各国の国益を代表し，欧州議会は EU 市民の利益を代表するとされる。EU には中道右派のヨーロッパ人民党（EPP），中道左派のヨーロッパ社会党（PES）などを代表とするさまざまな欧州政党が存在し，各国政党がイデオロギーや党派に応じてこれに所属しているが，欧州議会ではそれぞれの欧州政党を代表する議員が政治会派を形成している（第5章参照）。近年では，立法に際して各国の政党政治のように概ね左右の軸に則った政党間競争が行われるようになってきたとされるものの，決定での多数確保や欧州議会としての一体性確保の必要から党派を超えた連合が多く形成される傾向が指摘され，例えば 2004 年から 2009 年の会期では全決定の約 7 割で 2 大会派の大連合が形成されている（Hix and Høyland 2011）。また，これらの会派は各国政党ほど凝集性が高くはなく，議員も投票において欧州政党より各国政党の指示を優先する傾向が指摘されるが，欧州議会内の委員会ポストがこれら会派の勢力に応じ配分されるため，依然として会派への所属は重要である。

　「乗用車規則」の制定に際しても，法案を担当した 2 つの常設委員会の衝突が議論の焦点をつくった。共同で法案の検討にあたった環境委員会と産業・研究・エネルギー委員会の間で立場の相違が明らかになったのである（欧州議会内の常設委員会については第5章）。前者が環境利益を代表する形で欧州委員会提案からの厳格化（2012 年までに 120 g/km，2020 年までに 95 g/km への削減）を主張したのに対し，後者は目標年限を 2015 年へ緩和することを求め，産業界の利益を代弁する形となった。そして 2008 年 12 月，結局最終的な議会の立場は両者の中間を行くものとなった。欧州議会は産業委員会の主張した年限の 2015 年への先延ばしを認める一方，環境委員会の主張した 2020 年に 95g/km という目標も採用したのである。

　EU 理事会でも 120 g/km という目標の緩和を主張した加盟国と，厳格化を主張した加盟国との間で相違が見られ，2020 年の目標についても見解が分かれた。その背景にあったのは，先に述べた各国産業界の利益の相違であり，特にドイツとフランスの間の対立であったとされる。2008 年 12 月，EU 理事会は欧州議会の修正案を承認したが，補完的な手段の使用や年限延長などの緩和策がドイツ産業界の意向を反映したのに対し，2020 年の目標設定については

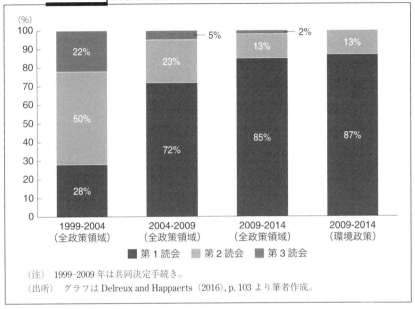

(注)　1999–2009 年は共同決定手続き。
(出所)　グラフは Delreux and Happaerts（2016），p. 103 より筆者作成。

燃料効率の技術でドイツより優るフランスから支持があったという。

　こうして「乗用車規則」は採択された。乗用車規則は技術的側面が強く，一般の人々からは，当初の委員会提案と採択された規則はいずれも 120g/km の CO_2 排出基準を定める点で同じだと思うだろう。よほど注意深く読んでも年限が 2012 年から 2015 年へ延長されたことがかろうじて読み取れる程度の差に見える。しかしそのわずかな差を生むため，実に 1 年以上もの間，多様な利益がその実現を図っていたのである。「曲がったきゅうり」問題がなぜ生み出されるかも，これを見れば幾分かは理解できるのではないだろうか。

　それでもこの乗用車規則の事例は通常立法手続きの第 1 読会までに決着が着いたため，その後の第 2 読会や調停委員会に至ることなく，比較的早期に政策決定へと至った事例である。近年，このようなファースト・トラックの政策合意が EU 全体のトレンドとなっている。例えば 1999–2004 年の共同決定において第 1 読会で法案が採択されたのは全政策領域で 28% であり，逆に調停委員会へ至った法案は 22% 存在した。ところが 2009–2014 年には第 1 読会で採択された法案は 85% に上り，調停委員会へ至ったケースはわずか 2% である

（図6.2）。

　ファースト・トラックの合意が増加している背景には，欧州委員会，EU理事会，欧州議会の3者間で行われる**トライローグ**（trilogue）と呼ばれる非公式会合の定着があるとされる。通常立法手続きは，法案成立のためにEU理事会での特定多数決と欧州議会での絶対多数決という高い基準をクリアすることが求められる。このため委員会，理事会，議会のいずれにとっても，予め相手方の選好を知り，早期の合意を図ることが合理的な行動となるのである。しかし，トライローグの定着は新たな問題を惹起してもいる。公式の審議とは別に機関間の非公式な会合が常態化することで政策形成の過程が密室化し，政策審議の透明性が失われてしまうのである。加えてトライローグの過程は文書に残らないため，後から各国間の審議を追跡することも困難となってしまう。そもそも通常立法手続きの導入は欧州議会の政策過程への関与を強めることで政策過程の民主化に資するものであったはずが，かえってEUの民主的正統性を弱めてしまうとの逆説が指摘されている。

┃ 政策の執行 ┃

　EUにおける政策執行についても簡単に概観しておこう。指令や規則等のEU法制定の過程では，加盟国がすべての技術的な細目等までを詳細に定めるわけではなく，詳細は欧州委員会に委任されることが多い。例えば生態系保護についての指令で，具体的にどの種の動物が関わるのかは欧州委員会が政策実施の段階で決定するという具合である。しかし，この段階でも欧州委員会が完全に自律的に行動をするわけではない。政策実施の段階において，EUで大きな役割を果たすのは**コミトロジー**と呼ばれる委員会である。コミトロジーは，加盟国が欧州委員会の補佐をし，その活動を監視するための委員会メカニズムであり，現在250以上の委員会が稼働しているとされる。各委員会は加盟国の官僚から構成され，欧州委員会の官僚が議長となるため，欧州委員会と各国との調整の場となっている。

　リスボン条約では，政策実施について新たに執行行為と委任行為という2つの類型が定められた。前者は制定された法律を変更することなく，その統一的な適用を確保するために執行する行為であるのに対し，後者は法律の非本質的

な要素を用いて，法律の補完をしたり修正をしたりする行為である。上述の生態系保護指令の例でいえば，加盟国が委員会に現況報告を行う際に用いるフォーマットを定めたりするのが執行行為であり，保護すべき動物種や生息地を付属リストに追加する場合は委任行為となる。両者の区別は実際にはしばしば曖昧であるが，法的には欧州委員会の裁量が大きく異なる。執行行為についてはコミトロジー委員会からの同意が必要となるのに対し，委任行為ではその必要がないためである。後者ではアドホックに各国の専門家による諮問委員会が設立されるが，その勧告は拘束的なものではない。ただし欧州議会と EU 理事会は，いずれの行為の場合でも，欧州委員会の行為が法律で定められた範囲を踏み越えてはいないかを監視する権限を有している。とりわけ委任行為の場合には，両者は欧州委員会の行為が当初の制定法による委任を逸脱していないかを監視する権限を持ち，事後的な拒否権を発動することも可能である。

　また EU 法の執行には加盟国が決定的な役割を果たす。具体的には，加盟国は実質的な執行の確保と EU 法の国内法への置き換えという 2 つの局面で役割を果たしている。EU 法が指令という形式で発せられた場合，各国は決められた期限内に指令を国内法へ置き換えなければならない。直接的に EU 法が効力を持つ規則と異なり，各国が EU 法を国内法秩序へ組み込む責任を負い，それゆえに各国に一定の柔軟性を与える点が指令の特色である。この国内的執行について，欧州委員会は加盟国の執行が適切か，不履行がないかを監視する役割を負っている。加盟国が期限内に履行していない，または適切に履行していない場合，欧州委員会は条約違反手続きによって EU 司法裁判所へ加盟国の不履行を訴え，罰金を課すことが可能である。欧州委員会がしばしば「条約の番人」と呼ばれる所以である。

　しかし条約の不履行はありふれた現象でもある。政策の「ヨーロッパ化」の研究潮流は，これらの不履行が起きる原因として，EU 法と各国法・政策の「不適合性（ミスフィット）」を指摘する。EU 法が各国法・政策と両立困難であったり，実質的に大きな変化を要求するほど国内的執行が困難になるという説明である。しかし執行がうまく進む原因としては，各国行政の効率性を要因とする議論も有力であるし，その他にも各国内での強い政治的動員が存在した場合や，制度的に分権的でない場合，EU 法の文言に曖昧さが少ない場合などに

は執行が効率的に進みやすいとの議論があり，多様な原因を考慮する必要がある。

4 新しいガバナンス方式

　伝統的な政策形成の方式に対し，近年重要性が高まっているのがいわゆる「新しいガバナンス」と呼ばれる政策形成の様式である。新しいガバナンスを共同体方式から画するのは，そのソフトな協調の在り方である。伝統的な共同体方式が主に拘束力を持ったハードな EU 法に依拠するのに対して，新しいガバナンスはより非拘束的でソフトな政策手段に依拠しており，立法には不向きであったり，合意ができていない政策分野で対話や協調を促したりするために用いられる。1990 年代に入り，欧州統合が福祉国家のような国家主権に大きく関わる領域に踏み込むようになると，加盟国は EU へ主権を委譲することに警戒を示すようになった。このため各国の多様性を脅かすことなく EU が役割を果たせるような協調の在り方を見つけ出す必要性が高まっていたのである。新しいガバナンスには，加盟国に大きな裁量を残す枠組み指令や，法的拘束力を持たないガイドライン等のソフト・ローの使用，相互的な監視・評価メカニズムの使用，非 EU 機関や非国家主体の参加する政策決定方式の創設など，さまざまな政策手段が含まれる。

開放的調整方式（OMC）

　新しいガバナンスのなかで最も有名で重要な役割を果たしているのが，**開放的調整方式**（Open Method of Coordination：OMC）であろう。ここでは 2000 年のリスボン戦略で定式化された OMC を例にとり，その特質を説明したい。リスボン戦略のなかで OMC は加盟国間のベスト・プラクティスの拡散，より高度の政策収斂のため，加盟国にそれぞれの政策発展を促す方法として，次のように定式化された。

①　ガイドラインの策定：EU 全体で達成すべき短期・中期・長期の目標を

定め，行程表とともにガイドラインを策定
② 指標・基準の設定：ベスト・プラクティスの比較の手段として，多様な
加盟国やセクターのニーズに合わせた量的・質的な指標・基準の設定
③ ガイドラインの政策への変換：各国・地域での多様性を考慮に入れた目
標設定・方策の採用を行い，ガイドラインを政策へ変換
④ 定期的な観測と相互学習：相互学習のための定期的な監視，評価，ピ
ア・レビュー

　これらの原則に従って，EU 理事会は，一般的には欧州委員会の用意した提
案にもとづいて政策目標や手段を設定し，これを追求する一方，欧州委員会は
加盟国の政策執行やその成果を観測・監視する責任を負う。このように OMC
は集団的に政策目標を設定する一方で，目標達成のために拘束力のある法律を
制定するわけではなく，むしろ目標をどのように設定し，どのような政策を執
行するかという点で加盟国に広範な自律性と多様性の余地を残す方式である。
この点で OMC は緩やかな政府間協調と集権的で超国家的な政策形成との中間
の道を提供しており，それゆえに重要性を増しているのである。とりわけ社会
政策のように拘束的な政策形成では抵抗が生じ進展の難しい政策領域や，マク
ロ経済政策のように加盟国間に高度な相互依存が生じており政策的調整が必要
な場合など，政府間協調では協調が不足であるが，逆に超国家的な共同体方式
では協調が過剰となってしまう場合には，加盟国間でソフトな協調を可能とす
る OMC は有力な選択肢となる。
　とはいえ，どの程度詳細に政策目標が定められるか，どのような方式で執行
を行うか，EU 諸機関やエージェンシーがどのような役割を果たすか等によっ
て，OMC の「ソフトさ」にもまた幅がある。例えば新たな成長戦略 Eu
rope2020 の下で用いられている統合ガイドラインでは，欧州委員会が年次報
告書のなかで広範なガイダンスを提示し，かつ各国の実施状況について時に辛
辣なコメントを発するのに対し，より論争的なジェンダー・メインストリーミ
ングの分野では，EU によるフォロー・アップは遥かに限定的で，その効果的
な執行の有無は各国の自発性に依る度合いが大きくなっているのである。

　もちろん，OMC の「ソフトさ」は OMC の長所でもあるが短所でもある。ソフトであるために協調の実効性確保が難しいことは OMC の問題点としてたびたび指摘されてきた。拘束力を持った法を用いないために，加盟国は EU の掲げる政策目標に対し，単にリップ・サービスをするのみとなるのではという疑問である。これまでの事例研究においても，多くの政策領域で OMC の成果は貧相なものだと評価されているが，これは OMC が用いられる分野が，そもそも加盟国が法的拘束を避けようとする分野であることを顧みれば驚くにはあたらない。加えて，このような批判については OMC を用いない場合に生じる事態は，多くの場合，超国家的な政策形成ではなく加盟国間の協力の不在だということを割り引いて考える必要もある。もう 1 つ OMC の問題点として指摘されるのは，OMC が一見多様なアクターの関与の幅を広げるように思われるのにもかかわらず，実際にはその多くが加盟国政府によって運営されているという点である。例えば EU 諸機関のなかで，欧州議会は OMC の政策過程へほとんど影響力を持つことができない。国内的にも地方政府や自治体，私的アクター等の関与の大きさは，国や政策により大きく異なるのが実情である。

　これに対し OMC の利点もいくつか挙げることができる。1 つは各国の多様性を尊重しながら，進展の難しい分野でも一定の協力が望めることであり，また潜在的には多くのアクターに政策への関与の可能性を広げることともなる。さらに，OMC により各国と EU 双方のレベルのアクターを巻き込み，情報交換のための調整チャンネルが形成される点も指摘されている。また，時にはユーロ圏の財政条約のように OMC 的な協力がより拘束力の強い形へアップグレードされる例もあり，この場合には OMC が政策協調の深化のための前段階としての役割を果たしたと見なすこともできよう。

　OMC の是非については未だに一致した評価は得られておらず，その政策的な影響には消極的な見解も少なくない。しかし OMC の結果としての政策進展は，大きなものではないにしろ，ある政策への関心の上昇，相互学習の促進，各国の政策的思考法や課題設定の変化等を通じ，政策協力へ肯定的な効果を与えているというのが多数派の見方であろう。

5　EUの諸危機と政策過程の変容

　最後に，近年EUに訪れたいくつかの危機がEUの政策形成へ及ぼした影響について触れ，まとめとしたい。欧州統合の研究者によって指摘されているのは，一方でうち続く危機が欧州理事会など加盟国間協議の重要性を高め，EU諸機関の役割を後景に退かせたという点である。ユーロ危機や難民危機など加盟国の東西／南北の亀裂が深まるなか，その解決のために必要となったのは欧州理事会等における首脳間・政府間の交渉であり，それはEU諸機関というよりもドイツのメルケル首相のような加盟国首脳の存在感の増加をもたらした。先の区別になぞらえれば，日常的政策形成から歴史的決定への重心のシフトである。

　他方で，一見逆説的ながら危機がEU内での政策協力の後退ではなく進展につながったことも多くの研究が指摘するところである。特に通貨・財政の領域では**欧州安定メカニズム**の設置，**ヨーロピアン・セメスター**と呼ばれるOMC的な各国の財政調整メカニズムの導入や安定成長協定の強化など，さまざまな形で協調の制度的深化が見られた。たしかに危機が統合を深化させるとは，欧州統合のなかでしばしば見られてきた構図である。ただし近年の危機についていえば，財政赤字の監視などについては欧州委員会の権限が強化される一方で，政策協調の基調となったのは概ね各国政府の自律性を保ちながらの協力の深化であった。例えば財政均衡の遵守を各国の国内法に書き込むとした財政協約が各国間の条約の形をとって採択された点には，EUの超国家的な介入を警戒する加盟国の意図が表れている。

　本章で概観した政策形成の方式という点から見ると，リスボン条約とこれに伴う通常立法手続きの採用の結果，法的には欧州議会の権限は増大し，EU自体の権限も拡大した。しかし，危機のなかで現れたのは，どちらかといえば欧州議会の存在感の低下であり，従来のようにEUの権限を拡大することに対し躊躇を見せ，より多様な統合／協調の在り方を模索する加盟諸国の姿であった。この点は上述した90年代後半以降からの「新しいガバナンス」による柔軟な

政策協調の拡大ともある程度軌を一にする傾向であり，危機のなかで再度注目を集めるようになった「差異化された統合」への動きとも沿うものであろう。EU の政策過程も統合と危機の間で新たな形を再発見する過程のなかにある。

引用・参考文献 | **Reference** ●

Brouard, Sylvain, Oliver Costa and Thomas König eds.（2012）*The Europeanization of Domestic Legislatures: The Empirical Implications of the Delors' Myth in Nine Countries*, Springer.

Buonanno, Laurie and Neil Nugent（2013）*Policies and Policy Processes of the European Union*, Palgrave Macmillan.

Delreux, Tom and Sander Happaerts（2016）*Environmental Policy and Politics in the European Union*, Palgrave.

Drachenberg, Ralf and Alex Brianson（2016）"Policy-making in the European Union" in Michelle Cini and Nieves Pérez-Solórzano Borragán eds. *European Union Politics*, 5th edition, Oxford University Press.

Enzensberger, Hans Magnus（2011）*Brussels, the Gentle Monster: Or the Disenfranchisement of Europe*, Seagull Books.

Hix, Simon and Bjørn Høyland（2011）*The Political System of the European Union*, 3rd edition, Palgrave Macmillan.

Iguchi, Masahiko（2015）*Divergence and Convergence of Automobile Fuel Economy Regulations: A Comparative Analysis of EU, Japan and the US*, Springer.

Majone, Giandomenico ed.（1996）*Regulating Europe*, Routledge.

Marks, Gary（1993）"Structural Policy and Multilevel Governance in the EC," in Alan. W. Cafruny and Glenda. Goldstone Rosenthal eds. *The State of the European Community, vol. 2: The Maastricht Debates and Beyond*, Lynne Rienner.

Peterson, John（1995）"Decision-making in the European Union: Towards a Framework for Analysis," *Journal of European Public Policy*, 2（1）: 69–93.

Wallace, Helen and Christine Reh（2014）"An Institutional Anatomy and Five Policy Modes," in H. Wallace, M. A. Pollack and A. R. Young eds. *Policy-making in the European Union*, 7th edition, Oxford University Press, 72–114.

第 **3** 部

EU の政策　　PART

第 **7** 章

EU の経済政策

ギリシャ政府が国家債務危機に対処するため導入した緊縮財政策に抗議するデモ参加
者たち（2010 年 5 月 1 日）。（写真：時事通信フォト）

はじめに

　本章では EU の経済政策について説明する。経済政策は最も統合が進んだ領
域である。経済統合のなかでも，とりわけ単一市場はヨーロッパ統合の中核で
あり，その成功は EU への支持を強め，ユーロ創設が実現する一因となった。
対外的には，単一市場は EU への新規加盟をめざす国々にとって最大の誘因で

あると同時に，EUがさまざまな国際交渉の場で行使する影響力の源泉ともなってきた（第9章参照）。加えて，単一市場の成立は，1990年代以降に北米などヨーロッパ以外の地域にも地域統合の動きが伝播する理由ともなった。ところが最近では，ヨーロッパ統合を通じた経済の国際化が，加盟国間／国内での経済的な格差の拡大をもたらし，欧州懐疑主義を助長しているとの指摘がある（遠藤 2016）。とりわけ2010年に勃発したユーロ危機はEUの正統性を損ねた。そこで本章では，なぜ経済統合が非難にさらされるようになったのかという観点からEUの経済政策を分析する。

ヨーロッパ諸国の経済運営の特徴は，「欧州社会モデル」と呼ばれるように，市場経済と福祉国家（公的な福祉・医療の提供や労働者の保護）とを組み合わせる点にある（アッシュ 2013）。EUの経済政策に対して最も多く寄せられる批判は，国境を越える経済活動の妨げになる各国の規制が撤廃され，単一通貨ユーロが導入されることで「市場創設的」政策が発展した一方，所得再分配に代表される「市場是正的」な政策は未発達なままにとどまっているというものである。EUの市場創設的政策は各国が独自に市場是正的政策をとる余地を縮小させるため，EU全体での市場是正的政策が未発達なままであれば，欧州社会モデルは脅かされてしまう（Scharpf 1999）。

欧州社会モデルと一口にいっても，そのなかにはさまざまなバリエーションがある。そのため，EUのなかには自由市場経済（イギリス）や調整型市場経済（フランス・ドイツ），南欧型経済（スペイン・イタリア・ギリシャ）といった，異なる「資本主義モデル」をとる国々が併存している（Hall and Soskice 2001；Beramendi et al. 2015）。さらに東方拡大によって，従来の加盟国より経済発展の水準が低い中東欧諸国が加わった。新加盟国から移民が流入したことで，旧来の加盟国では単一市場の柱の1つである人の自由移動に対する不満が強まった。EUが抱える第2の問題点は，そのような多様性を前提したうえで，どのように経済統合を進めていくかというものである。

第1節では，初期の欧州統合は各国における福祉国家の建設を助けるものだったという経済史家ミルワードの「国民国家の欧州的救済」論を紹介する。第2・3節では市場創設的政策である単一市場・経済通貨同盟を，第4節では市場是正的政策である共通農業政策や結束政策（地域補助金）を扱う。第5

節では，EU が直面するユーロ危機の原因が異なる「資本主義モデル」をとる
国の間の経済的不均衡にあると指摘したうえで，ユーロ危機によって EU の
ガバナンスにいかなる変化が見られたのか検討する。第 6 節では，EU 加盟国の
経済パフォーマンスや所得格差の傾向について見たうえで，ガバナンスの変化
や経済政策の問題点が EU の正統性の低下につながっているか検討する。南欧
諸国は今なおユーロ危機の後遺症に悩んでいるが，中東欧諸国の経済成長によ
り，EU 全体では国家間の格差は縮小傾向にある。他方で国内の格差は，ユー
ロ危機後多くの加盟国で拡大した。

1 EU と福祉国家

ヨーロッパ統合と，各国の経済運営やその政治体制の正統性との関連につい
て議論するうえで出発点となるのが，第 2 次世界大戦後から 1960 年代までの
初期のヨーロッパ統合は，加盟国における福祉国家の建設を手助けすることで，
国民国家の正統性を回復させる役割を果たしたというミルワードの議論である。

ミルワードの「国民国家の欧州的救済」論

ミルワードによれば，ヨーロッパの国家の多くは 1929 年から 45 年の経験
（大恐慌・外国の侵略・敗戦と占領）によって弱体化したので，第 2 次世界大戦後
に自らを再建する必要があったという。国民国家は，より幅広い政治的コンセ
ンサスの上に築かれ，より多くの人々の必要に応えなければ，正統性と市民の
忠誠を獲得できなかった。そのため国家はその活動範囲を拡大し，一連の諸政
策（福祉国家の建設，経済の近代・工業化，農家の所得の保障，斜陽産業における雇用
の維持）を実行するようになった。国家はこのような政策を，ヨーロッパ統合
という国際的な枠組み抜きに実行することはできなかったというのがミルワー
ドの「国民国家の欧州的救済」論の骨子である。つまりヨーロッパ統合と国家
とは反対物ではなく，欧州共同体の発展は国民国家の再建の本質的部分だった
のである（Milward 2000；池本 2016）。

　しかし 1970 年代にブレトンウッズ体制が崩壊し，第 1 次石油ショック後のインフレと経済的混乱によって，戦後の高度経済成長に終止符が打たれた。それに伴い，戦後コンセンサスも崩壊した。

　石油ショックの結果，先進国の経済は経済成長の鈍化・失業の増加・物価上昇に苦しんだが，なかでもヨーロッパ経済の低迷は最も深刻だった。ヨーロッパ経済低迷の第 1 の原因とされたのは技術革新の遅れであった。ヨーロッパ大の「市場」を形成することで，先端技術の開発を促し，日本やアメリカに追いつこうとしたのが単一市場のプロジェクトだった。

　それに加えてヨーロッパ経済の桎梏となったのは為替レートの不安定さであった。1973 年に世界は固定相場制から変動相場制へ移行した。日本やアメリカはドルや円のように 1 つの通貨を持っているので，為替レートが変動しても国内経済はそれほど影響を受けない。それに対して，ヨーロッパでは単一の通貨がないので，通貨価値が変動すると域内での貿易が妨げられてしまう。ヨーロッパで「単一通貨」をつくることで，国境を越えた経済活動の「取引費用」を軽減しようというのが，経済通貨同盟のプロジェクトの背後にある経済的動機だった。1980 年代半ばから 2000 年代初頭にかけて単一市場が設立され，経済通貨同盟が実現したことで，国境を越えた経済活動に対する障壁は縮小し，ヨーロッパ域内経済の一体化が大きく進展した（**市場創設的政策**の進展）。他方で**市場是正的な政策**はそれほど実現しなかったので，以下に見るように両者のアンバランスが生じた。

② 単 一 市 場

　単一市場は，EU 域内における国境を越えた人・モノ・資本・サービスの移動に対するさまざまな障壁を除去し，EU を経済的に一体な存在にすることをめざしたプロジェクトである。

共同市場

単一市場は，1958年に創設された欧州経済共同体（EEC）の共同市場に端を発する。共同市場は参加国間の鉱工業製品の貿易にかかる関税や輸入数量制限の撤廃をめざしたものであり，第三国からの輸出に対しては対外共通関税を設けた。このような仕組みのことを関税同盟と呼ぶ。共同市場内では，企業間の自由な競争を歪めるような国家補助金や，企業間の価格協定（カルテル）や合併は禁止された。域外諸国とのグローバルな通商交渉や競争政策の遂行にあたっては，欧州委員会が重要な役割を果たすようになった。

共同市場の創設によって，域内での貿易や域外からの直接投資は増加した。同時に，共同市場は製造業を重視するあまり，サービス業・資本移動にあまり重きが置かれていなかったこと，国境を越えた経済活動に対する関税以外の障壁（非関税障壁）を軽視していたことは否定できない。

単一市場の創設

このような共同市場の問題点は，1970年代の世界的な不況のなかで，共同体の加盟国が非関税障壁を保護主義の隠れ蓑として用いたことで，顕在化した。当初，欧州委員会は各国の規制を廃止し，共同体全体をカバーする単一の規制に置き換えること（ハーモナイゼーション）をめざしていた。しかし歴史や文化を反映した各国の規制を一本化することは難しく，欧州委員会は新しいアプローチを提案した。**ハーモナイゼーション**を「本質的な必要性」のあるものにとどめ，各国の規制を相互承認するというものだ。各国はハーモナイゼーションの対象になったものを除き，自国のルールを維持することができるが，他の加盟国の労働者・製品・サービス・投資を差別することは基本的に禁止される。これはEU司法裁判所のカシス・ド・ディジョン判決を踏襲したものであり，単一市場実現の突破口となった。

1986年に採択された**単一欧州議定書**は，単一市場を92年までに実現するという計画を支持することで，経済的な取引の妨げになる各国のルールを撤廃するという意味での，消極的統合を復活させた。同時に単一欧州議定書は，単一市場に関わる事項について，課税・人の自由移動・労働者の権利を除いて，意

思決定のルールを全会一致から特定多数決方式に変更し，かつ欧州議会の権限を強化することで，積極的統合（各国のルールに置き換わる共通のルールに合意すること）のための制度的な枠組みを変えた。消費者の保護など公共政策上の目的を達成しつつ貿易を自由化するためには，各国の異なるルールをヨーロッパの共通のルールによって置き換える必要がある。EU の単一市場が，規制緩和と再規制の両方の側面を持っていることは強調する価値があるだろう。

┃ 人の自由移動 ┃

さて，単一市場は人・モノ・資本・サービスの自由移動の実現をめざしたものであるが，この4つの自由は具体的に何を意味するのだろうか。

人の自由移動は，EU に対する批判の的になっているので少し詳しく見ることにしよう。人の自由移動とは，働き，学び，退職後の人生を享受するために加盟国間を自由に移動することができ，かつその国の市民と平等に扱われる権利のことを指す。欧州共同体の経済的な性格を反映して，歴史的には「労働者の権利」と位置づけられていたが，1980 年代以降，働いているかどうかにかかわらず「市民として有する権利」としての性格を帯びるようになった。ただし現在でも，加盟国の国籍を持つものなら誰でも EU「市民」として条約上享受できる権利（EU 機能条約 18〜21 条）と，「労働者」のみがそれに加えて有する権利（同条約 45 条）とがある。労働者は，雇用・税制・社会保障上の権利の点で，加盟国からも雇用者からも差別されない。市民は，仕事を探す権利，地方選挙・欧州議会選挙での投票権を有しているが，滞在期間が5年に満たない場合には社会保障へのアクセスは制限される。

EU 市民は他の加盟国に入国して3カ月まで滞在する権利を持つ。1985 年に締結され，97 年のアムステルダム条約で EU 法に組み込まれた**シェンゲン協定**に参加している EU 加盟国（イギリスとアイルランドのみ適用除外）の間では，パスポートやビザによる国境管理が廃止されており，EU 市民はもちろん，第三国の国民であっても，いったん域内に入れば自由に国境を越えて移動することが可能である（イギリスは人の自由移動は EU 市民にのみ適用されるという立場をとり，第三国の国民の移動をチェックするため国境管理を続けた）。しかし3カ月以上滞在するためには①労働者（自営業含む），②学生，③滞在期間中は当該国の社

会扶助に依存しないで済むだけの十分な資力を有する，のいずれかの要件を満たす必要がある。居住期間5年で無条件に永住権を取得でき，社会保障上もその国の市民と平等に扱われる。

モノと資本の自由移動

　モノの自由移動については，共同市場の時代から，第三国からの輸入に対しては共通関税が設定される一方，域内貿易に対する関税や数量制限を設けることは禁止されていた。しかし国ごとに製品について規制や基準が異なると，輸出するうえで障害（非関税障壁）になり，モノの自由移動を実現することはできない。単一市場で**相互承認原則**が採用されたことで，原産国で許可されている製品は原則として輸出可能となった。

　資本の自由移動については，ローマ条約で共同市場の実現に必要な限りで自由化することが義務づけられたのみであり，他の3つの自由と比べて従属的な位置に置かれていた。しかし1993年発効のマーストリヒト条約によって，域内・第三国との間の資本移動に制限を課することが禁じられた。このことは，外貨の取得・外国企業の株式購入に対する制限や，海外投資に対して政府による許可を要求すること等の，資本管理が禁じられたことを意味する。

サービス業への重点の移行

　サービスの自由移動により，国境を越えたサービスの提供が認められ，子会社設立規制の簡素化も進んだ。しかし単一市場が設立された1980年代には規模の経済（生産量の増大に伴い，コストが低下して収益率が向上するという考え方）が重視される一方，サービス業は相対的に軽視されていた。しかし2000年代以降のグローバル経済では，国境を越えた生産・イノベーション・製品の差異化が重要となり，経済のデジタル化・知識集約化が進んでいる。EUも，（やや遅ればせながら）サービス業の重要性が高まっていることを踏まえて，2000年にリスボンで開催された欧州理事会で，サービスの自由移動への障壁を取り除くことで，「2010年までにEUを世界で最も活力がありダイナミックな知識集約型経済にする」と宣言した（**リスボン宣言**）。これを受けて，2006年にはサービス指令が採択された。この指令は，EU司法裁判所の判例を明文化し，既

にモノの自由移動に適用されていた原産地原則をサービス業に応用したという側面が強く，内容的にそれほど斬新なものではなかった。しかしEUの東方拡大と時期が重なったこともあり，フランスなど一部の西欧諸国では，賃金や労働基準の低い東欧諸国の労働者との競争を強いる，過度に新自由主義的なものだという反発を招いた。EU憲法条約が失敗に終わる一因となったとさえいわれる。

┃ 単一市場のガバナンス ┃

　第6章で説明したとおり，単一市場のガバナンスはEU規制方式と呼ばれることが多い。EU規制方式とは，政策立案で欧州委員会が主導的な役割を果たす一方，政策決定にあたっては，欧州議会が理事会と並んで影響力を持つ仕組みのことを指す。また政策の執行や実効性確保のために，欧州委員会やEU司法裁判所が重要な役割を担っている。

3 経済通貨同盟

　経済通貨同盟の歴史とユーロ導入に至るプロセスについては第2・3章で説明したので，ここではユーロの仕組みとその構造的な問題点に絞って説明することにしたい。

┃ ユーロの仕組み ┃

　現在ユーロ圏の構成国は19カ国である。スウェーデン，デンマークと中東欧の6カ国（チェコ，ハンガリー，ポーランド，ブルガリア，ルーマニア，クロアチア）は参加していない。ユーロのような単一通貨を創設するためには共通の金融政策が必要である。そこで1998年に欧州中央銀行（ECB）が設立され，ユーロ圏の金融政策を一元的に決定することになった。その主な任務は物価（通貨）の安定を実現することであり，ECBはEUの他の機関や各国政府に対して高い独立性を保障されている。この仕組みはドイツ連邦銀行の例にならったものである。ECBは分権的な組織であり，金融政策の執行とECBの日々の運営

を担うのは，総裁，副総裁，役員4人からなる役員会であるが，主要な政策決定を行う政策委員会は，役員会の構成員に加え各国の中央銀行の総裁19人で構成される。独立性を維持するため，役員会の構成員は任期が8年で再任は禁止されている。ECB は，金融政策の策定にあたって失業率の改善や経済成長にもっと関心を払うべきだという批判や，政治的な独立性が高いため民主的な正統性に欠けるという批判は，ユーロの創設当初からあった。

　ユーロ圏では金融政策は ECB に一元化されているが，マクロ経済運営のもう1つの柱である財政政策（予算）は各国ごとに決定されている。両者の間の調整をどのようにして行うかがユーロを運営するうえでの大きな課題となる。ECB が物価の安定を目標とする金融政策を実行しても，各国の政府がそれと矛盾するような財政政策をとればユーロに対する信任を損ねる。そこでユーロに参加するために収斂基準を満たすことが必要とされ，参加後は**「安定と成長」協定**を守ることが求められた。ECB や各国の中央銀行による政府債務の直接引き受けや，ユーロ参加国に対する EU や他の参加国による財政的支援は禁止された。

　収斂基準は①その国の物価上昇（インフレ）率が，最も物価上昇率の低い3カ国の平均値より 1.5% 以上高くないこと，②単年度の財政赤字が GDP 比 3% 以下で，かつ政府債務残高が GDP 比で 60% 以下であること，③欧州為替レートメカニズム（欧州通貨制度）に2年以上参加し，その間に一度も為替レートを切り下げしていないこと，④名目長期金利が，最もインフレ率の低い3カ国の平均値より 2% 以上高くないこと，であった。「安定と成長」協定は，収斂基準のうち②の財政状況に関する規定をユーロ成立後についても受け継いだものである。GDP 比 3% 以上の財政赤字を記録した場合，翌年に是正されないと，「過度の財政赤字」であると認定される。しかしこの協定はドイツやフランスが遵守しなかったため，2005年に骨抜きになった。

ユーロの問題点

　ユーロの経済的合理性については，当初から疑問視する向きもあった。第1の問題点は，経済状況の異なるユーロ圏各国に対して単一の金融政策が適用される点である。通常，景気の悪い国は金利を引き下げることによって経済活動

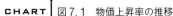

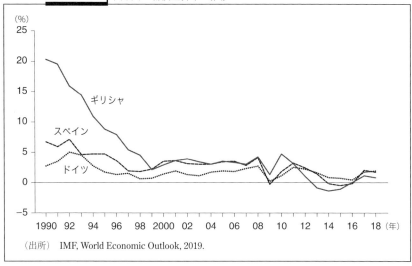

（出所）　IMF, World Economic Outlook, 2019.

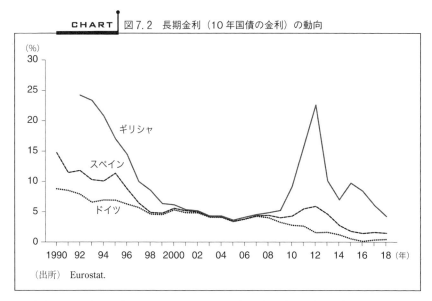

（出所）　Eurostat.

を活発にし，逆に景気が過熱している国は金利を引き上げることによって経済活動を引き締める。しかしドイツやフランスは景気が悪く，アイルランドやスペインは景気が良いとしたら，すべての国にとって望ましい金融政策は存在しない。実際，2000年代前半にはドイツやフランスの景気が悪かったため金利

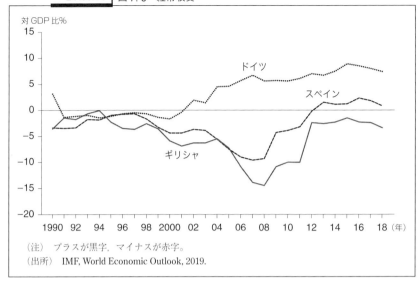

対 GDP 比%

（注） プラスが黒字，マイナスが赤字。
（出所） IMF, World Economic Outlook, 2019.

が低く抑えられた。アイルランドやスペインの景気は過熱し，不動産バブルの発生に手を貸す形になった。

　第2の問題点は，ユーロを導入した国同士の間では，為替レートの変更が不可能になることである。したがって経常収支赤字に陥った国が為替レートの切り下げによって国際競争力を高め，対外的な経済不均衡を是正させる道は閉ざされている。このため，時間を追うごとに経常収支黒字国の北欧諸国（ドイツ）と赤字国の南欧諸国（ギリシャ，スペイン）の不均衡が拡大する。日本やアメリカなどの国家の内部でも地域間の経済的な不均衡は存在するが，労働力の移動や中央政府の財政政策を通じた所得再分配によって緩和されている。EU の場合は，言語の違いや労働市場の硬直性のために国境を越えた労働力の移動が少ない。さらに EU 自身の予算の規模も域内総生産比 1.2% 程度と先進国の中央政府と比較して小さく，支出のうち一部しか地域間格差を是正するために用いられていないという問題がある（第4節）。

　単一通貨導入後の 10 年間で，ユーロ圏は物価と長期金利の収斂を実現することには成功したが，経常収支の不均衡は拡大しつつあった（図7.1・7.2・7.3）。このようなユーロの構造的問題は，第5節で見るようにグローバル金融危機を契機として顕在化することになる。

4. EU の予算

　本節では，EU の市場是正的政策の要である**共通農業政策**と**結束政策**を取り上げる。EU の財政規模は域内総生産の 1.2% 程度と小規模であるが，この 2 つの政策は予算の二大支出項目であり，両者で EU の歳出全体の 6 割以上を占めている（第**4**章）。2014 年度から 20 年度までの財政計画では，ユーロ危機（第**5**節参照）の余波を受ける形で EU の支出も抑制された。農業予算が 3360 億ユーロから 2780 億ユーロに，結束予算も 3540 億ユーロから 3250 億ユーロに減額されたが，結果的に，後者が初めて最大の支出領域になった。以下では，この 2 つの政策の発展を概観し，なぜ EU のなかで所得再分配政策を進めることが難しいのか考えてみたい。

共通農業政策

　共通農業政策は農業生産を増やすと同時に，製造業やサービス業と比較して所得が低くなりがちな農業従事者の支援を目的として 1960 年代に始まった。

　初期の共通農業政策は，域内農産物市場の一体性・共同体優先・財政的団結という 3 つの原則にもとづいていた。このことは，EU の内部では農産物の貿易が自由化される一方，域内農家の収入を守るために外部に対しては障壁を設けることを意味する。上の 3 つの原則を実現するため，価格保障・公的介入システム・輸入課徴金という 3 つの政策手段が用いられた。価格保障とは，農産物の価格が市場でなく政治的に決定されることを意味する。域内の価格が介入価格を下回った場合には，EU が余剰生産物を買い上げることで価格を維持した。それに対して，第三国からの安い農産物の輸入に対しては，EU の産品との差額分に相当する課徴金が課された。国際価格よりも高い EU の産品を輸出するために，補助金制度が設けられた。財政的団結の原則とは，これらの政策を実現するための資金が（加盟国ではなく）EU の独自財源から拠出されることを意味する。そのために欧州農業指導保障基金が設立された。

過剰生産と改革の遅れ

　共通農業政策は，生産を増やして自給自足を達成し，農家の所得を支持するという所期の目的を達成した。しかし人為的に価格を吊り上げたことで，1970年代以降過剰生産の問題が深刻化し，「バターの山」や「ワインの池」を生み出した。共通農業政策関連の支出は際限なく増加し，また保護主義的な政策は1次産品の輸出に依存する発展途上国にも悪影響を与えたため，国際的な非難も招いた。しかし1970～80年代を通じて行われた共通農業政策の改革の試みは，目に見える成果を生まなかった。

　なぜ共通農業政策を改革するのは難しいのだろうか。その理由は政策決定の制度的な仕組みに求められる。一般的に共通農業政策は，**古典的共同体方式**（第6章参照）と呼ばれるEU独自の政策決定の方式（欧州委員会の提案にもとづき理事会が決定し，欧州議会の政策影響力は限定的）により決定されているといわれてきた。しかし実際には，共通農業政策は再分配政策としての性格が強いため，各国の得失はゼロサム的である。そのため，農務閣僚理事会が決定を行う際には，各大臣は自国のためにEUの農業予算からなるべく多くのものを得るよう国内から圧力がかかる。これが現状維持バイアスを生むのである。

外圧とマクシャリー改革

　改革への端緒が開かれたのは外圧のためだった（Cini and Borragán 2016：ch. 22）。1980年代になると，OECDなどの場を通じて，貿易の妨げとなるような農業保護政策，とりわけ共通農業政策のように市場メカニズムを阻害する度合いの高い政策に対する批判的な見方が，政策決定担当者の間では強まりつつあった。そこで86年に始まったGATTのウルグアイラウンドでは，初めて農業問題が取り上げられ，アメリカ・カナダ・オーストラリアなどの農業輸出国は強く貿易自由化を求めた。このような事態を受け，欧州委員会は91年の理事会に急進的な改革案を提出した。最終的には，ドイツのコール首相とフランスのミッテラン大統領の決断により，従来の共通農業政策の政策コミュニティを迂回する形で（委員会提案よりやや薄められたものの）改革が実現した。このいわゆる**マクシャリー改革**によって，従来の市場介入によって価格を支持する保護

策から，農家への直接支払いによって所得を保障する仕組みへの転換が進むことになった。2014 年から 2020 年までの財政計画では，共通農業政策の支出額のうち，70% が直接支払い，5% が市場介入となっている。この結果，農産物の EU 内外価格差は大幅に縮小することになった。共通農業政策の正当化根拠として農業の多面的機能が掲げられたこともあり，直接支払いや市場介入と並ぶ第 2 の柱として 1999 年に地方発展政策が誕生した。2014 年度以降はこの第 2 の柱に予算総額の 25% が割り当てられている。

残された問題点

所得再分配の観点から見た場合，共通農業政策には各国間で資金が不平等に配分されているという批判や，さまざまなタイプの農家の間で配分が公平を欠くという批判がなされている。

どの国がどれだけ EU 予算から利益を得ているかは，サッチャー首相がイギリスの財政貢献をめぐって還付金を要求した際に初めて議論された問題だったが（第 2 章参照），この問題は EU の東方拡大の文脈のなかで再浮上した。理事会は 2002 年に，新規加盟国は共通農業政策の第 1 の柱について旧加盟国の 25% しか受け取れないと決定した。そこで新規加盟国は，加盟した後でより平等な配分を求めているが，まだ決着を見ていない。もう 1 つの問題点は，支援が大規模事業者や一定の産品の生産者に偏っていることである。この問題は以前から存在していたが，直接支払いへの切り替えによって透明性が増したことで，改めてクローズアップされるようになった。

以上のように，共通農業政策には所得水準の低い中東欧諸国への配分が少ない点など，豊かな地域から貧しい地域への再分配とはいえない面もある。

結束政策

結束政策とは，EU が加盟国・地域間の経済的格差の縮小をめざして，貧しい加盟国や地域の発展のために資金を配分する政策である。その端緒となったのは，1970 年代に創設された地域発展基金（地域政策）であった。88 年には欧州社会基金と欧州農業指導保障基金の指導部門が新たに構造基金規制の下に置かれ，地域発展基金とあわせて「構造政策」と呼ばれるようになった。「結束

政策」は90年代から用いられるようになった用語であり，マーストリヒト条約で合意された結束基金を含むため，概念的に最も広い。

結束政策の発展

　結束政策の発展を促した要因は，2つに大別することができる。第1は，EUの拡大による，加盟国間の経済的な格差の拡大である。第2は，単一市場や経済通貨同盟のような市場形成的政策の実現である。単一市場の形成は，経済発展を促す一方で各国のなかで競争力のない産業（とそれが立地する地域）の衰退につながるし，経済通貨同盟の実現は，加盟国が為替レートの調整によって経済的な均衡を回復する能力を喪失させる。結束政策には，その埋め合わせとしての役割が期待されるわけである。

　1970年代の地域発展基金創設の原動力となったのは，EUの第1次拡大（1973年）と，最初の経済通貨同盟の試みだった。とりわけ国民1人あたりGDPの低いアイルランドや，当時の財政制度のもとで財政貢献額が多額になることが予想されたイギリスが，その是正のために地域政策の発展を強く主張したのである。

　1980年代に入ると，単一市場の実現と地中海拡大が構造政策強化への刺激となった。88年に各国は，93年までに諸基金への資金配分を倍増させることで合意した。この時，加盟国に構造基金を自国の資金の代わりに用いることを禁じる追加原則が明確化され，資金を加盟国政府・地方自治体・欧州委員会のパートナーシップにもとづき管理することなど，一連の条件が設けられた。構造基金の約65%は，最もそれを必要とする地域（1人あたりGDPがEU平均の75%以下）に配分された。

　結束基金はマーストリヒト条約で合意され，地域ではなく1人あたりGDPがEU平均の90%以下の国（ギリシャ・アイルランド・ポルトガル・スペイン）を対象とすることになった。結束基金の条件が構造基金と比較して緩いのは，経済通貨同盟をめざすなかで，公共支出削減の圧力が強いことを考慮したためだといわれている。

　1999年までに，改革の関心は中東欧諸国の加盟にどう備えるかになった。問題は，既存の加盟国に配分額の減額を受け入れさせることと，新規加盟国に

多額の資金受け入れが可能なような制度的条件を整えさせることだった。

2014年度から2020年度までの財政計画で，結束政策の予算は3251億ユーロを上限とすることが定められた。3132億ユーロは「成長と雇用のための投資」のために費やされ，そのうちの1643億ユーロは特に貧しい地域のために用いられる予定である。

▌マルチレベル・ガバナンスか，政府間主義か▐

追加原則やパートナーシップなど，貧しい地域への経済的支援と引き換えに加盟国にさまざまな条件を課した構造政策の枠組みは，欧州委員会のイニシアティブに帰せられることが多い。この点を踏まえて，政治学者のフーグとマークスはEUをマルチレベル・ガバナンスの仕組みとして描き出した（第4章参照）。

しかし最近の研究は，この領域の政策決定がより政府間主義的であることを示している（Wallace et al. 2015：ch. 10）。ポラックによれば，構造政策の枠組みへの支持は，主要国の選好の変化によって説明できるという。地中海拡大によって，独仏英3カ国が受け取る構造資金の額は減少し，フランスもEUの財政に対する貢献国となった。そこでこれらの主要国は，欧州委員会の介入は，資金の主な行き先である貧しい国に対する監視のために必要だと考えるようになった。1991年の結束基金の創設も，政府間主義的な解釈が一般的である。スペインに代表される貧しい国々が，経済通貨同盟への移行という文脈のなかで，追加の補償的政策を求めたのである。

以上のように，共通農業政策も結束政策も，政策形成の方式としては**EU配分方式**と呼ぶのが適切であり，EUの機関よりも各国政府間の交渉に委ねられる側面が強い（第6章参照）。各国は自国の取り分が減る（あるいは負担が増える）改革には極力抵抗するため，現状維持バイアスが生じる。これが，EUにおける市場是正的政策が比較的立ち遅れている原因だと考えられる。

5 ユーロ危機

2009年に発生したギリシャの財政危機は，アイルランドやポルトガル・ス

ペイン・イタリアなどの南欧諸国（関係国の頭文字をとって PIIGS と呼ぶ）にも波及し，ユーロの存続自体が危ぶまれる事態となった。

この国家債務危機はリーマン・ショック以降の世界経済の低迷と不動産バブルの崩壊によって引き起こされた。それがユーロ危機につながったのは，ユーロが抱える構造的問題のために，南北間で深刻な経済格差（リージョナル・インバランスと呼ばれる）が発生しているためである。ユーロのなかで南欧諸国が経済成長を実現する目処が立たないからこそ，その財政赤字が問題視されるのだ。

「対岸の火事」からユーロ危機へ

不動産バブルの崩壊とサブプライム・ローンの焦げつきによって 2007 年にアメリカで金融危機が起こると，当初ヨーロッパ側には，これを金融業に依存するアメリカ型資本主義の失敗だとして，対岸の火事と見る向きもあった。しかし金融危機はやがてヨーロッパにも飛び火する。ヨーロッパの金融機関は，サブプライム・ローンをもとにした証券を大量に購入していたため多額の損失を出した。さらに，イギリスやアイルランド，そしてギリシャやスペインなどの南欧諸国では，アメリカ並みに（あるいはそれ以上）の不動産バブルが起きていたが，これが崩壊した。金融機関に対する多額の資本注入が必要になったことと，不景気によって歳入が落ち込んだことで，ヨーロッパ諸国の財政状況は急激に悪化し，国家債務危機を引き起こした（図7.4）。国債の多くは金融機関によって保有されているため，国債価格の下落により金融機関の財務状況がさらに悪化するという悪循環が起きた。

このようななかギリシャで政権交代が起き，同国が以前から財政赤字の額を過少申告していたことが発覚した。ギリシャ国債の金利は急上昇し，新規の国債発行が不可能になったギリシャ政府は国際的な支援を要請せざるを得なくなった（図7.2〔161 頁〕）。

ユーロの構造的問題

ユーロの制度設計には，各国が規律正しい経済運営を行うよう担保したり，金融危機に対して共同で対処したりするためのメカニズムが欠如していた。

先に述べたように，ユーロに参加すれば，他の参加国に対して為替レートを

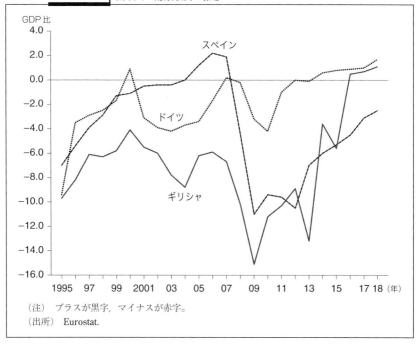

CHART 図7.4 財政収支の推移

GDP比

（注）　プラスが黒字，マイナスが赤字。
（出所）　Eurostat.

下落させ，国際競争力を回復することは不可能になる。ドイツや北欧諸国など
「協調型資本主義」の国々は，労使協調により賃金を抑制し，製品の質で勝負
できるよう高スキルの労働者を育成する制度的な仕組みを有しているため，国
際競争力が高く，このことは大きな問題にはならない（むしろ，他国が為替レー
トを切り下げられないことのメリットが大きい）。しかしそうした仕組みを有さな
いギリシャやスペインなど「南欧型資本主義」の国々にとって問題は深刻であ
る。これらの国では，政府による国内需要の刺激に経済成長が依存し，インフ
レに伴う国際競争力の低下を為替レートの切り下げによって相殺してきた。こ
れが両者の間で経済的な不均衡が生じる原因である（Hall 2012：2018）。

　ドイツが競争力強化のため労働市場の改革を実施する一方，ギリシャをはじ
めとする南欧諸国は，国際競争力が下落し経常収支の状況が悪化するなか，財
政支出の拡大や不動産ブームによって景気を維持し，国際競争力を維持するた
めの構造改革を先送りした。とりわけ，ギリシャは政府の徴税能力の低さから
財政基盤が脆弱であるにもかかわらず，失業対策として実質的な仕事のない

「幽霊公務員」を雇うなど，一時しのぎの政策に終始した（図7.4）。

　南欧諸国が改革を先送りした（できた）理由はいくつかある。財政赤字の上限を定めた「安定と成長」協定は，各国が不況に直面するなか2005年には解釈が変更され，骨抜きになった。ユーロ発足後に北欧諸国の銀行が南欧諸国に対する国債の購入や融資を増やしたため，長期金利が低下して返済負担が軽減し，借金に依存する経済成長を促す形になった。加えて，不動産バブルの破裂に対処するための，EU全体で銀行を監督する仕組みも存在しなかった。

危機勃発当初の対応

　国家債務危機が拡大したのは，危機が発生した当初ユーロ圏諸国の反応が鈍かったことが一因である。早急の課題であったのは，ギリシャをはじめとする各国の国債に対する信用を回復し，国債市場を安定化させることであった。というのは，国債の金利が上昇すると政府の利払い負担が増加するだけでなく，金融機関の財務状況が悪化して政府による追加支援が必要になる，という悪循環が起こるからである。

　しかしながら，EU条約上ユーロ参加国に対する財政支援が明示的に禁止されていることもあり，当初ギリシャ支援の動きは遅々として進まなかった。2010年5月になってようやく，**欧州金融安定化メカニズム**と**欧州金融安定ファシリティ**が設立された。前者は，欧州委員会がEU予算を担保として金融市場で最大600億ユーロまで資金調達し，EU加盟国に対する金融支援を行うものである。後者はユーロ圏諸国が保証する債権を最大4400億ユーロ発行し，経済的危機にあるユーロ参加国を支援することができる。これにIMFが提供する2500億ユーロを加え，総額7500億ユーロ規模のセーフティネットがつくられた（欧州金融安定ファシリティの上限額は翌年に約7800億ユーロにまで引き上げられた）。これを受けて2010年5月にギリシャ，同年11月にはアイルランド，翌年5月にはポルトガルに対する救済案がまとまった。支援と引き換えに，財政赤字の削減や労働市場改革をはじめとする，厳しい構造改革の目標が設定された。他方で黒字国の側は，需要を刺激することで経済回復を促すよう迫られることはなかった。

　2012年10月に，ユーロ圏各国は欧州金融安定化メカニズムと欧州金融安定

ファシリティを恒久化する形で**欧州安定メカニズム**を創設した（ユーロ参加国に対する財政支援を禁じた EU 条約との整合性を持たせるため，EU 枠外の政府間機構という形式をとっている）。金融市場の状況が好転したのは，ECB の新総裁にイタリア出身のドラギが就任したことが大きい。ドラギは「ユーロを守るためならなんでもする」と発言し，2012 年 8 月に欧州中央銀行は無制限の国債買い入れ（Outright Monetary Transactions）を開始した。これは欧州中央銀行が実質的に「最後の貸し手」としての役割を果たすことを意味し，国債市場の状況は沈静化した。

長期的な対策

しかしながら，これらの対策は金融機関が破綻の危機に瀕した場合に政府に与える打撃や，国家債務危機の根本原因を解消するものではない。そこで2012 年にユーロ圏諸国は銀行同盟の設立で合意した。これは，**欧州中央銀行に**ユーロ圏のすべての金融機関の監督権を与える「**単一監督メカニズム**」と，危機の際には迅速に破綻処理を行う「**単一破綻処理メカニズム**」を含んでいる。さらに財務大臣会合は，2013 年 6 月に欧州安定メカニズムが銀行に対して直接融資することを認めた。

国家債務危機の対策として，ドイツが主導する形で 6 パック協定，財政条約，ヨーロピアン・セメスター，2 パック協定等の一連の施策が導入された。このうち 6 パック協定は，安定と成長協定を強化し，経常収支や不動産価格の上昇率などを考慮する，マクロ不均衡を是正するための手続きも創設した。財政協定は，均衡財政を義務づけるルールを加盟国法に明記するよう加盟国に義務づけた。ヨーロピアン・セメスターや 2 パック協定によって，各国の予算や中長期の財政計画に対する審査手続きが強化された。他方，参加国間での財政移転の拡大やユーロ共同債の発行は，ドイツの消極的姿勢もあって実現していない。

ギリシャの不満

IMF やユーロ圏諸国の支援と引き換えに，財政赤字の大幅削減や抜本的な構造改革を求められたギリシャでは支援条件の再交渉を求める声が高まり，2015 年 1 月の総選挙の結果，急進左派勢力を中心とする政権が誕生した。

ギリシャ政府が求めたのは，財政支出削減目標の緩和・債務の減免であり，ユーロから離脱するつもりはなかった。それに対してドイツ側は，国内で反発が予想されることや，半永久的にギリシャや南欧諸国を支援し続けなければならないことに対する恐れなどから，譲歩を拒否した。ドイツのヴォルフガング・ショイブレ財務相は，ギリシャが支援条件を受け入れられないならユーロから離脱すべきと示唆したほどである。結局，ギリシャが債権者側から大きな譲歩を引き出すことはできなかった。

　仮にギリシャがユーロを離脱したらどうなるのだろうか。ギリシャの新通貨は大幅下落することが予想されるため，輸入品の値段が上昇して大インフレになることは避けられず，ユーロ建ての債務返済の負担が増すため，現実的なオプションではないという見方が一般的である。しかし長期的には，通貨切り下げによって国際的な競争力が向上し，観光業にも好影響があるため，経済回復につながるという見方もある。EU にとっては，ギリシャの債務が民間保有から欧州安定メカニズムに移るなど，財政危機が他国に波及するのを防ぐための対策が進んだため，影響はそれほど大きくないという見方が一般的である。ただし，ユーロからの離脱がありうるという先例ができれば，第 2 第 3 のギリシャが出かねない，という危惧も存在する。

┃ユーロ危機が EU ガバナンスに与えた影響

　ユーロ危機に対処するため，ユーロ圏諸国の政府首脳の会合である**ユーロ・サミット**が誕生した。政府首脳は危機管理だけでなく，ユーロ圏のガバナンス一般により大きな役割を果たすようになった。これは，経済通貨同盟の構想が浮上して以来フランスが求めてきた，ユーロ圏の「経済政府」に向けた第一歩と見ることも可能だろう。欧州委員会や ECB といった超国家的な機関も（特に政策執行において）その役割を維持しているが，欧州議会のプレゼンスは低下した。このことを捉えて，ユーロ危機は EU の政府間主義的傾向を強めたと指摘する論者もいる（Fabbrini 2016）。

　ユーロ危機が与えた影響の 2 番目は，赤字国の経済運営に対して EU が広範な介入を行いうるようになったことである。しかしこのような専門家支配（テクノクラシー）の拡大と，各国の民主政治との間で折り合いがつくのか，定か

ではない（Cramme and Hobolt 2015）。ユーロ圏の経済が低迷し，フランスをはじめ各国でEUに批判的な右派ポピュリズム勢力が支持を伸ばすなか，ドイツが主導する通貨の安定や均衡財政・労働市場改革を重視する路線に対する批判が強まっている。

　第3に，ユーロ危機は政府間関係を対等なものから垂直的な支配・被支配の関係へと変化させたと指摘されている。具体的には，ユーロは当初の目的とは裏腹に，ドイツ支配のヨーロッパをつくり出したというのである（田中2016）。

　実際には，現在のユーロ圏がドイツに支配されているとまでいうことはできない。たしかにギリシャに対する厳しい救済案の策定を主導したのはドイツだったが，ECBによる金融政策の決定に関しては，ドラギ総裁の下で開始された無制限の国債買い入れプログラムのように，ドイツが本来望まないような政策も容認することを余儀なくされている。この点では，ユーロ導入によってドイツ連邦銀行が実質的に域内の金融政策を決定していた欧州通貨制度を改革しようとしたフランス政府の狙いはある程度実現したといえる。危機の再発防止策として導入されたユーロ参加国の財政赤字やマクロ不均衡に対する法的コントロールの強化も，財政政策の自立性を維持したい各国の抵抗が強いため，従来の「安定と成長」協定と比較してより高い実効性を持つかどうかは疑問視する向きもある（Wallace et al. 2015: ch. 7）。

 経済的格差の拡大とEU

　ここまでEUの経済統合の進展について説明してきた。本節ではそれがEUの経済的なパフォーマンスに与えた影響について述べる。

「二重の収斂」とユーロ危機

　EUの経済統合は，国民1人あたりGDPなどの経済指標で見て，各加盟国の経済的なパフォーマンスにどのようなインパクトを与えたのだろうか。ユーロ導入以前のEUでは，当初からの加盟国の間で高い水準での経済的な収斂が進む一方，新規に加盟した国々がそれに追いつく形で，**「二重の収斂」**が実現

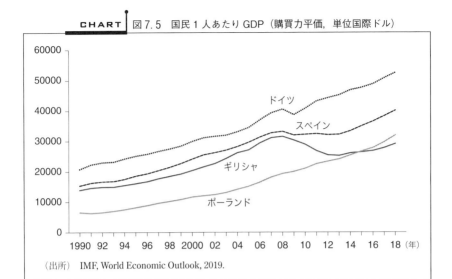

CHART 図7.5 国民 1 人あたり GDP（購買力平価，単位国際ドル）

（出所）　IMF, World Economic Outlook, 2019.

していた。しかしグローバル金融危機後は，各国の経済パフォーマンスに顕著
な乖離が見られる結果，従来の傾向が逆転する状況となっている。

　ドイツを中心とする，製造業が中心の経済構造を持ち物価の安定を優先的な
目標とする北欧諸国と，フランスを中心とする，成長重視である程度のインフ
レを許容する用意のある南欧諸国，それ以外（イギリス）という 3 つのグルー
プのなかで，経済パフォーマンスの落ち込みが顕著なのは南欧諸国であり，ユ
ーロ圏の抱える域内不均衡の問題は明らかである。他方，東方拡大で EU に加
わった東欧諸国は，その国民 1 人あたり GDP が低いことから，その移民が流
入した従来の加盟国との間で軋轢を生んだ。しかし経済危機後，相対的に高い
水準の成長を達成し，旧加盟国との格差は縮小傾向にある（図7.5；詳しくは森
井 2012：第 11 章を参照）。

国内における経済格差の拡大

　経済的な格差は，国家間だけの問題ではない。世界的に見ると，経済の国際
化の影響によって，先進国と途上国の経済格差はむしろ縮小傾向にある一方，
先進国の国内では格差が拡大しているといわれる。

　世界銀行のエコノミストだったミラノビッチによると，1988 年の世界の
人々を，その所得水準に応じて下位から上位まで分類した場合，上位 1％（C）

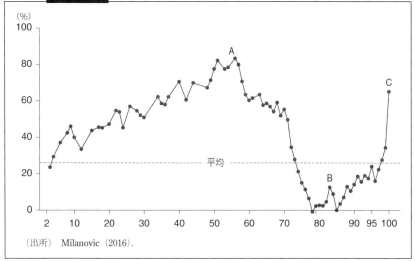

（%）

平均

（出所）　Milanovic（2016）.

と中間値付近の人々（A）は経済の国際化が進んだ過去 20 年間の所得の伸び率が 6 割以上であるのに，上から 15〜30% の人々（B）はほとんど伸びていない（Milanovic 2016）。C に位置するのは主として先進国の超富裕層であり，A に位置するのは，中国やインドなど発展途上国の中間層，そして B に位置するのは，アメリカや日本，多くの EU 加盟国など先進国のなかで所得が下半分の層だ。つまり，金融・投資所得の多い超富裕層（C）が所得を伸ばす一方，製造業に従事する非熟練労働者を中心とする階層（B）の所得が伸び悩んだ結果，先進国の多くで所得格差が拡大しているのである（図7.6）。

　所得の不平等を測定する指標であるジニ係数で見ると，EU 加盟国はアメリカなどと比較して相対的に平等ではあるものの，ユーロ危機後は加盟国の 3 分の 2 で国内の格差が拡大している（Eurofound 2017）。

EU 経済統合とポピュリズム

　このような経済状況に鑑みて，EU の経済統合はその正統性にいかなる影響を与えているだろうか。政治システムの正統性が，民主的正統性と機能的正統性の 2 つに依存することは第 4 章で既に見た。経済は各国の有権者にとって最も重要な関心事の 1 つであり，経済パフォーマンスは EU の機能的正統性を

大きく左右する。近年，EU 加盟国の多くで EU に対して懐疑的な態度をとる**ポピュリズム政党**が支持を拡大している（ポピュリズムについては水島 2016；Mudde and Kaltwasser 2017；Müller 2016）。EU の経済統合は，ポピュリズムの台頭に貢献しているのだろうか。仮にそうだとすれば，EU が正統性を回復するためにはどのような措置が必要だろうか。

　実のところ，経済学者の分析によれば，格差拡大に最大の寄与をなしたのは技術革新に伴うスキルプレミアム（スキルの差による賃金格差）の拡大であり，EU の経済統合も含めたグローバル化は第 2 位の要因にすぎない。この点を留保したうえで，EU が経済格差を是正するためにできることは何だろうか。既に見たように，EU 全体でいえば加盟国間の経済格差は縮小傾向にあるが，ユーロ危機の後遺症から脱却できない南欧諸国の経済パフォーマンスは低迷している。さらなる問題は，加盟国内部での格差の拡大である。前者についていえば，EU が正統性を回復するうえで重要なのは，ユーロの存在が経済成長の妨げになっているという批判に対処することである。そのためには，もっぱら赤字国にデフレ政策をとらせることでマクロ不均衡是正を図る現行の仕組みを改め，ドイツに代表される黒字国の側にも応分の責任を負わせることが必要だろう。後者については，EU 自体の市場是正的政策を拡充するほか，EU の規制が加盟国内における格差是正のメカニズム（福祉国家）を脅かしているという疑念を払拭する必要がある（第 **8** 章参照）。

引用・参考文献 ▌　　　　　　　　　　　　　　　　　　　　　　　　　Reference ●

　アッシュ，ティモシー・ガートン／添谷育志監訳／葛谷彩・池本大輔・鹿島正裕・金田耕一訳（2013）「ヨーロッパのパワーには道徳的な基礎があるか」『ダンシング・ウィズ・ヒストリー——名もなき 10 年のクロニクル』風行社。

　池本大輔（2016）「アラン・ミルワード再考」『明治学院大学法学研究』第 101 号，71-91頁。

　遠藤乾（2016）『欧州複合危機——苦悶する EU，揺れる世界』中央公論新社。

　田中素香（2016）『ユーロ危機とギリシャ反乱』岩波書店。

　水島治郎（2016）『ポピュリズムとは何か——民主主義の敵か，改革の希望か』中央公論新社。

　森井裕一編（2012）『ヨーロッパの政治経済・入門』有斐閣。

　Beramendi, Pablo, Silja Häusermann, Herbert Kitschelt and Hanspeter Kriesi（2015）*The*

Politics of Advanced Capitalism, Cambridge University Press.

Cini, Michelle and Nieves Pérez-Solórzano Borragán eds.（2016）*European Union Politics*, 5th edition, Oxford University Press.

Cramme, Olaf and Sara B. Hobolt eds.（2015）*Democratic Politics in a European Union under Stress*, Oxford: Oxford University Press.

Eurofound（2017）*Income Inequalities and Employment Patterns in Europe Before and After the Great Recession*, Publications Office of the European Union.

Fabbrini, Sergio（2016）"From Consensus to Domination: The Intergovernmental Union in a Crisis Situation," *Journal of European Integration*, 38（5）, 587–599.

Hall, Peter A.（2012）"The Economics and Politics of the Euro Crisis," *German Politics*, 21（4）, 355–371.

Hall, Peter A.（2018）"Varieties of Capitalism in Light of the Euro Crisis," *Journal of European Public Policy*, 25（1）, 7–30.

Hall, Peter A. and David Soskice eds.（2001）*Varieties of Capitalism: The Institutional Foundations of Comparative Advantage*, Oxford University Press.

Hooghe, Liesbet and Gary Marks（2001）*Multi-Level Governance and European Integration*, Rowman & Littlefield.

Inglehart, Ronald and Pippa Norris（2016）"Trump, Brexit, and the Rise of Populism: Economic Have-Nots and Cultural Backlash," HKS Faculty Research Working Paper Series.

Milanovic, Branko（2016）*Global Inequality: A New Approach for the Age of Globalization*, Belknap Press of Harvard University Press.

Milward, Alan（2000）*The European Rescue of the Nation-State*, 2nd edition, Routledge.

Mudde, Cas and Cristóbal Rovira Kaltwasser（2017）*Populism: A Very Short Introduction*, Oxford University Press.

Müller, Jan-Werner（2016）*What Is Populism?*, University of Pennsylvania Press.

Scharpf, Fritz W.（1999）*Governing in Europe: Effective and Democratic?*, Oxford University Press.

Wallace, Helen, Mark A. Pollack, and Alasdair R. Young eds.（2015）*Policy-Making in the European Union*, 7th edition, Oxford University Press.

第**8**章

EU の社会・移民政策

統合による境界の変容

シリアから難民として逃れてきた女性との写真撮影に応じるアンゲラ・メルケル独首相。2017 年の連邦議会選挙に先立つ選挙キャンペーンでの一幕。（写真：時事通信フォト）

はじめに

　ヨーロッパ統合は国民国家の境界線をさまざまな形で変容させている。経済分野での統合は商品や通貨の流通の境界が各国からヨーロッパへ移行した分野の典型例である（第 **7** 章参照）。それらと並び，統合を誰の目にも可視的な現象としているのが人の移動の次元である。今日 EU 加盟国の多くとアイスラン

ド・ノルウェーなどいくつかの非加盟国によりシェンゲン圏が形成され，域内での国境検査は原則的に撤廃されている。さらに EU 加盟国の国民には，EU 市民権を通じて他の加盟国へ移動・居住する自由が認められ，国境の意味はかつてとは大きく異なっている。そして域内での人の自由移動は，その他の領域にも影響を及ぼす。新機能主義の理論（第 4 章参照）が予測するように，例えば人の自由移動を実現するためには域内で移動する人々の労働環境や社会保障について共通のルールをつくる社会政策が不可欠であるし，域内の自由移動を保障するためには域外から入る人々の入国基準や権利について共通の基準を定める移民政策が必要となる。本章で解説する EU の 2 つの政策領域は，いずれも共通市場形成と密接に結びつき，発展が促されたことが 1 つの共通項として指摘できる。しかし福祉国家や移民に関わる国家の権限が一足飛びに EU へ移し替えられたわけではない。いずれの政策領域であれ，EU 規模で単一の政策を実現するというより，EU と国家，あるいはさらに地方や自治体を含めた複数のレベルが折り重なる「多層的な統治（マルチレベル・ガバナンス）」が生み出されているのが現状である。

　本章では社会政策と移民政策という 2 つの政策を通して，ヨーロッパ統合がどの程度各国の政策に影響を与え，どのような課題を生んでいるかを論じる。現在，1500 万人以上の外国籍市民が EU 内で雇用され，これは全雇用の 7% に値する。その内 660 万人が EU 市民，860 万人が EU 域外出身のいわゆる第三国出身移民だという（2012 年時点）。それだけの規模の人の移動は果たしてどのような影響を EU 内の諸国・社会へ及ぼすのだろうか。以下では，第 1，2 節で EU の社会，移民政策の歴史と現状を概観し，第 3 節では両政策の共通項である人の移動に注目し，両政策分野で生じている近年の課題について考察する。

1　EU における社会政策の発展

┃ EU 社会政策の輪郭 ┃

　1957 年 EEC 条約に調印した諸国は，社会政策を加盟国の排他的な権限領域

と考えていたという。ローマ条約は前文で「ヨーロッパ人の生活・労働環境の恒常的な改善」という目的に触れていたものの，その中核はあくまで共通市場の創設に置かれており，社会政策は248条の条文中わずか12条により定められたにすぎなかった（EEC条約117〜128条）。そこでは雇用・労働立法・社会保障等の分野での協調促進という目標が掲げられたものの，そのために共同体に与えられた権限は意見の公表・諮問の実施などに限定され，共同体が主体となって政策を推進することは想定されていなかった。しばしば戦後の国際政治経済体制は国際的な自由貿易体制と国内的な福祉国家という分業にもとづく「埋め込まれた自由主義」であったとされるが，EECも同様の前提を共有していたのである。

　しかし，それから60年以上が経過した今日，EEC創設者たちの予想とは大きく異なる状況が生まれている。EUは既に社会保障・雇用へのアクセスにおける平等処遇や，各国社会保障制度間を調整し給付金を他国へ持ち出すことを可能とする法体系を発展させている。保健の分野では患者やサービス提供者の他国への移動を認め，雇用政策や社会的包摂の促進，また各国年金改革の促進等の分野にも影響を及ぼしており，EUは社会政策のほぼすべての分野へ関与するようになっている。

　他方で，これはEUが各国の福祉国家を単一のEU福祉国家に置き換えたことを意味しない。EUの官僚機構や財政の規模は非常に限られたものであり，実際の政策実施に必要な財源や行政機構は依然として加盟国が握っている。このため一見，各国の福祉国家には大きな変化が生じていないようにも思われるが，それも実態とは異なる。EUの社会政策は種々の規制を通じて加盟国の労働法や社会保障制度へ影響を与え，加盟国の福祉がどのように提供されるべきかについての外枠を課す役割を果たしているのである。結果，欧州ではEUと国家の双方を構成要素とする多層的統治が出現している。

EU社会政策の歴史

　それではEUの社会政策はどのように発展してきたのであろうか。実のところ，先に述べた統合的市場政策と国内的社会政策との分業を最初に突き崩したのは，共同体の社会政策ではなく，労働者の自由移動に関する権限であった

（EEC 条約 48～51 条）。これらの条項が労働者の雇用・報酬・労働条件での外国人差別を禁止し，自由移動に必要な社会保障の枠組み形成の権限を閣僚理事会に与えたことで，国境を越えた社会保障の調整が進められることとなった。1960 年代に EC 加盟国民の雇用における差別や自由移動・居住に関する制限を撤廃する規則や指令が採択され，1971 年には EC 内の労働者自由移動を実現するため，EC 域内での社会保障の積算や，国民と EC 加盟国民の平等，給付のポータビリティが確認される（規則 1408/71/EEC，574/72/EEC（詳細は後述））。その後 1972 年のパリ・サミットでは共同体の目的として生活の水準および質の向上が掲げられ，これを受けて 74 年に閣僚理事会が「社会行動プログラム」を採択したことで，男女平等や労働条件の領域でいくつかの立法へとつながっている。

　ところがその後，石油危機に起因する長期的な景気後退や相次ぐ統合拡大の影響から，1980 年代に至るまで社会政策の統合は停滞期へ入る。87 年に発効した単一欧州議定書においても市場統合へ「社会的次元」を付与すべきかどうかは未だ論争的で，大きな権限拡大はなされなかった。唯一の例外は労働者の保健・安全につき特定多数決制の導入が定められた点である（118a 条）。1993 年発効のマーストリヒト条約においてもイギリスの強い反対により社会政策に関する合意は達成できず，他の 11 カ国による合意内容は，条約本体ではなく，社会政策議定書とともに条約に付された。当該議定書はイギリス以外の諸国に EU の枠組みを用いて合意内容の達成をめざすことを許すとともに，イギリスには合意からの適用除外を認めるものであった。

　この社会政策における分断状況が解消され，EU の役割が大きく拡大する画期となったのが 1999 年発効の**アムステルダム条約**である。その進展はさまざまな側面に見ることができる。第 1 にイギリスの適用除外の解消と EU の政策権限の拡大である。社会政策の進展に強硬に反対していた保守党政権が総選挙で敗北し労働党が政権を握ると，イギリスはそれまでの適用除外を解き，先の政策合意が条約へ包摂されることとなった。第 2 に雇用の章が新設され，各国の雇用政策の協調が行われることとなった。これは後に「**開かれた調整方式**（open method of coordination：OMC）」（第 **6** 章参照）と呼ばれる新たなガバナンス方式を生み出すことへつながり，現在では EU の他の領域でも活用される

ようになっている。第3に反差別に関する条文（13条）が挿入された点も大きな進展であった。これにより，2000年代に入ると人種，性別，エスニックな出自，信教障がい，年齢，性的志向にもとづく差別を禁止する諸指令が採択され，近年では判例法も蓄積されている。

その後リスボン条約ではEU基本権憲章が条約に包摂され，また他のいかなる分野の政策であれ社会政策の要請を考慮すべきとする水平的社会政策条項が導入されているが，その影響はまだ明確ではない。

EUの社会立法の進展──積極的統合の側面

続いて個々の政策内容をもう少し具体的に概観しよう。社会政策にはさまざまな下位領域があるが，そのなかでもEUレベルでの立法が比較的厚く展開されているのが，①平等，②労働条件，③職場での保健・安全という3つの領域である。

①平等政策の領域では，現在では両性の賃金平等や同一労働同一賃金，法定の社会保障上の性差別の禁止などがEUによって保障され，上述のとおり2000年代に入ってからは性別以外の理由による反差別法も展開されている。男女平等は，当初からEEC条約に男女の賃金平等原則が書き込まれていたため，相対的に統合が進みやすい領域であった（EEC条約119条〔現行TFEU157条〕）。しかし統合の初期に男女の賃金平等が即座に達成されたかといえばそうではない。当時はすべての加盟国で女性の賃金は男性を大きく下回り，また加盟国は何をもって同一労働とするかをめぐり論争を続けていた。このため当初1961年までに実施すると定められていた賃金の男女平等は延期を繰り返し，75年に平等賃金指令（75/117/EC）が採択されるまで決着は先延ばしとなったのである。

その後男女平等を大きく進展させたのは欧州司法裁判所（ECJ）の提出した一連の判決である。なかでも最大の画期となったのはドゥフレンヌ第2事件（Case 43/75）であった。ベルギー・サベナ航空の客室乗務員であったドゥフレンヌは，男女で義務的定年年齢が異なる（男性55歳，女性40歳であった）ことを賃金平等に反するとして訴えを起こしたのである。これに対しECJは119条が国内でも直接効を有すると判示した。これ以上の保護を規定した国内法が

存在していなかった当時，すべての加盟国民が直接にこの法律へ依拠できるようになったため，その影響力は巨大であった。そしていったん賃金平等の原則が打ち立てられると，その後の立法は加速された。1975年から86年にかけ，同原則に関わる5つの指令が採択され，社会保障の面でも制度へのアクセス，掛け金，給付等の面での差別が禁止されたのである。このことは特に男性が労働し家計を支える男性稼得者型の家族像を前提としていた大陸型福祉国家に対し圧力を生んだとされる（福祉国家の類型についてはエスピン-アンデルセン2001）。

　1970年代の後半には，②労働条件について例えば集団的解雇，企業移転，企業倒産の場合の労働者保護について指令が採択されており，男女平等の文脈から76年に採択された平等待遇指令も，雇用・職業訓練，昇進，労働条件等を規定した。その後，80年代後半に単一欧州議定書が採択されると③職場の保健・安全の領域で特定多数決を用いることが可能となる。これにより90年代初頭には妊娠した労働者の安全，若年労働者の安全，労働時間に関する3つの指令がイギリスの反対にもかかわらず採択されている。例えば妊娠労働者については出産に影響を及ぼす危険物質からの保護や労働時間等の規制のほか，14週間の産休取得の権利，解雇からの保護，診察のための休暇取得の権利等が定められ，労働時間指令では平均週48時間の最長労働時間規制や，24時間中で最低11時間の連続した休息の必要等，さまざまな側面で労働者保護が確保された。90年代後半には，社会政策議定書を背景として②の領域でパートタイムや有期雇用等のさまざまなタイプの労働者についても指令が採択され，常用労働者からの差別禁止が定められている。

　以上のようにEUでは漸進的ながらさまざまな立法を通じてEU共通の政策を定める積極的統合が進展し，市場の悪影響から人々を保護する市場緩和の役割を果たしてきた。他方で，これらの政策の射程は国内の社会政策に比べれば未だに限定的で，各国の福祉国家を置き換えるようなものではない。EUが各国の福祉国家へ与えている影響を捉えるには，上記のような立法の進展に加え，市場統合がもたらした意図せざる進展に目を向ける必要がある。

▌市場統合を通じた政策進展──消極的統合の側面▐

　たび重なる条約変更によるEUの権限拡大やそれにもとづく積極的な社会政

策の推進の陰で，市場統合は各国の社会政策にさまざまな制約を加えるように
もなっている。その代表的な事例として①社会保障の調和化と②医療・保健政
策における変化を取り上げる。

　①社会保障の調和化が，統合の初期から共通市場形成の一環として進められ，
1971 年に採択された規則 1408/71 によって一定の完成を見たことは先に述べ
たとおりである。その際，労働者の自由移動のために確認された原則はおよそ
次の 3 点であった。(1)EC 加盟国の労働者は EC 内のどの国でも，その国の国
民と同等の条件で職を得られること（国民と EC 加盟国民の平等），(2)EC 加盟国
の労働者はどの国でも社会保障上の保険・雇用・居住期間を通算できること
(EC 域内での積算)，(3)EC 加盟国の労働者はどの国でも社会保障給付を受け取
れること（給付のポータビリティ）。裏を返せば，国家は法定の社会保障給付の
対象を自国の国民に限定できず，また領域的にも社会保障の権利や給付を自国
内に限定することはできなくなったのである。

　その後 2004 年には規則が新たに置き換えられ（規則 883/2004），適用範囲が
社会保障に加入するすべての経済的に活動していない人々やその家族へ拡大さ
れ，対象となる給付も退職前給付等が追加された。これは統合とともに自由移
動の主体が拡大したことを受けたものである。1990 年代初頭には退職者や学
生など労働者以外の人々へ自由移動の権利が拡大されていたが，2004 年には
EU 市民一般の自由移動について詳細が定められた（指令 38/2004）。同指令で
は EU 市民への社会扶助について，出身国以外の加盟国に滞在して 3 カ月以下
の EU 市民へは給付を義務づけられないとし，3 カ月以上の居住には経済活動
を行っているか，受入れ国にとって「不合理な負担」とならぬために十分な資
力を有することが条件とされた。そのうえで 5 年以上居住した EU 市民は定住
権を獲得し，もはや「十分な資力」の条件は適用されなくなる。こうして現在
では自由移動の主体は労働者を越えて EU 市民へと拡大し，国家が社会保障の
境界をコントロールすることはますます困難となっている。

　さらに，市場統合の影響が当初は予測されなかった形で可視的となっている
分野として②医療・保健政策の分野が挙げられる。ここでは特に，患者の国際
的な移動が引き起こした各国制度への影響を取り上げてみよう。患者の国際的
な移動がもたらした影響とは何か。それは医療費の償還の問題である。もとも

と各国の保健サービスは誰にでも医療を提供していたが，規則1408/71が定める(1)緊急の場合，または(2)事前許可を得ている場合以外には，他国から来た人々へ医療費の償還は行われていなかった。ところが90年代半ば以降，移動して治療を受ける人々に対する医療費償還がECJによって認められたため，各国の保健政策の分野にEUの影響が及ぶようになったのである。

　その嚆矢となったのがデッカー事件（Case 120/95）とコール事件（Case 158/96）であった。前者はルクセンブルクの市民であったデッカーがベルギーで眼鏡を処方されて購入した事例であり，後者は同じくルクセンブルク市民であったコールがドイツで歯科治療を受けた事例である。いずれも事前許可を得ていなかったため，ルクセンブルクの疾病保険は償還を拒否したが，これらの事件でECJはサービス提供の自由（それには提供者が他国でサービスを提供する自由と，患者が社会政策の消費者として他国のサービスを購入する自由の双方が含まれる）を理由として償還の必要を認めた。そうでなければ，各国民は国内のサービスのみしか受けられず，他国のサービス提供者は差別されてしまうと判示したのである。これは単一市場の形成が各国の福祉国家を動揺させることを潜在的に認めかねない判決であった。この論理に従って人々が自由に他国で医療・保健サービスを受けるようになれば，各国の連帯に依拠するはずの保健制度は他国での治療に対しても費用を償還しなければならなくなるし，また各国の保健制度は他国の保健制度と潜在的な競争関係に置かれることになるためである。

　この予期せぬ統合の進展に加盟国は共通政策の形成に着手し，6年がかりで保健指令（2011/24/EU）の採択に漕ぎつけた。そして同指令によりEU市民が他の加盟国で治療を受けられること，ただし入院治療には事前許可が必要なこと，医療費はサービス提供国でなく患者の社会保障加入国の制度が支払うこと等の原則が明示された。加盟国は裁判所によってもたらされる意図せざる統合の進展を前に，患者の国際移動と加盟国による保健サービスのコントロールとを両立させる必要に迫られたのである。

　以上の2つの領域では，いずれも消極的統合の進展がEUでの社会政策の進展を促した。そこでは決してEUで単一の社会保障制度や健康保健制度がつくられたわけではないが，前者の場合には人の移動が諸国の社会保障の調和化を促した一方，後者の場合には人の移動が諸国の福祉国家を揺るがしかねない影

響を与え，新たに加盟諸国の制度を規定する枠組みの制定を EU レベルで促した。いずれにしても，もはや各国は自国のみで社会保障や保健サービスを完結させることはできなくなっている。

┃ EU 社会政策の新しい潮流——新しいガバナンス

　市場統合の進展は，やや逆説的ながら EU の雇用政策の発展にもモーメントを与えた。なぜならアムステルダム条約で雇用政策が新設されたことは，市場統合や経済通貨同盟が雇用へ悪影響をもたらしかねないとの懸念に対し EU が応答した結果であったためだ。これにつながる重要なイニシアティブとなったのは，1993 年に欧州委員会が提出した『成長，競争力，雇用に関する白書』，いわゆる『ドロール白書』である。欧州委員会はこの白書のなかで教育や職業訓練の改善，労働市場の柔軟化，非賃金労働コストの削減等を唱えた。その後94 年のエッセン欧州理事会では雇用政策分野での各国間の協調が開始されている。90 年代半ばに多数の加盟国で社会民主主義政党が政権参加したことも雇用政策創設への追い風となった（TFEU145～150 条）。これらを受け，アムステルダム条約で雇用政策が EU と加盟国共通の関心事として位置づけられ，「熟練し，訓練され，適応力の高い労働力と経済的変化に応答的な労働市場の発展を通じて高い雇用を実現すること」が目標として設定されるとともに，同年のルクセンブルク欧州理事会で**欧州雇用戦略**（EES）の実施が決定され，基準設定，相互的な監視，ベスト・プラクティスの拡散等を通して機能する新たな多国間協調のメカニズムが導入されたのである。2000 年のリスボン欧州理事会で打ち出されたリスボン戦略も EES の発展に貢献した。同戦略は競争力の向上とともに欧州社会モデルの現代化や完全雇用の達成を目標に掲げ，EESはその中核に位置づけられたのである。このとき OMC が政策手法として定式化された点も社会政策の進展にとって重要であった（OMC については第 **6** 章参照）。2001 年にはこれを受ける形で年金政策協調や社会的包摂，教育政策といった領域へ OMC が拡張されており，この定式化は従来協調が困難であったさまざまな領域で EU が役割を果たす余地を開いたといえる。

　しかし，その華々しい船出の後に EES はたびたびの制度変更にさらされた。2005 年にリスボン戦略の中間評価が行われ成果の不十分さが指摘されると，

EES の目標はより広範なマクロ経済目標のなかに統合され，1 年ごとに行われ
ていた政策調整のサイクルも 3 年間のサイクルへと組み込まれた。さらに
2010 年にリスボン戦略が新たな成長戦略 Europe 2020 へと置き換えられる
と，社会政策の OMC は改めて**ヨーロピアン・セメスター**という年度ごとの加
盟国の財政調整のシステムへ組み込まれている。これは各国の財政均衡を確保
するための OMC ともいうべきメカニズムであるが，ヨーロピアン・セメスタ
ーの採用は社会政策を従来よりもいっそう経済の要請に従属させることになる
との危惧も強い。

　こうして当初の権限は非常に限られたものであったにもかかわらず，EU の
社会政策はさまざまな経路でその領域を拡大してきた。その発展は不均等でパ
ッチワーク的であり，時に加盟国にとって意図せざるものでありながら，いつ
の間にか社会政策のほとんどの側面に EU は権限を持つようになっているので
ある。

　EU における移民政策の発展

┃ EU 移民政策の歴史 ┃

　前節で見たように，EU の社会政策は EU 域内での市場統合や人の自由移動
と深く結びつきながら発展してきた。それでは EU 域外からの移民に対して
EU はどのような政策を打ち出し，それらはどのように発展してきたのだろう
か。本節では EU の移民政策の展開について概観したうえで，EU 市民と EU
域外からの移民への政策の相違を整理したい。

　EU の移民政策について，その起点をどの時点に求めるかは難しい問題であ
るが，そもそも共同体で域外からの労働者の処遇が政策課題として認識される
のは 1960 年代末のことであったといえる。第 2 次世界大戦後，フランス，西
ドイツ，ベネルクス諸国はいずれも甚だしい人手不足のなか，当初は自らの植
民地やイタリアを中心とする南欧諸国から外国人労働力を受け入れていた。
EEC 条約ではイタリアの要請に応じて域内出身労働者の自由移動が法制化さ
れていた一方，域外出身移民については EEC の権限外とされていたが，この

間はそれほど問題とならなかった。しかし1960年代に入ると，高度成長のなかでEEC諸国はトルコやモロッコ等，域外からの移民受入れを本格化させる。加えてこの頃までに域内出身移民の法制度が整いつつあったことから，域外出身移民をどのように扱うのかという問題が欧州委員会で次第に意識されるようになったのである。しかし，この時点では移民政策をあくまで各国の権限と考える加盟国との温度差は大きく，未だ「共同体の移民政策」はEEC内のアイデアにとどまっていた。

　例えば，欧州委員会は1973年の社会行動計画で第三国（域外国）出身労働者の労働・生活条件の平等や第三国に対する移民政策の共通化などを提案していたが，これらは加盟国にほとんど黙殺された。その後85年にも欧州委員会は「共同体の移民政策ガイドライン」を提出し，域内出身労働者の権利拡張，出身の域外・域内を問わないすべての移民への「労働・生活条件の平等」という目標を掲げ，加盟国へ移民政策の協議を求める決定を行うが，この一方的要請に対する加盟国の反感は大きく，ドイツ，フランス，オランダ，イギリス，デンマークの5カ国は主権侵害を理由としてECJへ提訴を行った。そして欧州司法裁判所は，第三国への移民政策も共同体の社会政策に含まれるとしつつも，委員会の決定は手続き的にその権限を越えており無効であると判決している。

　その結果，1985年に原加盟6カ国によって調印された**シェンゲン協定**が，それ自体はECの枠組み外の協定であったにもかかわらず，以後の政策協調の「実験室」の役割を果たすこととなった。第1次シェンゲン協定は直接には参加国間の国境検問の廃止をめざすものであったが，各国は域内自由移動の実現のために外囲国境をどのように管理するか，政策の共通化を念頭に置くようになったのである。

　その後1992年に調印されたマーストリヒト条約で移民・難民政策は第3の柱，司法・内務協力の枠組みへ組み込まれたが，依然として政府間主義が協調の基調とされ，EUの権限は弱いままであった。この状況が変化する契機となったのは，99年のアムステルダム条約発効である。アムステルダム条約では「自由・安全・正義の領域（AFSJ）」の創設が謳われ，移民・難民政策が第1の柱へ編入されるとともに，シェンゲン協定（いわゆるシェンゲン・アキ）も条約内へと取り込まれた。第1の柱編入後の5年間は移行期間としてEU諸機関の

権限が引き続き著しく制限され，閣僚理事会でも全会一致が維持されたため制度的な変化は大きくなかったものの，90年代半ばから社会民主主義政党主導の政府が諸国で誕生し，移民政策に前向きな姿勢を見せていた。

　とりわけ，条約発効に続き開かれたタンペレ欧州理事会では各国首脳は第三国出身移民の公正処遇を共通移民政策の目的として掲げ，「精力的な統合政策によって加盟国領域内へ合法的に居住する者へEU市民と同等程度の権利を付与すべき」との野心的な宣言を行ったため，アムステルダム条約とタンペレ宣言はその後の移民統合政策の発展へ多大な期待をもたらしたのである。その後，2001年の9.11事件を契機として再び移民政策への各国の姿勢は硬化していったものの，他方で上述の移行期間の後には合法移民に関する政策以外で欧州議会との共同決定，および閣僚理事会での特定多数決が用いられるようになり，さらに2009年にリスボン条約が発効すると，移民統合を除くすべての分野へ通常決定手続きの使用が拡大され，現在までにEUの権限は大きく拡大したといえる。

EU移民・難民政策の諸領域

　次にEUの移民・難民政策の内容を簡単に概観していこう。EUの移民・難民政策の政策領域として，主に①国境管理，②不法移民対策，③庇護政策，④合法移民が挙げられる。

　①国境管理に関わる政策はEUでいち早く協調が進展した分野であった。例えば1995年にはEU加盟国が発行するビザのフォーマットの統一がなされ，2001年にはEU域外からシェンゲン圏内へ入る際にビザが必要となる国の共通リストが策定されている。その後シェンゲン圏の外囲国境における国境検査基準等（シェンゲン・コード，2006年）の策定や，ビザ申請者の指紋情報等を保管するビザ情報システム（2009年），ビザ発給の手続き・要件を定めたEUビザ・コードの策定（2009年）など着々と共通化が進んでいる。外囲国境の監視においても欧州対外国境管理協力機関（Frontex）が2004年から稼働し加盟国間の協調を促していたが，これも2016年に欧州国境沿岸警備隊へと格上げがなされている。

　国境管理と並び早期から共通化が進んだのが，②不法移民対策である。1999

年に欧州警察機構（EUROPOL）が本格的に稼働すると加盟国の警察協力を支援する体制が出来上がり，また加盟国による国外追放決定の相互承認（2001年）や，不法移民送還の際の共同での航空機輸送（2004年）等，実際的な協力が進められた。また2008年には不法移民の送還に関して共通のルールを定めた「送還指令」が採択されている。加えて近年EUはさまざまな国と再入国協定を締結することで，不法移民を送還した際の受入れを確保している。

　以上のようにシェンゲン圏の創設に伴う域外国境管理や不法移民政策が比較的スムースに進展したのに対し，③庇護政策や④合法移民の分野では加盟国の抵抗から共通政策の採択は難航した（Lavenex and Wallace 2005）。③の庇護政策では1999年以来EUは共通欧州庇護システム（CEAS）の建設に取り組み，2000年代の前半期までに庇護手続き・受入れ環境・難民認定基準等に関して基準作成が進められた。なかでも共通庇護システムの背骨ともいえる原理を定めたのが，1990年のダブリン協定を置き換えた「**ダブリンⅡ規則**」（2003年）であり，ある特定国のビザを保持しているか，家族が先にEU内へ入っている等の事情がある場合を除いて「最初の入域国」で庇護申請を行うことを定めている。これはシェンゲン圏が創設された際に，庇護希望者が域内滞在のために申請を繰り返したり，より良い条件を求めて移動する「庇護ショッピング」を行ったりすることが懸念されたため，これを防ぐ意味があったのである。しかし，庇護手続きや難民認定基準に関する指令などは2004年の東方拡大，および第1の柱編入後の移行期間の終了を前に，ようやく妥結されるという形となった。その後もCEASがいったん出来上がったとはいえ各国の実際的な庇護審査には依然大きな相違が残され（Toshkov and de Haan 2013），2006年以降にはより緊密な政策協調のために再度の見直しが図られる。これを受けた指令や規則の改訂も行われていたが，それでも2015年からの難民危機ではその欠陥が改めて浮き彫りにされた。

　④合法移民に関する共通政策も進展が難航した分野である。アムステルダム条約以降，最初に進展した合法移民に関する政策協調としては家族再結合指令（2003年）とEU長期居住者指令（2003年）が挙げられる（Roos 2013）。前者は第三国出身移民へ家族呼び寄せの権利を与える指令であり，後者は5年以上にわたり加盟国に居住する第三国出身移民へEU長期居住者の地位とそれに付随

するさまざまな権利を付与する指令である。いずれの指令もタンペレ宣言に示された第三国出身移民の公正処遇，EU市民とほぼ同等の権利付与といった目標に言及し，移民の権利拡大がめざされたが，これらはただちに理事会の抵抗に遭遇した。

　特に後者は長期居住者へ雇用・教育・社会保障・社会扶助・住宅など広範な分野で加盟国民との平等を認め，さらにEU市民と類似の移動の自由を移民へ拡張しようとした野心的な試みであり，出生や血統ではなく居住にもとづいたポストナショナルな市民権をある程度実現する試みであったといえる。しかし理事会での交渉のなかで社会保障・扶助の権利の限定や，地位取得に先んじた統合の要求（多くは一定水準以上の言語能力・加盟国に関する知識習得が要件とされる），他国への移動の権利についても労働市場の状況等を理由とする受入れ国側の裁量が残された。地位の付与，権利，他国への移動の諸側面で注意深く加盟国の主権が残されたのである。

　また，2001年に提出された労働移民に関する指令は加盟国の強い抵抗に遭い，採択そのものに失敗した。加盟国の抵抗の背景には石油ショック前後から国内で失業率が高止まりし，労働移民を各国の権限にとどめようとする意図があった。このため委員会は後に指令を高度技能移民，季節労働者，企業内転勤者やそれ以外の労働者といったさまざまなタイプの労働者に分割し別々に採択を図った。ブルーカード指令の通称で知られる高度技能移民に関する指令（2009年）を皮切りに，それらが一通り採択されたのは2014年のことである。そのなかには望ましい移民を選択的に受け入れようとする加盟国の政策潮流が反映され，高度技能移民には比較的権利面での優遇が見られる一方，特定のカテゴリーに入らない労働者一般に付与される権利は最小限のものとなっている。このような労働移民の地位の細分化は，次に述べる権利の階層化を生み出す一因となったといえるだろう。

　こうしてEUはたびたびの挫折を経験しながらも徐々に政策協調を進展させてきた。その原動力となったのはシェンゲン圏に由来する域内の人の自由移動であり，これは域内での不法移民対策や域外国境の管理を各国共通の関心事とすることにつながった（岡部2016）。とはいえ長らく政策協調の中心にあったのは加盟国であり，共通政策の進展にもその利害が反映されている。経済的な

危機が長引いたことや反移民を唱えるポピュリズム勢力の伸張，2015 年以降の難民危機などから，現在のところ EU 諸国は共通移民政策には慎重である。しかし，現在までに移民・難民に関する政策も範囲としては概ねカバーされるようになり，リスボン条約以降は EU 諸機関の権限も大きく拡大された。現在までその影響はさほど顕著ではないものの，EU の移民政策の展開には引き続き注目が必要であろう。

▌EU 市民と移民の権利──境界の階層化▐

このように 2014 年までにさまざまな類型の移民の地位を認める条件や付与される権利が出揃った。そこでは地位によって得られる権利が大きく異なっており，EU 域外からの移民のカテゴリー化と権利の階層化が見て取れる（Permoser 2011；Morris 2002）。本項では域内で移動する EU 市民と，長期居住者や高度技能移民などの移民が保障される権利にどのような差があるのか，一般性が比較的に高いと思われる移民の類型を取り上げて簡単に整理しておこう（表8.1）。

合法移民のなかで最も保護が薄いのが，特定のカテゴリーに入らない労働移民（表 8.1 の一番右の列）であり，高度技能移民や長期居住者にはより手厚い権利が与えられている。しかし相対的に手厚い権利保障を受けている長期居住者であっても，EU 市民の権利と比較すると限定つきの権利が多いことが見て取れるであろう。

ここでは社会政策との関わりから EU 域内の他加盟国への移動の権利と社会保障・社会扶助の権利について付言しよう。シェンゲン圏のなかでは，3 カ月以下の移動・滞在は合法的に滞在する誰に対しても開かれている。これに対し3 カ月以上の滞在・居住については EU 市民と第三国出身移民との間には原理的な壁がある。EU 市民が原則的に他の加盟国への居住の権利を有し，他国への移動の際には「登録」を行うのに対し，通常の労働移民にはその権利が認められず，たとえ高度技能移民や長期居住者等の比較的権利面で優遇される地位を有している場合でも居住許可の「申請」を行う必要がある。そしてこれらの第三国出身移民の申請については，どちらの地位にもとづく場合であれ，各国は労働市場の状況を理由にこれを拒否することが可能である（労働市場テスト）。

	EU市民	第三国出身移民		
		長期居住者 （5年以上の居住）	高度技能移民	その他の労働移民
第三国への移動	○	○（条件付）	○（条件付）	×
追放からの保護	◎手厚い保護	○保護	△部分的	×定めなし
家族結合の権利	○（拡大的・尊属含む）	○（核家族） ※拡大可能	○（核家族） ※拡大可能	○（核家族） ※拡大可能
労働市場へのアクセス	○	○※特定の職を国民・EU市民へ制限可能	△（待機期間2年）※制限可	×
奨学金・教育ローン	○※居住5年以下かつ経済的活動なしの場合制限可能	○	△※制限可能	△※制限可能
社会保障	○	○	○	○※6カ月以下の就労では制限可能
社会扶助・給付	○※居住3カ月以下，または経済活動なしの場合は制限可能	○※中核給付へ制限可能	×	×
住宅	○	○	△※制限可能	△※制限可能

（注）　※は加盟国の裁量によって変更が可能なもの。移民の地位は学生や研究者，季節労働者，企業内移転労働者などがそれぞれ個別にEU法で定められ，またEU市民や高度技能移民など，それぞれの地位について家族の地位・権利が派生する場合もある。居住年数によって権利が異なる場合も存在するため，ここで掲げる表はあくまで簡略化されたものである点に注意。
（出所）　筆者作成。

さらに高度技能移民の場合には，そもそも各国が受入れ上限を定めることが可能とされている。EU市民に対するのとは異なり，第三国出身移民の場合に対しては加盟国が未だに主権的な裁量の余地を保持しているのである。

　EU市民と移民の間には社会扶助・社会給付へのアクセスにおいても権利上の格差がある。表8.1にあるとおり，移民に対しては一般に社会保障へのアクセスは確保されるものの，社会給付へのアクセスは大きく制限されている。長期居住者は社会給付へアクセスしうるが，これも加盟国は最低限の収入保障，疾病・妊娠・育児や長期療養の手当など各国で定める「中核的給付」へ制限す

ることが可能であるのに対し，EU 市民については加盟国民との平等が原則である。特に 5 年以上の居住により当該 EU 市民が定住権を得た場合には社会給付についてもホスト国の国民と平等の権利を獲得する。ただし，EU 市民であっても居住 5 年以下の，定住権を得ていない場合にはホスト国の社会扶助システムへの「不合理な負担とならないこと」が居住のための要件のため，一時的失業・疾病等の状況を超えて継続的に社会給付を要求できるかは不透明な部分の残る争点である。

　このように移民の権利はその地位によって大きく差異化されており，特にEU 市民と移民の間には原理的な差異が残されている点が指摘できる。移民についていえば，EU 市民と異なりそもそも地位の付与について実際的な裁量が各国の手中に残されており，加盟国はそれを通じて移民への処遇をある程度コントロールできる。例えば，長期居住者の地位付与に際して各国法の定める「統合」要件を満たすよう求める「**市民統合（civic integration）**」の流れが 2000 年代の欧州で加速したことは，この点から見れば示唆的であろう（佐藤 2015）。

　もちろん，EU 市民と移民の間には第三国出身移民であっても EU 市民から波及的に権利を与えられる EU 市民の家族や，トルコやモロッコなど EU と連合協定を結び，より手厚い権利を保障された諸国からの移民というカテゴリーも存在しており，実際には EU 市民と移民の境界は完全に分かたれたものではない。しかし両者の差異には EU の対外的な境界がどのようにつくられようとしているか，その過程が映し出されているのである。

試される EU の「連帯」
Ⅲ▶ 人の移動がもたらす境界の揺らぎ

揺らぐ福祉と連帯の境界

　最後に，本章で扱った 2 つの政策領域において統合がもたらしている新たな挑戦について指摘する。第 1 に挙げられるのが各国の福祉国家の揺らぎである（図 8.1 参照）。福祉国家の危機はグローバル化などさまざまな要因によるが，欧州統合が各国の福祉国家への枷となっていることは間違いない。例えば市場

図 8.1 欧州における「福祉の境界」の変容

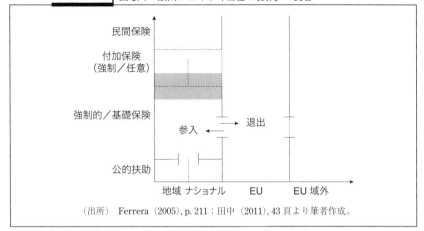

（出所） Ferrera（2005），p. 211；田中（2011），43 頁より筆者作成。

統合は各国財政の赤字への制約や，競争促進のための国家調達への規制などを介した間接的な圧力として現れる。社会政策の領域では，前述のとおり各国の法定社会保障や保健政策はEUによる調和化のなかで人的にも領域的にも国境による限定が困難となっている。また，国によりその規模や位置づけは異なるものの，社会保障の第2層目となる付加的な職域年金についてもEU内の調和化が探られており，第3層目の自発的な民間保険の領域では徐々に欧州規模の大きな市場が現れている。「連帯」の対象は必ずしも国民に限定されなくなっているのである。

　また，近年のEU社会政策においては，市場形成と社会的保護の均衡がかつてより市場へ傾斜しつつあるとの批判が多く提出されている。その象徴とされるのが2000年代後半に提出された一連のECJ判決であった。例えばラトビアの企業ラヴァル社が，スウェーデンにおいて自国の労働者をスウェーデンの平均より約4割低い賃金で雇用していたため，スウェーデンの労働組合が労働協約の適用を求めたラヴァル事件（Case 341-05）や，ドイツのニーダーザクセン州で公共事業を下請けしたポーランド企業が，自国の労働者を同州の労働協約から見て約半額の賃金で雇用していたことに対して，州政府が協約の適用を求めたリュッフェルト事件（Case 346/06）への判決がそれである。いずれの事件でも外国からの派遣労働者に対し現地の労働協約の適用を求められるかが重要な争点となったが，ECJはいずれもこれを認めなかった。派遣労働者指令

（96/71/EC）は，最低賃金については立法か，普遍的（もしくはそれに準ずる）労働協約で定めることとしていたが，問題となったいずれの労働協約も地域やセクター内の一部にしか適用されないため，これに当たらないとしたのである。これら判決の影響は，北欧やドイツなど，労使による自律的な労働協約が経済運営で大きな役割を果たしてきた諸国には特に深刻なものであった。派遣労働者の労働条件の設定に関し，明示的な立法か普遍性を持つ労使間合意のみが有効だとすれば，これらを欠く諸国では外国からの派遣労働者の雇用を通じた社会的ダンピングの危険が生じるためである。

　こうして EU の社会政策に対しては，一方で単一市場形成を通じた消極的統合の進展に EU レベルでの積極的統合が追いつかない「**統合の非対称**」（Scharpf 2010）との批判がなされる。とりわけ社会的な規制の高い西・北欧諸国では，EU は市場の論理によって福祉国家をこじ開ける存在として観念されてしまう。そのことは右派ポピュリズム政党がしばしば使用する「**福祉排外主義**」，すなわち福祉に依存しがちな外国人を福祉へのアクセスから排除し自国の手厚い福祉国家を守るべきだとのレトリックを通じ，反 EU や反移民の主張の有効性を高めることともなる。しかし，これに対し EU 社会政策が男女平等や反差別などさまざまな社会権の進展をもたらしていると肯定的に評価する見方も存在する。上記の諸判決にしても，賃金水準の高い北・西欧に問題をもたらす一方，中・東欧の企業や労働者にとっては追い風となりうる。この意味で，これらの判決の争点化は EU の内部にある多様な経済・社会間でどのように均衡を見出すか，その困難を明らかにしているといえる。

難民危機と域内／域外の境界管理の課題

　統合がもたらしているもう 1 つの独特の課題として，人の移動に伴う実際的な境界管理の問題が挙げられる。第 ② 節で見たとおり，EU は共通の移民・難民政策の策定を通じて共同体の対外的境界線を形成しつつある。しかし 2015年夏から深刻化した難民危機は，改めて各国共同での域外国境管理の難しさを浮き彫りにした。このとき，増加するシリア難民に対しドイツがダブリン規則を適用しないと明らかにしたことで，ギリシャからドイツへ向かう人の流れが急激に増加し，各国が十分に国境を管理することが困難になっていったのであ

る。実際，2015年にはEU全体で125万超の庇護申請がなされたが，この未曽有の人の流れはハンガリーをはじめとする中欧諸国でEUの難民政策への反発を呼び起こしたのみでなく，11月パリで生じたテロ事件の後，フランスやドイツ，オーストリア，スウェーデン，デンマーク等の諸国で一時的な域内国境審査の再導入につながった。この危機は，2016年3月EU－トルコ間でギリシャへの非正規移民をトルコへ送還し，1人の送還ごとにシリアからの難民を1人EUへ受け入れる「1 on 1」の枠組みが合意されたことで危機は収束したが，その後もシェンゲンの「平常への復帰」のために，まずはギリシャの庇護権審査の能力回復，審査時の受入れ環境の改善が必要とされた。

　このように危機は極端な形で共通欧州庇護システムを一時的な機能不全に追い込んだが，実際にはその構造的な問題は以前から認識されていた。その問題とは，大きく分ければ①域外国境に隣接する南・東欧諸国の過剰負担と②EU加盟国間に残存する庇護審査体制の相違の問題である。①の問題は，ダブリン規則そのものに由来する。EUの庇護システムは加盟国内で難民が最初に入った国で庇護申請を行うことを定めている。しかしそもそもこのルールはEUの域外国境と隣接しない諸国に有利なものであり，地理的に域外国境を有し，アフリカや中東と地域的に接する南・東欧諸国で庇護審査の負担が過大なものとなりやすい。他方で②の問題についてはEU加盟国はそれぞれ各国で庇護審査を行うため，EUによって一定の手続き・基準の共通化が行われたとはいえ，各国間で待遇や難民認定率等にまだまだ実質的な差異が残っている。このため難民から見れば比較的手厚い難民保護を定める西・北欧諸国での庇護申請が望ましいものとなってしまうのである。そのため南・東欧諸国にはいっそう厳重な国境管理が求められることとなるが，地中海沿岸の国境管理には莫大なコストが必要となる。そして，そのコストに見合うだけの負担共有や政策協調が必ずしもEUで図られてこなかったことが今回の危機の1つの要因であったといえる。危機を受け，加盟国間で新たな負担共有と政策協調の在り方を見出せるかが当面の課題となろう。

　以上のように単一市場における人の移動は経済の次元を超え，社会政策や移民政策でも新たな課題を生み出している。両政策に共通しているのは，いずれも人の移動を通してEU内での連帯の在り方が問われている点である。20世

紀にはヨーロッパの抱える問題の解法として市場統合が選ばれたが，2000年代後半からの経済危機のなか，その利益だけでなく負担をどのように加盟国間で配分するかが争点となってきた。それゆえ，改めて各国間の格差や制度・歴史的多様性を顧みながら，新たな連帯の均衡点を見出せるかがEUに問われている。

Column ❷　エラスムス・プログラム──「ヨーロッパ市民」は生まれるのか？

　ヨーロッパについて関心を持つ読者の方々は，エラスムス・プログラムを知っているだろうか。エラスムスとは，The "**E**uropean **C**ommunity **A**ction **S**cheme for the **M**obility of **U**niversity **S**tudents"（「大学生の移動のための欧州共同体行動枠組み」）の略語で，その名のとおりEU内の高等教育機関に属する学生の交換を主とするプログラムである。1987年に創設されて以来，エラスムス・プログラムは拡大を続け，瞬く間にEUで最も可視的で有名な政策の1つとなった。25周年を迎えた2012年には年間23万人が外国での学習を行っており，創設時からの累計では300万人近くの学生と4000を超える高等教育機関が同プログラムへ参加したとされる。またエラスムスは単なるEUの教育政策という次元を超え，1つのブランドともなっている。「私はエラスムス（I am Erasmus）」というフレーズはある種の格言のような地位を得ているし，またエラスムスによってバルセロナへ留学した主人公と欧州中から集まったルームメイトの交わりを描いた映画『スパニッシュ・アパートメント』は留学を志す学生の間でカルト的な人気を獲得したのである。

　同時に指摘しなければならないのは，エラスムスは政治的プロジェクトでもあるという点である。欧州委員会は，プログラムのめざすところを次のように説明する。「多くの研究は，外国で過ごす期間が学術・専門分野での学生生活を豊かにするというだけでなく，言語学習・文化間交流のスキル・自信・自意識の向上に貢献しうることを示している。それらの経験はヨーロッパ市民であることが何を意味するのか，学生の理解を深める」（Feyen and Krzaklewska 2012: 10）であろうと。

　プログラムが因むエラスムスは16世紀欧州で最も高名な人文学者であり，当時の共通語であったラテン語で著述活動を行い，オランダで生まれた後，フランス，イギリス，イタリア，ドイツ，スイスへと移動を続ける人生を送った人物である。思想的にも「この世界はすべての人間に共通の祖国」（「平和への訴え」）との固い信念を有するコスモポリタンであり，い

ずれの国民，民族の優越性も認めない平和主義者であった。それがために
「ヨーロッパ市民」の形成をめざす EU にとって，エラスムスは象徴的な人
物だといえる。

　このように高邁な理念を掲げ，かつ一定の成功を収めているエラスム
ス・プログラムであるが，本当に「エラスムスの経験がヨーロッパ市民と
しての意識を高めるのか」という点については，実のところ未だ論争が続
いている。いくつかの実証研究は，エラスムスの経験が実際にヨーロッパ
意識や EU への好意的な態度を高めることを示しているが，他方でエラス
ムスが提供する高等教育にアクセスできる人々がそもそも限られたエリー
トであること，またエラスムスに参加する人々は参加する以前からヨーロ
ッパへ好意的であり，そうでない人々は初めからプログラムに参加しない
傾向があることなどの限界も指摘されている（Mitchell 2012）。

　2014 年以降エラスムスが青少年，職業訓練，成人教育など包括的な枠
組みであるエラスムス・プラスに包摂され，予算も拡大されたことで，そ
の限界は幾分か緩和されるかもしれないが，他方で即座に解決が可能なも
のでもない。エラスムスはあるとき「1 つの国籍に縛られない居留民であ
りたい」と述べたが，彼もまたラテン語を操るエリートであった。果たし
て欧州に住まう人々がみな彼に賛同する世界は今後訪れるか。エラスム
ス・プログラムの挑戦は未だその途上にある。

引用・参考文献　　　　　　　　　　　　　　　　　　　　　　**Reference** ●

エスピン-アンデルセン，イエスタ／岡沢憲芙・宮本太郎監訳（2001）『福祉資本主義の三
　つの世界——比較福祉国家の理論と動態』ミネルヴァ書房。
岡部みどり（2016）「すべては「シェンゲン圏」からはじまった——EU 出入国管理政策
　の変遷」岡部みどり編『人の国際移動と EU——地域統合は「国境」をどのように変え
　るのか？』法律文化社。
岡部みどり（2019）「「欧州難民・移民危機」再考——EU における人の移動研究への問題
　提起」『上智ヨーロッパ研究』第 12 号
小山晶子（2020）「EU の移民統合政策——域内でメインストリーミング，域外でパート
　ナーと連携」臼井陽一郎編著『変わりゆく EU——永遠平和のプロジェクトの行方』明
　石書店。
神田正淑（2014）「EU の司法・内務」植田隆子・小川英治・柏倉康夫編『新 EU 論』信
　山社。

佐藤俊輔（2015）「EU における移民統合モデルの収斂？——「市民統合」政策を事例として」『日本 EU 学会年報』第 35 号

田中拓道（2011）「社会的ヨーロッパと新しい福祉政治」田中浩編『EU を考える：現代世界——その思想と歴史③』未來社。

野田葉（2016）「リベラルなヨーロッパの憂鬱——EU 市民権と移民をめぐる一考察」高橋進・石田徹編『「再国民化」に揺らぐヨーロッパ——新たなナショナリズムの隆盛と移民排斥のゆくえ』法律文化社。

宮島喬（2016）『現代ヨーロッパと移民問題の原点——1970，80 年代，開かれたシティズンシップの生成と試練』明石書店。

Anderson, Karen（2015）*Social Policy in the European Union*, Palgrave.

Barnard, Catherine（2012）*EU Employment Law*, 4th edition, Oxford University Press.

Chalmers, Damian, Gareth Davies and Giorgio Monti（2010）*European Union Law*, 2nd edition, Cambridge University Press.

Ferrera, Maurizio（2005）*The Boundaries of Welfare: European Integration and the New Spatial Politics of Social Protection*, Oxford University Press.

Feyew, Benjamin and Ewa Krzaklewska eds.（2012）*The ERASMUS Phenomenon-Symbol of a New European Generation?*, Peter Lang.

Hailbronner, Kay and Daniel Thym（2016）*EU Immigration and Asylum Law: A Commentary*, 2nd edition, C. H. Beck/ Hart/ Nomos.

Lavenex, Sandra and William Wallace,（2005）"Justice and Home Affairs: Towards a European Public Order?," in Helen Wallace, William Wallace and Mark A. Pollack eds. *Policy-Making in the European Union*, 5th edition, Oxford University Press.

Leibfried, Stephan（2015）"Social Policy: Left to the Judges and the Markets?" in Helen Wallace, Mark A. Pollack and Alasdair R. Young eds. *Policy-Making in the European Union*, 7th edition, Oxford University Press.

Mitchell, Kristine（2012）"Student Mobility and European Identity: Erasmus Study as a Civic Experience?," *Journal el Contemporary European Research*, 8（4）, 490–518.

Morris, Lydia（2002）*Managing Migration: Civic Stratification and Migrants Rights*, Routledge.

Permoser Mourão, Julia（2011）"Redefining Membership: European Union Policy on the Rights of Third-Country Nationals," Dissertation, University of Vienna.

Roos, Christof（2013）*The EU and Immigration Policies: Cracks in the Walls of Fortress Europe?*, Palgrave Macmillan.

Scharpf, Fritz（1998）"Negative and Positive Integration in tha Political Economy of European Welfare States" in Martin Rhodes and Yves Mény eds. *The Future of European Welfare*, Palgrave Macmillan.

Scharpf, Fritz（2010）"The Asymmetry of European Integration, or Why the EU Cannot Be a 'Social Market Economy', *Socio-Economic Review* 8（2）, 211–250.

Toshkov, Dimiter and de Lawra de Haan（2013）"The Europeanization of Asylum Policy: an Assessment of the EU Impact on Asylum Applications and Recognitions Rates," *Journal of European Public Policy*, 20（5）, 661–683.

第 **9** 章

世界のなかの EU

2018 年 6 月 8 日，G7 シャルルボワ・サミット。左端がトゥスク欧州理事会常任議長，右端がユンカー欧州委員会委員長（写真：時事通信フォト）

はじめに

　グローバル化する世界のなかで，EU はいかなる役割を果たしているだろうか。本章および次章では，EU の対外政策と，EU のグローバルな役割を考察する。まず本章では，グローバルなアクター（主体）としての EU の性格を明らかにし，EU が世界とどう接しているかを論じる。いうまでもなく各加盟国

もそれぞれ国際関係のアクターとして活動しているが，現在のEUはそれ自体で1つのアクターとして重要な意味を持つようになっている。いまやEUと世界の接点は，貿易・通商から，開発支援，環境政策，エネルギー政策，移民・難民政策，麻薬・人身売買の取り締まりなど多岐にわたる。また，リスボン条約によって，対外的な「顔」としての欧州理事会常任議長（「EU大統領」とも呼ばれる）を設置し，外務を担当する上級代表（「EU外相」）と欧州対外行動庁（「EU外務省」）を備えるに至った。とはいえ，EUの対外活動は（他の領域と同様に）主権国家との類推では捉えきれない特徴を持っている。

　本章では，紙幅の都合上EUの対外関係を網羅することはできないが，その代わり，EUの特徴を浮き彫りにするような論点を選抜して考察していこう。まず第1節では，EUの対外活動の歴史的展開と，制度的枠組みの発展を確認する。それにより，統合の進展と国際政治の構造変動との関わりのなかで，EUと世界の接点が広がっていったことがわかるだろう。第2節では，グローバルなアクターとしてのEUの性格を論じる。そこではEUが，国際政治において，概してソフトなパワーとして振る舞う，規範的な側面を重視するアクターであることが明らかにされる。第3節では，EUと主要国（アメリカ，ロシア，中国，日本）との関係を検討する。そのことを通じて，国際社会におけるEUの立ち位置や，第2節で指摘したパワーの性質が浮き彫りになるだろう。なお，安全保障領域（共通安全保障・防衛政策）については，章を改めて第**10**章で説明することにする。

1 EUの対外活動の展開

▎対外関係の広がり▎

　かつてヨーロッパ諸国はそれぞれ帝国としてグローバルな影響力を誇っていた。その痕跡は，いまでも世界のあちこちで窺える。しかし，2つの世界大戦を経てヨーロッパの威信は決定的に没落し，英仏やオランダなどの植民地帝国も解体を始め，冷戦が始まると西欧はアメリカの庇護下に置かれることになった。初期の欧州石炭鉄鋼共同体（ECSC）や欧州経済共同体（EEC）も，もちろ

ん世界におけるヨーロッパの権力を確保するという目的もあったものの，どちらかといえば対内的な役割を重視して設立されたものだった。

　こうして初期の EEC / EC の対外的な活動は経済的なものが中心となり，ローマ条約もそれを想定していた。具体的にローマ条約は，対外的な活動として，①対外共通関税の導入，②共通通商政策（Common Commercial Policy：CCP；共通関税率の変更や貿易協定の締結など），③連合協定（association agreement；旧植民地諸国など，EC 諸国と特別の関係がある域外諸国と EC が結ぶもの），④他の国際機関（国連，欧州審議会，OECD など）との協力，⑤加盟交渉，などを予定していた。そして，これらの活動のために，EC には国際条約を締結する権限などが定められた（中村 2019：98）。

　特に冷戦期の EEC / EC で重要となったのは，域内市場と第三国の関係をどうするかという問題であった。ここから，2 つの重要な政策領域が生じてくる。

　1 つは，旧植民地諸国との特別な貿易関係の構築と，開発援助である。旧植民地諸国が独立していくと，EEC は 1963 年にカメルーンの首都ヤウンデでアフリカ諸国と**ヤウンデ協定**を締結し，新たに貿易と開発について取り決めを結んだ（遠藤 2008：史料 5-13）。また，コモンウェルス（英連邦）諸国と強く結びついているイギリスの加盟を背景に，1975 年にはトーゴの首都ロメで，アフリカ・カリブ海・太平洋諸国（African, Caribbean, and Pacific Countries：ACP 諸国）46 カ国と**ロメ協定**を締結した（ロメ協定は 5 年ごとに改訂され，第 4 次改定時には 71 カ国が参加；遠藤 2008：史料 6-9）。

　もう 1 つは，GATT における，アメリカなど先進諸国との国際貿易交渉である。ローマ条約は，既に「共通通商政策という手段によって，国際貿易に関する諸制限を漸次撤廃することに貢献する」と謳っていた。そして，1960 年代に EC は，対外共通関税を導入（68 年）するとともに，GATT における交渉を通じて，対外的なプレゼンスを高めた。

　こうして，統合ヨーロッパは 1960 年代あたりから，次第に国際政治の 1 つのアクターとして行動するようになった。またその過程で，EC 諸国が対外的にまとまった「ひとつの声」を発する必要性，すなわち共通の外交（および安全保障）政策を策定していく必要も，1970 年代には強く実感されていた。その実現は，**欧州政治協力**（European Political Cooperation：EPC）という枠組みでめざ

されることになる。EPC は，各国の外交政策を調整するために設けられた政府間会合で，EC とは異なる枠組みであったが，86 年調印の単一欧州議定書で公式に制度化された。

さらに，EC の漸次の拡大は，対外関係の地域的な広がりをもたらした。例えば，前述のようにイギリスの EC 加盟は，コモンウェルスとの関係を，またスペインとポルトガルの加盟は地中海沿岸諸国やラテンアメリカ諸国との関係を，それぞれ強化することになった。

こうして EC／EU は国際政治におけるアクターとしての役割と自覚を少しずつ高めてきたが，その前提となる枠組みをも大きく変化させたのが，冷戦の終結である。中東欧諸国の体制転換，湾岸戦争，ソ連の崩壊は，EC 諸国の外交協力を強化する方向へ加速させた。1992 年に調印されたマーストリヒト条約では，**共通外交・安全保障政策**（Common Foreign and Security Policy：CFSP）が EU の 3 本柱のうちの 1 つに据えられたのである（第 **2** 章参照）。

また，冷戦の終焉は，EU にさらなる地理的な拡大と安全保障環境の変容をもたらした。領域防衛の重要度が圧倒的に低下するなかで，安全保障的にアメリカの庇護下から離れようとする動きも見られた。一方，中立諸国，そして東欧の旧社会主義国への拡大によって，EU は初めてロシアおよび旧ソ連諸国と国境を接することになった。

▌誰が EU を対外的に代表するのか ▌

かつてアメリカの国務長官キッシンジャーは，「ヨーロッパと話したいとき，わたしは誰に電話すればよいのだ？」と述べたと伝えられている。この問いに対して EU は，マーストリヒト条約を経て，リスボン条約に至って，ある程度の回答を出している。ここでは，EU の対外政策の制度的構造を，マーストリヒト条約からの変化も含めて確認しておこう。

既に述べたように，マーストリヒト条約では，共通外交・安全保障政策（CFSP）が 3 本柱のうちの 1 つに据えられた。その際，「第 1 の柱」（EC の制度）と異なり，「第 2 の柱」の外交安全保障（および「第 3 の柱」である司法・内務協力）については，各加盟国は主権を委譲せず，あくまで政府間協力の領域となった。この時点では，第 1 の柱の対外代表は欧州委員会が，第 2 の柱の対外代

表は EU 理事会の議長国および EU 理事会事務局事務総長が，第 3 の柱の対外代表は EU 理事会の議長国が務めるという状態だった。

　この後の EU 条約改正は，こうした 3 本柱構造をシンプルかつ実効的なものにする試みでもあった。共通外交・安全保障政策については，マーストリヒト条約以来，アムステルダム条約（1999 年発効），ニース条約（2003 年発効）の各段階で，加盟国に対して原則の遵守と政策の拘束性を高めるとともに，効率的な政策決定方式をつくり上げるよう努力されてきた。また，EU 理事会事務局事務総長が「共通外交・安全保障政策担当上級代表」として，EU 外交の「顔」に位置づけられた。そのポストにスペイン出身で前 NATO 事務総長のソラナが据えられ（在任 1999〜2009 年），2000 年からブリュッセルに常設共通外交・安全保障委員会が設置されたことは，CFSP の存在感を高めた。

　次章で詳しく述べるが，共通外交・安全保障政策がこの時期に進展したのは，1998 年のイギリスの政策転換がある。その背景にあったのは，冷戦後の一連の紛争，とりわけ旧ユーゴスラヴィアをめぐる 90 年代の紛争で露わとなったヨーロッパの弱さである。さらに，2001 年 9 月 11 日にアメリカで起きた同時多発テロ事件も，CFSP の必要性を高めた。とはいえ，欧州委員会，EU 理事会，上級代表の 3 者がそれぞれの担当分野を対外的に代表するという構造は変わらなかった。

　こうした状況に対し，欧州憲法条約は対外関係についても大きな改革を定めていた。そして，憲法条約は挫折するものの，その改革の多くはリスボン条約に引き継がれ，3 本柱構造は解消された。これが現在の EU の対外政策の構造を定めている。

　第 1 に，**欧州理事会常任議長**が設置された。このポストは各国の大統領・首脳レベルに対応し，EU の対外的な「顔」としての役割を果たしている。2009 年から 14 年まではベルギー出身のファン・ロンパイが，14 年から 19 年まではポーランド出身のトゥスクが，そして 19 年 12 月からはベルギー出身のミシェルがこのポストを務めている（3 人とも出身国の首相経験者）。

　第 2 に，外務大臣に対応する**外務・安全保障政策上級代表**（High Representative of the Union for Foreign Affairs and Security Policy）が，ソラナ時代の上級代表とは異なり，欧州委員会の副委員長も兼ねることになった。ソラナ時代の上級代表

は欧州理事会の事務総長と兼任で，もっぱら政府間主義的なポストであった。他方で欧州委員会にも対外政策担当委員が存在したため，両者の協調が問題となったが，リスボン条約によってこの問題は解消されたことになる。また，欧州委員会の副委員長を兼任することによって，理論的には上級代表が，かつての「3本柱」のすべての政策領域について，対外的に語れるようになった（中村 2019：132）。2009 年から 14 年まではイギリス出身のキャサリン・アシュトンが，14 年から 19 年まではイタリア出身のフェデリカ・モゲリーニが，そして 19 年からスペイン出身のジョセップ・ボレルがこのポストを担当している。

　第 3 に，この外務・安全保障政策上級代表のもとで共通外交・安全保障政策を担当する，**欧州対外行動庁**（European External Action Service：EEAS）という機構が設立された（2011 年始動）。EEAS は，4000 人以上のスタッフを抱え，EU の外務省の役割を担っている。もちろん，各国の外務省がその国の対外政策すべてを司っているわけではないのと同様に，EEAS が管轄しない対外活動の分野も多い。例えば貿易や開発協力に関しては，欧州委員会の貿易総局と開発協力総局が担当している。他方で EEAS は，EU の防衛省にあたる役割も果たしている。前述のように外務・安全保障政策上級代表は欧州委員会の副委員長も兼ねているので，上級代表は共通外交・安全保障政策とそれ以外の対外活動を架橋する役割も兼ねている（森井 2012：260-261）。ちなみに，こうした制度変化に応じて，それまで日本に置かれていた駐日欧州委員会代表部も，所属先が欧州委員会から EEAS となり，駐日欧州連合代表部という名称になった。

　このように EU は，対外的な「顔」としての欧州理事会常任議長を設置し，外務を担当する上級代表と欧州対外行動庁を備えるに至った。とはいえ，欧州委員会委員長も引き続き EU を代表する機能を有しているし，経済分野の実務面では依然として欧州委員会が対外的な代表の役割を果たしている。さらに，最も重要な局面（例えばユーロ危機やウクライナ危機）では，加盟国の首脳（とりわけ近年ではドイツの首相メルケルやフランスのマクロン大統領など）が「EU の顔」として，国際舞台の前面に出てくる。つまり，先に述べたキッシンジャーの疑問に，EU はある程度答えられるようになったが，完全に答えるには至っていないのである。

グローバル・パワーとしての EU

▎EU の対外的パワーの特徴

EU は，国際政治の場において，1 つの権力主体，すなわち 1 つのアクター（主体）であり，1 つのパワー（権力）である。もちろん EU の各加盟国もそれぞれが国際政治のアクターでありパワーなのだが，同時に EU も固有のパワーを持った単一のアクターとして国際政治の場で活動している。

さしあたり EU のパワーの種類を，経済的，政治的，軍事的，規範的なものに区別してみよう。これらのパワーが互いに連動し合い，国際政治における EU の存在感を高めていることがわかる。

第 1 に，EU は経済的なパワーである。EU は世界最大級の市場であり，域内貿易を含む年間貿易総額は 12.9 兆ドルで，世界に占める貿易の割合は 33.2% にのぼり，日本（3.8%）の約 8 倍，アメリカ（10.8%）の約 3 倍になる（2018 年時点）。EU は，EEC 時代の対外共通関税の導入や共通通商政策の実施以来，単一の経済的アクターとして国際アリーナで活動してきた。この経済的なパワーというのは，EU の古典的な性質である。そして，いまや EU は世界で最大の貿易勢力であり，貿易は EU の「最も影響力のある対外政策領域」となったといわれる（Orbie 2008；McCormick 2015：402-405）。また，単一通貨ユーロの導入は，さらに単一の経済体としての EU のプレゼンスを高めている。

加えて EU は，いわゆる世界基準（グローバルスタンダード）を決める際にも，一大アクターとしてその影響力を発揮している（これは単純に「経済的パワー」と括ることはできないが）。そもそもヨーロッパ統合の過程は，各国の規制をすり合わせ，多国間基準を練り上げていく過程でもあった。そうした意味で，EU は規制・基準を設定することにもともと長けている。そして，EU が提起した基準に従わないと，5 億人以上の市場（しかも相対的に裕福な 5 億人）から締め出されてしまうわけだから，強力である（遠藤・鈴木 2012）。

第 2 に，前述のように，EU は政治的な外交の場でも 1 つのアクターとして振る舞い，パワーを行使している。例えば 2016 年の伊勢志摩サミットを思い

出してほしい。サミットは G7 と呼ばれる先進国首脳会議（もともと G8 だったが，現在はロシアが資格停止）だが，記念写真には 9 人が収まっている。これは，先進 7 カ国のほかに，欧州委員会委員長ユンカーと欧州理事会常任議長トゥスクが加わっているからである。

　第 3 に，EU は，冷戦終焉以降，軍事的なパワーとしても活動している。この点については，次章で詳述しよう。

　第 4 に，EU は，規範的にも国際政治でパワーを行使している（臼井 2015）。EU は，自らを「人権」や「民主主義」や「法の支配」などの「価値共同体」として定義している。そして，域外の国家に対しても，人権や民主主義や法の支配などの諸価値，あるいは環境規範などを遵守するよう働きかける。とりわけ，後述するように，近隣諸国や援助対象国に対してその影響は大きい。

　既に述べたように，各加盟国もそれ自体として国際政治における 1 つのアクターなのだが，重要なのは，各加盟国が EU として 1 つにまとまることによって，一国では得ることのできない大きなパワーを手にすることができる点である。

　ただし，EU のパワーは，領域によって強弱や濃淡がある。ある領域を見ると，EU は一枚岩に見えるが，他の領域を見ると，対外的にまとまりを欠き，中心的なリーダーシップも欠如したものに見える。EU は，各加盟国間，あるいは EU の諸制度間の利害の一致／対立を内包しているからである。例えば，次章で詳述する防衛領域に関しては，EU はまとまりを欠きがちである。2003年のアメリカ主導のイラク戦争に対して，ヨーロッパは一致した行動をとれず，「旧いヨーロッパ」と「新しいヨーロッパ」の分断と表現された。これは近年のリビアなど中東情勢への介入に関しても当てはまる。

　逆に，世界貿易機関（WTO）のような貿易に関する国際制度のなかでは，EU は一枚岩のように行動する。また，とりわけ冷戦終焉後，国連総会の採決における EU 加盟国の投票行動の一致率は，共通外交・安全保障政策（CFSP）のもとで高まった。特に人権問題における EU 加盟国の投票行動は，ほぼ100％ に近い一致率を示している。さらに，EU 統合の過程で実績が積み重ねられてきた分野では，EU は一致した対外行動をとることができる傾向にある。例えば，1992 年に採択された国連気候変動枠組条約（UNFCCC）や，それに具

体的な目標値を設定した京都議定書（1997年採択，2005年発効），そしてその後継であるパリ協定（2015年採択，16年発効）など，国際環境問題に関わる事項については，交渉から採択まで，EU諸国はほぼ一致して行動できている。他にも，国際刑事裁判所（ICC）の設立など，グローバルな人権保護に関連した国際レジームの形成において，EUは重要な役割を果たしている（森井2012：265-267）。

　また，領域における強弱・濃淡と並行して，パワーの性質・手法もEUには独特のものがある。ここで重要なのは，パワーの2つの区別，すなわち①ハード・パワー／ソフト・パワーの区別，そして②ミリタリー・パワー（軍事パワー）／シヴィリアン・パワー（文民パワー）の区別である。そもそもパワー（権力）とは，あるアクターが，何らかの方法で，他のアクターにある行動を強いる，または促すことができるような能力を指すが，EUを見るにあたっては，上記の2つの区別が有益となる。

　第1のハード・パワー／ソフト・パワーの区別について，まずハード・パワーとは，威嚇や強制力を通して影響力を行使する伝統的・古典的なパワーを指す。このハード・パワーに関しては，軍事力と結びつけられることが多いが，EUの場合，むしろ制裁のような経済的手段によるものが重要となってくる。他方，ソフト・パワーは，外交および交渉，あるいは経済的な投資や報酬のようなインセンティブを通して，影響力を行使するものである。また，文化や価値観の魅力を通して影響力を行使する場合も，このパワーの範疇に含められよう。

　第2に，ハード／ソフトの区別と重なりつつ，それとは異なる区別として，軍事パワーとシヴィリアン・パワーの区別がある。後者は，ある目的を達成する手段として軍事的手法よりも非軍事的な手法を優先するようなパワーを指す。次章を先取りしていえば，EUの場合には，シヴィリアン・パワーの側面が強い。

　まとめると，EUが行使するパワーは，概してソフトかつシヴィリアンのものが多いが，場合によってはハード・パワーも行使し（典型的には経済制裁），時には軍事パワーとして振る舞うこともあるのである。また，近年のEUの対外関係研究では，マナーズが提唱した「規範パワー（normative power）」（国際社

会において何が規範であるかを定義する能力，そして規範的な推進力によって国際社会の現状を「変革」する能力）論が一世を風靡したが，この議論の当否はいずれにせよ（東野 2015 を参照），上述した EU の対外行動が持つ規範性，そしてその権力性に注目する必要性は疑いない。

事例：ACP 諸国への開発政策

ここでは，EU の政治的・経済的な権力性と，その規範的かつソフト・パワー的側面を示す事例として，開発政策を見ておきたい。

既に前節で触れたように，初期の EEC にとって重要な対外関係とは，独立した旧植民地諸国との特別な貿易関係の構築と，開発援助であった。その旧植民地諸国と構築していった枠組みが，現在の EU の開発政策の源流である（もちろん各加盟国の開発政策も並行して進められており，EU の開発政策と併存している）。

前出のロメ協定（1975 年締結）は，ACP 諸国による特定の農産品や鉱物資源の輸出に関して特恵的な域内市場へのアクセスを認め，それによって ACP 諸国の成長を狙った協定だった。さらに，欧州開発基金（EDF）が，開発援助のための資金を供給した。また，STABEX という輸出所得安定化制度が設けられ，国際市場の変動によって農産品の価格が一定水準以上に下落した場合には，EC が保障する制度も創設された。また，1980 年のロメ協定改定時には，鉱物資源にも SYSMIN という輸出所得安定化制度がつくられた（森井 2012：263）。

しかし，こうしたロメ協定の仕組み（協定は 5 年ごとに改訂されつつ延長）は，根本的な改革に迫られるようになる。第 1 に，EC と ACP 諸国との貿易関係は期待どおりには進展せず，ACP 諸国の発展にもなかなかつながらなかった。第 2 に，1995 年の WTO の発足を契機に，アメリカが，ロメ協定は ACP 諸国のみを優遇する制度であり，WTO の自由貿易システムと整合的ではないとして WTO の紛争解決機関に提訴し，勝訴した。こうした事態を受け，EU は ACP 諸国との連合協定を根本的につくり変える必要に迫られ，2000 年に終了した第 4 次ロメ協定の代わりに，ベナンの首都コトヌーで，新たに**コトヌー協定**を締結した。この協定には，79 の ACP 諸国と，EU およびその加盟国が署名している（2003 年発効）。

コトヌー協定は，WTO の自由貿易システムに対応したものである。つまり，

EU は，WTO の無差別待遇の原則との整合性を図るため，従来の ACP 諸国の
みを優遇するロメ協定の方針を放棄した（STABEX のような制度も廃止された）。
そして EU は，コトヌー協定に従い，ACP 諸国を地域グループに分け，グル
ープごとの地域的経済連携協定や，2 国間連携協定の交渉を，WTO と整合的
な形で進める方針をとることにした。

　ここで注目すべきは，開発援助の在り方の転換である。そもそも 1993 年に
発効したマーストリヒト条約で，EU の開発政策には条約上の基盤が与えられ
るとともに，その政策が民主主義，法の支配，人権，基本的自由の尊重という
価値を推進することと結びつけられていた。2000 年のコトヌー協定は，この
方向性を強化した。コトヌー協定は，9 条で「人権の尊重」「民主主義」「法の
支配」などを「持続的発展に不可欠な要素」であり，「本協定の不可欠な要素」
と位置づけ，これらの諸価値の尊重を援助の条件（コンディショナリティ）とし
た。加えて 12 条では，EU は協定の目的を達成するためならば，その影響力
を ACP 諸国に行使すると定められている（ACP 諸国に不満があれば，書面にて異
議申し立てをする；遠藤 2008：史料 9-9）。コトヌー協定は，貧困の撲滅といった
経済的目的に加え，平和や民主主義や人権がきわめて重視された，かなり政治
的な性格を備えており，EU のソフト・パワーとしての側面を浮き彫りにする
ものといえる（なおコトヌー協定は 2020 年 12 月に失効するため，新協定が準備され
ている）。

3 EU と主要国

　EU は，アメリカ，ロシア，中国，そして日本などの主要国や，特定の地域
と個別の協定を結んでいる。本節では，アメリカ，ロシア，中国，日本と EU
との関係を考察することによって，国際社会における EU の立ち位置や，その
パワーの性質を描いてみたい（アメリカ・ロシア・中国との関係については
Fröhlich 2014；Kap. 4；Keukeleire and Delreux 2014：Ch. 12）。

アメリカ

　アメリカとの関係は，EU にとって最も重要かつ密接なものの 1 つである。経済関係は緊密で，世界全体の貿易の約 4 割，GDP の約半分を両者が占めている。軍事的にも NATO を軸として協力関係にある。両者が世界経済や国際機関に与える影響は多大である。また，両者とも「自由民主主義」や「法の支配」や「自由な市場経済」を基盤とした「価値共同体」を形成しているとされてきた。つまり，EU－アメリカ関係は，お互いにとってのみならず，世界の政治・経済にとってもきわめて重みのあるものといえる。

　それでも，冷戦期においてすら，米欧関係は常に順調だったわけではない（ルンデスタッド 2005）。たしかに，既に見たように，第 2 次世界大戦後，アメリカは概してヨーロッパ統合の支持者であり，アメリカの支援なしでは現在の EU はありえなかっただろう。むろん，そこにはヨーロッパの平和と安定がアメリカの政治的・経済的・軍事的な利益に資するという計算もあった。しかし他方で，米欧関係は（緊密であるがゆえに）常に緊張関係もはらんできた。例えば冷戦期においては，1960 年代の核保有をめぐる問題，70 年代の通貨政策をめぐる問題，80 年代の「新冷戦」などが米欧関係に影を落としてきた。そして，このアメリカとの緊張関係が，ヨーロッパ統合を進める要因の 1 つであったことも見逃してはならない。アメリカは，統合ヨーロッパの後見人であるとともに，ライバルでもあったのである。

　そして冷戦の終焉により，EC／EU とアメリカは，共産圏という共通の「敵」を失い，互いの関係を再定義する必要に迫られた。例えば 1990 年 11 月の EC–US 大西洋宣言は，改めて米欧間の「緊密な絆」を謳い，経済，教育，科学，文化の領域での協力，テロリズムや国際組織犯罪などの国境横断的な課題への対処を共同で行うことを宣言し，そのための定期的な協議（例えば，米大統領と欧州委員会委員長・欧州理事会議長の年 2 回の定期協議）を設定した（遠藤 2008：史料 7–23）。また，1995 年の新大西洋アジェンダでは，世界における平和と民主主義を促進するために互いに協力することをアメリカと EU は宣言している。さらに，95 年の大西洋間ビジネス対話のもとで，米欧の経済リーダーの定期的な協議が約され，98 年には大西洋間経済パートナーシップが，貿

易問題について米欧間の議論を促進するために打ち出された。こうしてアメリカは、EU にとって最大の輸出市場となった（シェアは 2018 年で 21%）。

一方、2001 年 9 月 11 日のアメリカ同時多発テロ事件は、米欧間の連帯とともに、懸隔のきっかけにもなった。テロ事件勃発からアフガニスタン侵攻までは、テロリズムの脅威に対して、アメリカとの連帯と協調を示した EU 諸国だったが、次第にジョージ・W・ブッシュ政権の単独行動主義（ユニラテラリズム）に違和感を示すようになる。次章で見るように、アメリカのイラク侵攻計画に対して、イギリスや旧東欧諸国は賛同したものの、フランスやドイツは明確に反対した。

また、安全保障面だけでなく、前述の気候変動枠組条約などの国際環境レジーム、あるいは国際刑事裁判所設立などの国際人権レジームの形成においても、EU が積極的に関与・推進する一方で、アメリカは単独主義的な振る舞いを見せ、参加を拒んだ。

2009 年のバラク・オバマ政権の誕生を、多くのヨーロッパ人は、EU−アメリカ関係の改善を期待して歓迎した。しかし、オバマ政権の対外政策は、大西洋から太平洋への重点のシフトをめざしたものとなり、必ずしも EU 側の期待に応えるものではなかった。とはいえ、リビアやシリアの内戦、ウクライナ危機、IS（イスラーム国）への対処などに関して、オバマ政権と EU 諸国は、必ずしも成功したわけではないが、協調して行動したといえる。

国際政治におけるアメリカと EU の役割は、1990 年の EC−US 大西洋宣言で「共通の目標」に挙げられたように、民主主義・法の支配・人権・個人の自由の尊重、世界の紛争の解決、国連および他の国際機関の強化、さらには健全な世界経済の達成などである。とはいえ、それを実現する手法について米欧間は常にズレを見せ、また「共通の目標」の中身自体の考え方のズレも明らかになりつつある。そしてそれは、2017 年に成立したトランプ共和党政権の登場によって、顕著になってきている。例えばトランプ大統領は、早々に温暖化対策の国際的枠組みであるパリ協定からの離脱を表明した。こうしたアメリカの動きに対し、ドイツのメルケル首相は、もはや欧州が他国に頼れる時代は終わったと述べ（2017 年 5 月）、フランス大統領マクロンも、アメリカを牽制する発言を続けている。

オバマ政権やトランプ政権の外交政策の背景にあるのは，国際秩序における アメリカの覇権の終焉である。冷戦終焉後に米欧が手を携えてリベラルな国際 秩序を形成していくというビジョンは色褪せつつある。こうしたなか，EU が 国際秩序の形成に今後いかに主体的に関わっていくかが問われているといえよ う。

ロシア

EU とロシアの関係は，因縁が深いものである。そもそも冷戦時代のソ連は， 欧州共同体にとって「敵」ないし「ライバル」であった。また，現在の EU 加 盟 27 カ国のうち 10 カ国が，冷戦時代にはソ連を中心とする社会主義圏に属し ていたか，バルト諸国のようにソ連領域に属していた。

とはいえ，ソ連崩壊直後の 1990 年代は，EU とロシアの関係は概してポジ ティブなものだった。ロシアは EU から得られる経済的利益を求め，EU 側は 東方拡大への支持をロシアに求めた。1997 年 12 月には EU とロシアのパート ナーシップ協力協定が発効し，年 2 回の首脳会議をはじめとする，さまざまな レベルでの両者の定期的な対話のチャネルが築かれた。しかし，ロシアは EU との経済不均衡や旧ソ連のバルト三国の EU 加盟などに難色を示す一方，EU 側もプーチン体制の権威主義的性格や，そのチェチェン政策に不満を表明する ようになった。また，2008 年 8 月のロシアによるジョージア（グルジア）軍事 侵攻も両者の関係に水を差した。

さらに，2014 年 3 月のロシアによるクリミア編入は，EU にとって衝撃であ った。それまでの EU のロシアへの幻想を打ち砕き，EU が最も重視する原則 の 1 つである武力による国境変更の禁止を踏みにじったからである。EU は， ロシアに対して厳しい制裁措置に出た。2019 年現在，両者間のサミット開催 は凍結されたままであり，EU はロシアへの経済制裁を延長し続けている。

その一方で，経済的に EU とロシアは，双方とも互いを必要としている。ロ シアにとって EU は最大の貿易パートナーであり，EU にとってもロシアは第 4 の貿易パートナーである。また，大きな領域としてエネルギー分野がある。 EU は，石油に関して約 5 分の 1，ガスに関して 4 分の 1 をロシアに依存して いる。逆にいえば，ロシアも EU への資源の輸出に依存している。

このように，ロシアとEUの関係は，その両者の歴史，地理的近接性，経済的相互依存から，かなり複雑なものになっている。加盟国内部でも，ロシアに対する脅威認識の違いや，エネルギー依存度の違いから，対ロシア政策で足並みを揃えるのは難しい。さしあたり，ウクライナ危機以来のEUとロシアの対立（「新冷戦」と呼ばれることもある）がいつ，どのように終わるのかが注目点だろう。

┃ 中　国 ┃

　中国との関係は，1975年の欧州委員の訪中に始まる。1978年に貿易協定が締結され，85年には貿易・経済協力の合意に至り，88年に北京に欧州委員会の代表部が開かれた。89年6月の（第2次）天安門事件により，欧州理事会は中国に対する武器禁輸措置を宣言し，関係は一時悪化したが，数年後に経済関係は復調している（武器禁輸措置は継続）。

　1998年には，中国のWTO加盟に備えて，EUが中国に対して定期的なサミットの開催を提案し，同年にロンドンで初めてEU・中国サミットが開催された。そこでEUと中国は，「長期的に安定した建設的パートナーシップ関係」の確立に向けて，年1回の首脳会議開催に合意している。また，2003年の第6回サミットでは，EUと中国は「包括的戦略パートナーシップ関係」を発展させることを互いに確認した。さらにEUと中国は，領域ごとに，さまざまな対話のチャネルを確立していった。例えば，環境相レベルの対話，外務次官級の戦略対話，エネルギーや交通分野に関する対話，アフリカ問題に関する対話などが挙げられる。2007年の第10回サミットでは，EUの対中貿易赤字問題を背景に，「EU-中国ハイレベル経済貿易対話（HED）」制度の創設に双方が合意した。加えて，ユーロ危機の際には，中国は南欧諸国の国債を買い支える形で危機の対処にあたった。

　2013年には中国で習近平体制がスタートし，第16回EU・中国サミットでは「戦略的パートナーシップ」の10周年が祝われ，次の10年に向けた「EU-中国協力2020戦略計画」が採択された。ここでは，EUと中国との間の包括的な投資協定の締結がめざされており，現在もそれに関して交渉中である（2020年までに妥結予定）。

いまや中国は EU にとってアメリカに次ぐ 2 番目の輸出市場であり，EU も中国にとって最大の貿易パートナーである。EU は，中国と地理的に離れており，（例えばアメリカや日本と違って）東アジアに軍事的プレゼンスがないことから，よりプラグマティックな関係にあるといえる。

　とはいえ，EU – 中国関係が良好かというと，そういうわけでもない。

　まず，EU と中国の間には，貿易が密なぶん，それに関する紛争も絶えない。例えば，中国は，2006 年に自国が生産するレアアース，モリブデン，タングステンに高額の輸出税を課し，さらに 2010 年には輸出数量自体にも制限を加えたが，これに対し EU や日米が 2012 年に WTO に提訴している（2014 年に中国の敗訴）。

　第 2 に，EU が重視する環境問題をめぐって，中国と EU は対立的である。1992 年に EU は中国と「環境対話」を開始しているものの，それがうまくいっているわけではない。加えて，1995 年から毎年開催されている国連気候変動枠組条約締結国会議（COP）では，EU 側と中国側の主張が対立することもしばしばである。

　第 3 に，中国が抱える人権問題がある。既に天安門事件をめぐって両者の関係が悪化したことは述べた。1995 年から EU と中国は「人権問題に関する特別対話」を年 2 回開催しており，そこで EU 側は人権尊重を中国に求めてきた。しかし，例えば 2008 年の中国政府によるチベット暴動鎮圧，あるいは 2010 年にノーベル平和賞を受賞した劉暁波の投獄などをめぐって，EU と中国の関係はたびたび緊張してきた。とはいえ，経済関係への配慮から，それほど EU 側も強く中国に迫れていないのが実態である。

　第 4 に，中国は 2012 年から中東欧および西バルカンの 16 カ国（うち 11 が EU 加盟国）と「16 ＋ 1」と呼ばれる枠組みを構築し（2019 年にギリシャが加わり「17 ＋ 1」に改称），さらに「一帯一路」政策を進めるなかで，この地域における影響力を急速に増している。この中東欧における中国のプレゼンスの上昇は，経済的に評価する向きもあるものの，EU 内の分断を促すものとして，とりわけ EU および西欧諸国側の警戒感を高めてもいる（東野 2019）。

　経済的重要性が増すなかで，人権問題や環境問題を抱えた中国といかに向き合っていくかは，EU にとって今後も大きな挑戦となるだろう。

日　本

　1980年代，日本と西欧諸国の間には激しい「貿易戦争」が生じていた。しかし91年に日本とECは「共同宣言」（ハーグ宣言）を採択し，定期的にサミットを開催するようになった（遠藤2008：史料7-23）。その10年後の2001年には，政治対話と経済関係の着実な進展を受け，「日EU協力のための行動計画」が採択された。この行動計画では，①「平和と安全の促進」（軍備管理・軍縮，人権の重視，紛争予防，平和構築など），②「万人のためにグローバル化の活力を活かした経済・貿易関係の強化」，③「地球規模の問題および社会的課題への挑戦」（高齢化社会，男女共同参画，教育，環境，エネルギー，テロ対策など），④「人的・文化的交流の促進」の4つを「重点目標」として挙げている。日本とEUは，貿易・投資分野を越え，政治や安全保障，社会や文化にまで至る相互協力に進んでいる。

　現在，日本はEUにとって中国に次ぐアジアの貿易パートナーであり，EUは日本にとって3番目の貿易パートナーである。そして2017年7月にブリュッセルで行われた第24回日EU定期サミットにおいて，日EU経済連携協定（EPA）および戦略的パートナーシップ協定（SPA）について大枠合意に達し，同年12月にEPA交渉が妥結，EPAは18年7月に署名され，19年2月に発効した。このEPAの発効により，世界の貿易の37％，GDPでは28％を占める，世界でも最大規模の経済圏が実現した。

　EPAへの合意は，国際的に保護主義的な傾向が強まるなか，日本とEUが共に「自由貿易の旗手」であることへの意思を示したものといえよう。また，EPAとセットとなるSPAは，日本とEUが民主主義や法の支配といった価値を共有したパートナーであることを踏まえた，法的拘束力を持つ合意で，安全保障や気候変動対策などグローバルな問題に対する協力を定義している。なおEUは，日本との協定よりも先に，韓国，あるいはカナダなどと同様の経済協定および政治協定を交渉し，合意・締結している。近年EUは，経済協定を締結する際に政治協定（SPAないし「枠組み協定」）をセットにして交渉しているが，これはEUが，「民主主義」や「法の支配」の推進を経済とリンクさせる方針を採用しているからである。

植田隆子（2014）「欧州連合の対外関係」植田隆子・小川英治・柏倉康夫編『新 EU 論』信山社，157-195 頁。

植田隆子（2016）「EU の対外関係――「普通の国」ではない EU 諸国と世界」小久保康之編『EU 統合を読む――現代ヨーロッパを理解するための基礎』春風社，141-167 頁。

臼井陽一郎編（2015）『EU の規範政治――グローバルヨーロッパの理想と現実』ナカニシヤ出版。

遠藤乾編（2008）『原典 ヨーロッパ統合史――史料と解説』名古屋大学出版会。

遠藤乾・鈴木一人編（2012）『EU の規制力』日本経済評論社。

中村民雄（2019）『EU とは何か――国家ではない未来の形〔第 3 版〕』信山社。

東野篤子（2015）「EU は『規範パワー』か？」臼井陽一郎編『EU の規範政治――グローバルヨーロッパの理想と現実』ナカニシヤ出版，45-60 頁。

東野篤子（2019）「ヨーロッパと一帯一路――脅威認識・落胆・期待の共存」『国際安全保障』第 47 巻第 1 号，32-51 頁。

森井裕一（2012）「EU の対外政策」森井裕一編『ヨーロッパの政治経済・入門』有斐閣，257-271 頁。

ルンデスタッド，ゲア／河田潤一訳（2005）『ヨーロッパの統合とアメリカの戦略――統合による「帝国」への道』NTT 出版。

Fröhlich, Stefan（2014）*Die Europäische Union als globaler Akteur: Eine Einführung*, 2. Aufl., Springer VS.

Keukeleire, Stephan and Tom Delreux（2014）*The Foreign Policy of the European Union*, 2nd edition, Palgrave Macmillan.

McCormick, John（2015）*European Union Politics*, 2nd edition, Palgrave.

Müller-Brandeck-Bocquet, Gisela und Carolin Rüger（2015）*Die Außenpolitik der EU*, De Gruyter Oldenbourg.

Orbie, Jan（2008）"The European Union's Role in World Trade: Harnessing Globalisation?" in: Jan Orbie ed. *Europe's Global Role: External Policies of the European Union*, Ashgate.

第 **10** 章

共通安全保障・防衛政策

ソフィア作戦に参加したドイツ海軍のフリゲート「アウクスブルク」（写真：時事通信フォト）

はじめに

　もともと経済領域を主とする共同体としてスタートしたヨーロッパ統合だが，いまや対外的・対内的な「安全保障（security）」の担い手にもなっている。安全保障に関わる EU の活動は多岐にわたるが，代表的なものが，共通外交・安全保障政策（CFSP）と共通安全保障・防衛政策（Common Security and Defence

Policy：CSDP），そして警察・司法協力である。また，「人の自由移動」に伴う越境的な犯罪の浮上から，対内的安全保障の問題もクローズアップされている。

　ヨーロッパ共通の安全保障政策という発想は，第2次世界大戦後に米ソ間の対立が深まるなか，統合プロジェクトの初期から存在していた。しかし，1954年の欧州防衛共同体（EDC）の挫折以来，冷戦期を通じて，EEC/EC は経済を中心とし，安全保障領域に関しては NATO，とりわけアメリカに，ヨーロッパ（西欧）は依存するという枠組みに落ち着いていた。こうした状況を変えたのが，ヨーロッパにおける冷戦および東西分断の終焉である。これに伴うヨーロッパの安全保障環境の劇的な変化が，ヨーロッパ独自の安全保障・防衛政策の可能性と必要性を生み出していくのである。

　そして EU は，今世紀に入ってから，本格的に安全保障と防衛の領域も扱うようになった。本章では，前章の議論を踏まえつつ，国際的な安全保障のアクターとしての EU について考察する。まず第1節では，リスボン条約における CSDP の成立までに至る EU の安全保障政策の展開を歴史的にたどる。続く第2節では，共通安全保障・防衛政策の制度的枠組みと，具体的なミッションについて説明する。以上の考察を踏まえて，第3節では，安全保障アクターとしての EU の性格と，その将来的見通しを考察する。

1　EU の安全保障政策の発展

冷戦の終焉と共通外交・安全保障政策（CFSP）の進展

　そもそも第2次世界大戦後のヨーロッパ統合は，2つの世界大戦の主戦場となってしまったヨーロッパに不戦共同体を創出するという（欧州諸国間の）安全保障上の要請があった。シューマン・プランの石炭鉄鋼共同体という構想には，フランスの経済的な計算も存在したものの，何よりも独仏間の戦争を「物理的にも不可能に」しようという意図，「平和の維持に欠かせないヨーロッパの連邦」を創り出そうという意図があった（第1章参照）。

　こうした欧州諸国間の安全保障問題とともに冷戦期に浮上したのが，共産圏の軍事的脅威と，米ソの両大国の間でヨーロッパが埋没してしまう恐れであっ

た。これに応じようとしたのが，（ソ連に対抗しつつ，アメリカからも安全保障政策的に自立した）「第三勢力」構想であり，その具体化が**欧州防衛共同体**（EDC）および欧州政治共同体（EPC）構想であった。しかし，1954 年 8 月のフランス国民議会の拒否により，この構想は挫折した。

　その一方で，既に 1949 年に設立されていた**北大西洋条約機構**（NATO）が，西欧の安全保障をほぼ独占的に担うことになった。西ドイツを再軍備させる際に，ブリュッセル条約（1948 年）を改組した**西欧同盟**（WEU）が設立され，ドイツの軍備を監視・管理することになったが，WEU は NATO の補完物的な存在であり，NATO の代替物とはなりえなかった。

　ヨーロッパ独自の安全保障政策を展開しようという動きもないわけではなかったが，冷戦期を通じて，西欧の共同体（EEC / EC）は経済を中心とし，安全保障領域に関しては NATO，とりわけアメリカにヨーロッパ（西欧）は依存するという枠組みに落ち着いていた。

　こうした状況を変えたのが，ヨーロッパにおける冷戦および東西分断の終焉と，それに伴う安全保障環境の劇的な変化である。もはやヨーロッパの中心部においては軍事衝突の危険が消滅し，またそれに伴い，アメリカおよびNATO への依存度が低下したように見えたのである。こうして，ヨーロッパ独自の安全保障・防衛政策の可能性と必要性が浮上した。

　湾岸戦争（1991 年）が残した強烈な印象と，ユーゴ紛争のさなか，1993 年に発効したマーストリヒト条約によって，**共通外交・安全保障政策**（CFSP）がEU の「3 本柱」のうちの 1 つに据えられた。ここで共通の安全保障政策の可能性が開かれたわけだが，未だこの段階では独自の共通安全保障機構を備えたわけではなかった。また，EU の対外的な代表は，この時点では議長国の首脳や外相が務めていたが，これは半年ごとの輪番制であったため，継続性の確保に難があった。代わりに，90 年代前半には，WEU がヨーロッパ独自の安全保障機構として期待された。92 年 6 月，ドイツのボン郊外のペータースベルクで開かれた WEU の閣僚理事会は，全欧安保協力会議（CSCE）を支援しつつ，「EU の防衛部門として，また大西洋同盟内のヨーロッパの柱を強化するための手段として」，人道支援および救助活動，平和維持活動，平和構築を含む危機管理における武力行使などの課題（後に**「ペータースベルク任務」**と呼ばれる）

に取り組むことを宣言した（遠藤 2008：史料 8-4）。

　しかし，1990 年代の旧ユーゴスラヴィアをめぐる一連の紛争は，ヨーロッパの軍事的な弱体性を露わにした。とりわけコソボ紛争では，アメリカの決断と軍事力にヨーロッパが従属していることが明らかとなったのである。そうしたなか，次第に EU 内における防衛協力が模索されるようになった。

　まず 1997 年のアムステルダム欧州理事会で，EU は，WEU の「ペータースベルク任務」を取り込んだ。これにより，集団防衛を含まない，戦争外任務での軍事力の使用が CFSP の枠内に収められた。

　そして重要な推進力となったのが，イギリスにおけるブレア政権の成立（1997 年 5 月），そしてそのブレアが主導した，1998 年 12 月のサン・マロ（フランス）での英仏首脳会談における合意（**サン・マロ宣言**）である。ここでブレアとシラク仏大統領は，EU 諸国が防衛政策を共通化し，独自の軍事能力を獲得し，欧州防衛産業の競争力を強化することを呼びかけた（遠藤 2008：史料 8-17）。この背景には，「軍事革命（Revolution in Military Affairs：RMA）」を進めたアメリカに対して，ヨーロッパが能力的にも軍事産業的にも取り残され，NATO 内でヨーロッパが軽んじられることへのブレアの懸念があった。このサン・マロ宣言により，単一の安全保障アクターとしての EU が誕生し，**欧州安全保障・防衛政策**（European Security and Defence Policy：ESDP）への道がひらかれることになった（Howorth 2014：4）。

　1999 年 5 月にはアムステルダム条約が発効し，6 月に開催されたケルン欧州理事会では，ESDP のコンセプトが提案され，CFSP の一部として位置づけられた。また，前章でも見たように，アムステルダム条約の発効に伴って設置された外交・安全保障政策担当上級代表（5 年任期）のポストに，前 NATO 事務総長として定評のあったソラナが就くことが決まった（2 期在任，1999 ～ 2009 年）。なお，2000 年にはブリュッセルに常設共通外交・安全保障委員会が設置されている。

　その一方で，1999 年 4 月の NATO ワシントン理事会では「新戦略概念」が採択され，ESDP が，NATO と切り離されず，かつ重複しない限りにおいて許容されることが確認された。この方針のもとに，いわゆる「**ベルリン・プラス**」という合意が成立した。「ベルリン・プラス」により，EU が独自の活動

を行うに当たって，NATO の能力（作戦立案や情報収集など）とアセット（装備，兵器，インフラなど）を利用することが可能となり，2003 年から実施に移された（遠藤 2008：史料 9-3）。この枠組みのもと，EU は引き続き NATO に共同防衛を任せつつ，独自の安全保障活動を模索することになる。

▎共通安全保障・防衛政策（CSDP）へ

　2002 ～ 03 年，アメリカによるイラクへの軍事作戦をめぐる議論は，安全保障問題における欧州諸国間のまとまりの欠如を露呈させた。イギリスや中東欧諸国がアメリカに賛同したのに対し，フランスとドイツはイラクへの開戦に反対した。このときアメリカのドナルド・ラムズフェルド国防長官は，アメリカに同調する諸国を「新しいヨーロッパ」と呼び，ドイツやフランスを「旧いヨーロッパ」だと揶揄した。こうした内部の足並みの乱れを受けて，2003 年 12 月のブリュッセル欧州理事会では，「ソラナ・ペーパー」と呼ばれる**安全保障戦略**（European Security Strategy：ESS）文書（名称は「より良い世界における安全なヨーロッパ」）が承認された。本文書は，EU が初めて提示した共通の安全保障戦略であり，EU の安全保障観を示すものとして重要である。

　ESS は，EU が「1 つのグローバル・プレイヤー」であり，「グローバルな安全保障への責任を共有できるよう準備すべきである」と宣言した。この文書の背景には，「テロとの闘い」をアメリカと共有しつつも，イラク戦争を強行したアメリカの安全保障戦略とは異なる，ヨーロッパ独自の安全保障観を示そうという意図があった。ESS では，ヨーロッパがもはや伝統的な安全保障上の脅威にはさらされていないことを前提に，テロや大量破壊兵器の不拡散問題などの課題が提示される一方で，破綻国家や地域紛争，さらには組織犯罪などに対する取り組みにまで言及され，国際秩序の構築への EU の貢献が重視されている。

　このように ESS は，ヨーロッパがグローバルに関与することによって安定した国際秩序を構築することこそ，ヨーロッパにとっての安全保障であるという立場を示した。また，ESS の特徴は，抑止を基礎とした旧来型の安全保障観ではなく，多角的で人道主義的な安全保障観を提示したところにある。本文書は，一方でアメリカと EU が価値観を共有すること，そして依然として米

欧関係が重要であることを再確認しつつも，他方で，先制攻撃や武力による脅威への対応といった手段には否定的で，より多国間主義的・非軍事的・協調的な手段を通じて国際秩序を形成するアクターとしての EU を提示しようとしている。また，1 つの意志を持った単一のアクターとして，EU が安全保障分野でも自覚を持ち始めたことも示している（鈴木 2014：293-294）。とはいえ，依然として加盟国間の意見の違いも大きく，2008 年に試みられた欧州安全保障戦略の改訂は実現しなかった。

　こうしたなか，2009 年のリスボン条約の発効によって，ESDP は共通安全保障・防衛政策（CSDP）と改称され，制度的にはさらに強化されることとなる。

 ## 共通安全保障・防衛政策の特質

▎リスボン条約における共通安全保障・防衛政策

　リスボン条約によって ESDP は**共通安全保障・防衛政策**（CSDP）と改称された。CSDP は，引き続き共通外交・安全保障政策（CFSP）の構成要素の 1 つとして位置づけられたが，その目的は「平和の確保，紛争予防，国際安全保障の強化」とされ（EU 条約 42 条），制度的にも変化を遂げた。

　例えばリスボン条約は，EU に「相互援助条項（mutual assistance clause）」（集団防衛条項）を取り入れている。すなわち，42 条 7 項に，「加盟国がその領域に対する武力侵略の犠牲国となる場合，他の加盟国は，国連憲章 51 条に従って，あらゆる可能な手段を用いてこれを援助および支援する義務を負う」とされた。これにより，それまでヨーロッパ独自の集団防衛同盟であった西欧同盟（WEU）の任務は EU に継承され，WEU は 2011 年に解散した。

　①政府間主義的な意思決定の継続　ただ，前章で述べたように，リスボン条約によって「3 本柱」は解消されたが，引き続き，共通外交・安全保障政策の意思決定の特異性は残っている。すなわち，同政策の提案権は欧州委員会にはなく，加盟国か上級代表（後述）が持ち，採択は EU 理事会が（原則として）全会一致で行う。欧州議会は，この政策決定過程には関与しない。つまり CFSP

は，他の分野とは異なり，ほぼもっぱら加盟国政府間で決定されるのである。

　なお，外交・安全保障・防衛の分野では，EU理事会において「建設的棄権」の制度がある。通常の棄権ならば，全会一致で成立した決定は棄権国も実施する義務を負うが，建設的棄権では，棄権国が成立した決定を実施する義務を負わない（中村2019：134）。この制度の背景には，中立政策をとってきた加盟国（スウェーデン，フィンランド，オーストリア，アイルランド，マルタ）の存在がある。つまり，建設的棄権により彼らは共通安全保障・防衛政策に加わらないけれども，反対はしないという立場をとることができるのである。

②外務・安全保障政策上級代表と欧州対外行動庁の設置　　前章で述べたように，リスボン条約により（欧州理事会常任議長とともに）「**外務・安全保障政策上級代表**」が新たに設置された。この上級代表に，CFSPとCSDPの調整および実施の責任が与えられている。またこのポストの担当者は，ソラナ時代の上級代表とは異なり，欧州委員会の副委員長も兼ねることになった（前章で見たように，2009年から14年まではアシュトン，14年から19年まではモゲリーニ，19年からボレルが担当）。ソラナ時代の上級代表は欧州理事会の事務総長と兼任で，もっぱら政府間主義的なポストであった。他方で欧州委員会にも対外政策担当委員が存在したため，両者の協調が問題としてあったが，リスボン条約によってこの問題は解消されたことになる。

　また，リスボン条約により，外交・安全保障上級代表のもとで共通外交・安全保障政策を担当する**欧州対外行動庁**という機構が設立された。この欧州対外行動庁が，共通安全保障・防衛政策も司ることになる。

　そしてEEASの枠内に，もともと理事会のもとに設置されていた**政治・安全保障委員会**（Political and Security Committee：PSC：しばしばフランス語の頭文字からCOPSとも呼ばれる）も収められた。PSCは大使級の会合であり，戦略レベルと作戦レベルの間，および文民レベルと軍事レベルとの間の接点に位置し，ヨーロッパの危機管理の中心的要素を担う存在である。

　このPSCの諮問機関として，文民の参謀機関である**文民危機管理委員会**（Committee for Civilian Aspects of Crisis Management：CIVCOM）と，加盟国の統合幕僚長で構成された軍事的参謀機関である**EU軍事委員会**（EU Military Committee：EUMC）の2つがあり，これら民軍の両委員会が，加盟国と

欧州レベルの仲介の役割を果たす。欧州委員会と加盟国の代表からなる CIV-COM は、政治・安全保障委員会の作業グループにあたり、人権や民主主義、法治国家、公共秩序の回復に従事する警察や司法官僚など、非軍事的な専門家の投入の調整や支援をする。2007 年から CIVCOM は、共通安全保障・防衛政策の文民作戦（CSDP の 4 分の 3 を占める）の計画・実行の中心となる文民活動計画・指揮能力局（Civilian Planning and Conduct Capability：CPCC）に支援されるようになった。

具体的なミッション

　CSDP の具体的なミッションは 2003 年に始まる（表 10.1 参照）。最初のミッションは、ボスニアで、国連の国際警察タスクフォース（IPTF）と交代した、EU 警察ミッション（EUPM）である（2003 年 1 月から 2012 年まで）。その任務はあくまでも現地の警察機構の確立であり、存在感は限定的だったものの、EU が設立されて 10 年が経とうとするとき、初の EU としてのミッションが展開されることになったのである（小林 2012：275-278）。

　一方、最初の軍事ミッションは、2003 年 3 月から 12 月のマケドニア旧ユーゴスラヴィア共和国におけるコンコルディア（Operation CONCORDIA）である。マケドニアの安定化、およびオーリッド和平協定の実施を監視するため、アイルランドとデンマークを除く加盟国から 357 人の兵士が派遣された。EU は、コンコルディアでは NATO の資源や能力に頼らざるを得なかったが、2003 年 6 月から 9 月まで展開されたコンゴ民主共和国へのアルテミス（Operation AR-TEMIS）で、初めて限定的ながらも自律的な作戦（ただしもっぱらフランス軍中心）を遂行した。

　こうして欧州安全保障・防衛政策（ESDP）の制度的な枠組みが構築されて以来、軍事活動・文民活動を含め、EU は 2003 年から 30 以上のオペレーションに従事している。地理的には、アフリカ（18 ミッション）およびバルカン半島を中心とするヨーロッパ周縁部（11 ミッション）に活動が集中しているが、その他にもパレスチナやイラクの中東地域、そしてアフガニスタンやインドネシアでも活動している。2008 年からはソマリア沖で海上作戦にも従事するようになった。

概して文民的な活動に重点があり，CSDP の 34 ミッションのうち，軍事的なミッションが 12 であるのに対して，文民的な性格を持つミッションが 22 である（なお，アフリカ連合の支援を目的として 2005 年から 07 年に行われた AMIS II Darfur が，これまで唯一の軍民を組み合わせた EU の支援ミッションである）。また，文民ミッションのなかでも，安全保障部門改革（SSR），警察・治安，法の支配ミッションが中心的なものとなっている。紛争後の平和維持において，警察能力の重要性に注目が集まるなか，こうした活動は EU のミッションの特徴となった。

CSDP ミッションの約 3 分の 1 は軍事的なミッションだが，そのうち 7 つが，バルカン半島およびアフリカにおける平和維持・危機管理のために兵力を展開するものである。他の 5 つは，ソマリア，マリ，中央アフリカ共和国における軍事訓練および助言のミッションを含んでいる。EU は，マリにおける軍事訓練のような「控えめな」ミッションから，コンゴ民主共和国における軍事勢力との戦闘に至るまで，さまざまなレベルの軍事ミッションに従事することになった（Dover and Kristensen 2016：250）。

ミッションの規模や期間もさまざまである。大きなものとしては，ボスニアへの軍事ミッションであるアルテア（EUFOR ALTHEA）があり，EU24 カ国から 6200 人の兵士が派遣された。また，国連によって委託された，前述のソマリア沖でのミッションであるアタランタ（EUNAVFOR ATALANTA）や，コソボでのユーレックス（EULEX）も規模が大きい。前者の海賊対策では 1200 人の兵士，7 隻の軍艦，4 隻の哨戒艇が投入されている。コソボには 1600 人の行政官僚，法律家，警察などの文民が当地の安定化のために活動している。

さらに，近年の動きとしては，地中海を経由してヨーロッパに流入する難民・移民の増加を受け，密航および人身売買ネットワークの監視・捜査のため，地中海 EU 海軍部隊（EUNAVFOR Med）によるソフィア作戦（Operation Sophia）が 2015 年から展開されている。

┃ ミッションの内実 ┃

CSDP ミッションの歴史は，EU の現状を反映している。その政府間主義的な決定方式のために，この領域の進展は各加盟国間の協調次第だからである。

大地域	地域・国	ミッション	軍／民
ヨーロッパ	マケドニア	Operation CONCORDIA	軍
		EUPOL PROXIMA	民
		EUPAT	民
	ボスニア・ヘルツェゴビナ	EUPM/BiH	民
		EUFOR ALTHEA	軍
	コソボ	EULEX Kosovo	民
	ジョージア（グルジア）	EUJUST THEMIS	民
		EUMM Geogia	民
	ウクライナ／モルドバ	EUBAM Moldova and Ukraine	民
		EUAM Ukraine	民
	地中海	EUNAVFOR MED/Operation SOPHIA	軍
中東	パレスチナ	EUBAM Rafah	民
		EUPOL COPPS/Palestinian Territories	民
	イラク	EUJUST LEX Iraq	民
		EUAM Iraq	民
アフリカ	コンゴ民主共和国	Operation Artemis	軍
		EUPOL Kinshasa	民
		EUFOR RD Congo	軍
		EUSEC RD Congo	民
		EUPOL RD Congo	民
	アフリカの角	EU NAVFOR Somalia/Operation Atalanta	軍
		EUTM Somalia	軍
		EUCAP Somalia	民
	スーダン	EUAVSEC South Sudan	民
	サヘル地域	EUCAP Sahel, Niger	民
		EUTM Mali	軍
		EUCAP Sahel Mali	民
	中央アフリカ共和国／チャド	EUFOR Tchad/RCA	軍
		EUFOR RCA	軍
		EUMAM RCA	軍
		EUTM RCA	軍
	ギニアビサウ	EU SSR Guinea-Bissau	民
	リビア	EUBAM Libya	民
アジア	アチェ	AMM Aceh	民
	アフガニスタン	EUPOL Afghanistan	民

目的	期間
平和維持	2003 年 3〜12 月
治安	2003〜05 年
治安	2005〜06 年
治安	2003〜12 年
EU24 カ国から 6200 人の兵士を派遣	2004 年
コソボにおける安定した法治国家（とりわけ司法・行政システム）構築の支援のため，1900 人の官僚，法律家，警察官を派遣	2008 年〜
法の支配	2004〜05 年
監視ミッション	2008 年〜
国境管理支援（※ ただしこれは CSDP の枠外でのミッション）	2005 年〜
安全保障部門改革	2014 年〜
密航および人身売買ネットワーク対策	2015 年〜
国境管理支援	2005 年〜
治安	2006 年〜
法の支配	2005〜13 年
安全保障部門改革	2017 年〜
EU 初の自律的な平和維持活動。コンゴ民主共和国イトゥリ州の安定化，および人道的状況の改善のため，1800 人の兵士を派遣	2003 年 6〜9 月
治安	2005〜07 年
民主的選挙の実施を支援するため，自律的な平和維持活動，1700 人の兵士を派遣。	2006 年 7〜11 月
安全保障部門改革	2005〜16 年
治安	2007〜14 年
ソマリア沖の海賊対策	2008 年〜
軍事訓練	2010 年〜
海軍訓練および能力形成	2012 年〜
空港警備	2012〜14 年
文民訓練，能力形成	2012 年〜
マリ軍の訓練のため，450 人の兵士を派遣	2013 年〜
治安力訓練	2014 年〜
自律的な平和維持活動。安定化，文民および難民の保護などのため，約 3000 人の兵士を派遣	2008〜09 年
安定化	2014〜15 年
軍事助言	2015〜16 年
軍事訓練	2016 年〜
安全保障部門改革	2008〜10 年
国境管理支援	2013 年〜
監視ミッション	2005〜06 年
治安	2007〜16 年

リビア危機においては加盟国の足並みが乱れたし，マリではフランスが独行した。また，近年のシリア危機でも共通の立場を見出すことが難しかった。各国のさまざまな安全保障認識や利害の絡み合いに左右されてしまうのが，CSDPなのである。

と同時に，CSDPには，近年「ミッション疲れ（mission fatigue）」が見られる。例えば，2019年までにEUは30を超えるミッションを展開してきたが，そのうちの約3分の2である22のミッション（軍事ミッション6，文民ミッション16）が，2003年から2008年の間に決定されたものである。

また，量的な変化だけではなく，次第に質的にもCSDPの傾向が明らかになっている。

第1に，EUのミッションは，国連やアフリカ連合のミッションの，いわば「つなぎ」の役割を果たしている。例えば，2008年のチャド／中央アフリカへのCSDPミッションでは，フランスの主導により，3700人の兵士が難民キャンプを保護するために派遣されたが，これは2009年に，より大規模な国連ミッションに引き継がれた。同様に，2014年の中央アフリカへの安定化ミッションも，アフリカ連合によるミッションに引き継がれるまでの「つなぎ」の役割を担った（Dover and Kristensen 2016：252）。

第2に，自ら平和構築・平和維持を行うという主張とは裏腹に，次第にEUは「安全保障コンサルタント（security consultant）」として，「訓練役（Ertüchtigungsrolle）」に集中するようになっている（これはドイツの選好に合致している）。それに応じて，2009年以来，主に養成や訓練のミッション，および安全保障部門改革（例えば2014年7月に設置された文民ミッションであるEUAMウクライナ）が増加している。一方で，リビアやマリや中央アフリカへの危機には，イギリスやフランスが単独で介入している。欧州の安全保障政策の屋台骨である英仏が，CSDPよりも，NATOや単独行動を好む傾向があるからである（Jopp und Barbin 2016：283）。

③ 安全保障アクターとしてのEUの現在と将来

┃ヨーロッパにおける安全保障政策の枠組みの多様性┃

　加盟28カ国の軍事予算，兵員，軍備を単純に足し算すれば，EUはアメリカに次ぐ軍事アクターである。その防衛予算の合計は，ロシア，中国，インド，ブラジルを凌ぎ，190万人の兵員を有している。また，いうまでもなくイギリスとフランスは核保有国である。しかし，単一の安全保障アクターとしては，EUは未だ「幼児」と呼ばれる（Howorth 2014：3）。

　ESDPを打ち出したときの意気込みに比べると，現状のEUの共通安全保障政策の成果は乏しい。リスボン条約で期待された，一貫し，かつ能力のある安全保障アクターとしてのEUという目標も，達成されてはいない。たしかに，チャドやソマリアやグルジアにおけるEUのミッションは，一定の成果を見せた。とはいえ，2011年のリビアや13年のマリでは，加盟国の集団的な意思形成の問題を露呈させている。

　リスボン条約は，CSDPを強化するための制度的・法的な枠組みを整えた。しかし，安全保障政策における政府間主義的な性格は維持されたままである。引き続き個々の加盟国が，安全保障政策の中心的なアクターであり続けている。例えば，2010年に英仏は，CSDPの枠外で，安全保障・防衛政策，とりわけ海事と核の領域における協力の強化で合意した。同様に，独仏間の軍事協力も進められている（例えば2015年の偵察衛星における協力合意など）。

　こう見ると，EUの共通安全保障・防衛政策は，国家の安全保障政策に取って代わるもの，あるいは国家安全保障を時代遅れにするものではないといえる（Peterson and Geddes 2015：194f.）。そもそもEUは，領域防衛に関してはほぼ何の役割も果たしていないし，CSDPが加盟国の防衛政策の中心にあるわけでもない。常設の軍隊も備えていない。域外の第三国と軍事同盟を結んでもいない。結局のところ，EU加盟国の多くは，同時にNATO加盟国であり，多くのEUの軍事活動も，実際はNATOとの協調のもとで行われている。

　既に見たように，CSDPのミッションは文民ミッションが多い。そう考える

と，EU は，共通の安全保障・防衛政策の基盤が整ってもなお，「シヴィリアン・パワー」だと特徴づけることができる（Müller-Brandeck-Bocquet und Rüger 2015：244-246）。前章で述べたように，シヴィリアン・パワーとは，国際安全保障のために，軍事的な手法よりも非軍事的な手法を優先するようなパワーを指す。あるいは，主として EU は，軍事力を用いた「ハードな安全保障」の供給者というよりも，紛争を予防ないし緩和する非軍事的な政策を通した「**ソフトな安全保障**」の提供者だということもできよう（Peterson and Geddes 2015：188）。

こうした特徴を持つ EU を背景に，ヨーロッパ諸国は，安全保障政策について NATO，EU，あるいは各加盟国で，枠組みを使い分けてきた。例えば，欧州安全保障の専門家である小林正英は，EU と NATO における「時系列的な棲み分け」「地理的な棲み分け」「任務・能力的な棲み分け」の存在を指摘している。「時系列的棲み分け」とは，NATO が展開していた非戦闘的任務に関し，規模的にも EU が引き継げる範囲にまで落ち着いた段階で，NATO の任務をEU が引き継ぐという場合を指す（ボスニアやマケドニアなど）。また，「地理的棲み分け」としては，EU のアフリカへの展開が挙げられる。アフリカは歴史的にヨーロッパ諸国との関係が深かったからである。さらに「任務・能力的な棲み分け」についていえば，高度に戦闘的な任務の場合では，NATO としての関与が選択される場合が多い一方（2011 年のリビアなど），EU の民軍連携が適した分野も存在する。EU の参謀機能の特色は民軍連携・融合的なオペレーションを展開できることであり，これは NATO には難しい面があるため，EUの参謀機能には独自の存在価値があるといえる（小林 2012：289, 292）。

動揺する世界のなかでの模索

現在のヨーロッパにおける安全保障問題は，複雑な様相を見せている。一方では，新しい安全保障領域，例えば危機管理，気候変動，エネルギー安全保障，サイバー・セキュリティ，そしてテロ対策などの問題が浮上して久しい。その一方で，2014 年のウクライナ危機以来，古典的な領域防衛という課題も回帰している。付言すれば，各国における防衛費削減や加盟国間の能力格差から，何らかの形での安全保障機構の効率化が求められている。

最大の問題は，アメリカの覇権の衰退だろう。とりわけリーマン・ショック以降，イラク戦争前後に見られたような積極的な単独行動主義は影を潜めた。2017年に成立したトランプ政権は，NATO加盟国に財政を公平に負担するよう要求し，各国の防衛費をGDP比2%以上にすることが「最低限」のラインだと主張している（そもそも2%以上をクリアしているのは2019年でアメリカを含む9カ国のみ）。さらにいえばトランプは，大統領就任前に，集団防衛を定めたNATO条約第5条についても「公平な負担次第」と示唆していた。

　こうした新しい安全保障環境のなかで，EU諸国はいかなる「安全保障」をめざすのだろうか。加盟国ごとの国防の増強か，NATOの増強か，あるいはNATOから自律・独立をめざすべきなのか。そして，NATOからの自律をめざすとしても，それはどの程度のものなのか。はたまた2015年3月にユンカー欧州委員会委員長が述べたように，「欧州軍」を創設するのか。つくるとしても，それは文字どおり「欧州軍」を創設するのか，あるいは加盟国間でより多くの軍事能力を共同管理・共同使用する方向（「プーリング・アンド・シェアリング（Pooling & Sharing）」構想と呼ばれる）を推進するのか（Müller-Brandeck-Bocquet und Rüger 2015: 246-252）。

　こうした問いが突きつけられるなか，EU側は，2016年6月28日，上級代表モゲリーニのもと，2003年以来13年ぶりに改訂された**安全保障戦略「共有されたヴィジョン，共通の行動：より強いヨーロッパ——EUの外交・安全保障政策のためのグローバル戦略」**を発表した。この新戦略は，よりいっそうの民軍融合型のアプローチによって紛争の各段階にさまざまな形で関与すること（**「統合アプローチ」**と呼ばれる）を打ち出している。「安全保障政策と開発政策の連携（Nexus）」というヴィジョンも示された。また，安全保障の概念として**「レジリエンス」**を強く押し出していることも印象的である。つまり，域外国・社会の「レジリエンス（強靭さ）」を高めることで，自らの安全保障を確保しようというのである。その意味でEUは，紛争前・紛争後の対応に力点を置いた，よりいっそう脱軍事中心型の安全保障をめざしているといえよう（新戦略についてはReiterer 2017）。

　しかし，この印象的な新戦略は，その発表の5日前にイギリスが国民投票によってEU離脱を決定したことで　かすんでしまった。これまでフランスと共

にEUの安全保障・防衛政策の支柱を担い，また加盟国の防衛支出の約5分の1を占めてきたイギリスの離脱決定は，同政策にも多大な影響を与えるだろう。悲観的な見方も強い。ただ他方では，国家主権を重視してきたイギリスの離脱によって，逆にEU加盟国間の防衛協力の強化に向かうのではという楽観論もある。

　実際，2017年6月のブリュッセル欧州理事会は，域内の兵器調達や研究開発にかかる資金を共同で負担する「欧州防衛基金」の早期実現で一致した。さらに2017年12月には，（イギリス，マルタ，デンマークを除く）EU加盟25カ国が，「**常設軍事協力枠組み**（Permanent Structured Cooperation：PESCO）」の構築を承認した。もともとPESCOはリスボン条約に盛り込まれていた規定だったが，イギリスがNATOとの重複を懸念して反対していたものである。しかし，ウクライナ情勢をめぐるロシアとの関係悪化，イギリスのEU離脱決定，アメリカのトランプ政権の誕生を背景に，独仏を中心に議論が進められた。そして「欧州共同軍」や対テロ対策用の「共同治安部隊」など「防衛のヨーロッパ」を求めるフランスのマクロン大統領の登場により，一気にPESCOは盛り上がりを見せた。PESCOにより，EU諸国間の軍事協力は深化することが予想されるが，その軍事的実効性については疑問視する声も多い。いずれにせよ，制度的にはCSDPは発展し続けていることが確認できる。

　EUの安全保障・防衛政策の将来については，イギリスが離脱したいま，独仏協力がきわめて重要となるだろう。本章で見てきたように，EUはこれまで曲がりなりにも共通安全保障・防衛政策の実践を10年以上積み重ねてきた。そして危機の時代のなかでも自らのヴィジョンを描こうともがいている。EUが今後いかなる安全保障・防衛政策を進めていくかは，世界においてEUがいかなる役割を果たそうとしているのかという自画像にも関わる問題であり，引き続き注目すべきだろう。

引用・参考文献 ┃　　　　　　　　　　　　　　　　　Reference ●

　植田隆子（2014）「欧州連合の安全保障・防衛政策と人道援助」植田隆子・小川英治・柏倉康夫編『新EU論』信山社，196-226頁。

遠藤乾編（2008）『原典 ヨーロッパ統合史——史料と解説』名古屋大学出版会。

小林正英（2012）「EU の安全保障・防衛政策」森井裕一編『ヨーロッパの政治経済・入門』有斐閣，273-294 頁。

小林正英（2015）「EU の文民的危機管理政策——ソーセージと EU の文民的危機管理政策がどう作られるかを知る人は，もはやぐっすりと眠ることはできない」臼井陽一郎編『EU の規範政治』ナカニシヤ出版，291-307 頁。

小林正英（2019）「EU による安全保障」広瀬佳一編『現代ヨーロッパの安全保障』ミネルヴァ書房，74-94 頁。

鈴木一人（2014）「21 世紀のヨーロッパ統合——EU-NATO-CE 体制の終焉？」遠藤乾編『ヨーロッパ統合史〔増補版〕』名古屋大学出版会，280-309 頁。

鶴岡路人（2011a）「欧州統合における共通外交・安全保障・防衛政策——政府間主義とその変容」『日本 EU 学会年報』第 31 号，168-185 頁。

鶴岡路人（2011b）「NATO・EU 協力の新たな課題——棲み分けから協働へ」『法学研究』（慶應義塾大学）第 84 巻 1 号，425-450 頁。

中村民雄（2019）『EU とは何か——国家ではない未来の形〔第 3 版〕』信山社。

東野篤子（2019）「EU の安全保障・防衛政策の新たな展開」広瀬佳一編『現代ヨーロッパの安全保障』ミネルヴァ書房，192-208 頁。

Bendiek, Annegret（2018）*Europa verteidigen: Die Gemeinsame Außen- und Sicherheitspolitik der Europäischen Union*, Kohlhammer.

Diedrichs, Udo（2012）*Die Gemeinsame Sicherheits- und Verteidigungspolitik der EU*, UTB.

Dover, Robert and Anna Maria Friis Kristensen（2016）"The European Union's Foreign, Security, and Defence Policies," in: Michelle Cini and Nieves Pérez-Solórzano Borragán eds., *European Union Politics*, 5th edition, Oxford University Press, 241-254.

Fröhlich, Stefan（2014）*Die Europäische Union als globaler Akteur: Eine Einführung*, 2. Aufl., Springer VS.

Howorth, Jolyon（2014）*Security and Defence Policy in the European Union*, 2nd edition, Palgrave Macmillan.

Jopp, Mathias, und Jéronimo L. S. Barbin（2016）"Gemeinsame Sicherheits- und Verteidigungspolitik," in: Werner Weidenfeld und Wolfgang Wessels（Hg.）*Europa von A bis Z*, Nomos, S. 276-287.

Müller-Brandeck-Bocquet, Gisela, und Carolin Rüger（2015）*Die Außenpolitik der EU*, De Gruyter Oldenboung.

Peterson, John and Andrew Geddes（2015）"The EU as a Security Actor," in: Daniel Kenealy, John Peterson, and Richard Corbett（eds.）*The European Union: How does it work?* 4th edition, Oxford University Press, 187-207.

Reiterer, Michel（2017）"Die Globale Strategie der Europäischen Union - den Visionen Taten folgen lassen," *integration*, Jg. 40, Heft 1, S. 11-30.

第 **4** 部

EU のガバナンス

PART

第 **11** 章

各国政治と EU

左からハンガリー首相オルバーン，ドイツ首相メルケル，フランス大統領マクロン。
2018 年 2 月 22 日，ブリュッセルにて（写真：時事通信フォト）

はじめに

　国家は，依然として EU の基本的かつ最も重要な構成要素である。そもそも
加盟国（member states）という単位を前提として，EU は成り立っている。そ
れゆえ，EU は各加盟国の政治・経済・社会を大きく変容させたが，同時に，
各国の政治動向やヨーロッパ統合への態度も，EU に大きな影響を及ぼす。つ

まり，各国の政治・経済・社会の制度や，民主主義の態様，さらにはアイデンティティの在り方は，EU と相互に影響を与え合う関係にある。そして，この相互作用のダイナミズムが，ヨーロッパ統合の歴史を彩ってきた。

　いうまでもなく，それぞれの加盟国は，独自の歴史や伝統，憲法をはじめとする法制度，政治システム，経済力，文化を持ち続けている。それゆえ，EU と各国政治の関係といったとき，加盟国に限っても 27 のパターンが存在することになり，すべてを網羅するのは紙幅上不可能である。そこで本章では，とりわけ重要な 4 つの事例を扱う。

　まずはドイツとフランスである。第 I 部で見たように，ヨーロッパ統合の歴史は，独仏抜きでは語りえない。それゆえ，中核国の事例としてドイツ（第 1 節）とフランス（第 2 節）を検討する。次いで，近年 EU を揺るがしている 2 つの事例を扱う。すなわち，離脱という決断を下したイギリス（第 3 節）と，EU が拠って立つリベラル・デモクラシーという価値に挑戦を突きつけているハンガリーおよびポーランド（第 4 節）である。

　本章は，これら 4 つの事例を扱うことで，加盟国と EU の関係を立体的に描くことを試みる。その際，①各国にとってヨーロッパ統合とは何であったか，②各国はヨーロッパ統合に対していかなる影響を与えてきたか，③各国の世論や政党政治はヨーロッパ統合に対していかなる態度をとっているか，④EU の危機が叫ばれる現在，各国と EU の関係はどのように変容しているか，といった論点を中心に考察を進めていく。

1　ド　イ　ツ

　冷戦終焉後，東西ドイツ統一と EU の東方拡大により，ドイツは地理的のみならず，さまざまな意味で EU の「中心」となった。人口は加盟国のなかで最多で（約 8300 万人で EU 総人口の約 16%），経済力も群を抜いている。結果として EU への財政的貢献も最も大きい。現在，EU 予算の約 4 分の 3 は加盟国の GNI（国民総所得）比拠出金で賄われているが，その拠出金の 2 割以上をドイツが担っている。

このように客観的には，ドイツはEUの中核的な大国といえる。しかし，ドイツがEUにおいて自他共に認める「リーダー」かというと，そうともいえない点にEU−ドイツ関係の難しさがある。後述のようにドイツ自身，「リーダー」としてEUを牽引するには，歴史的経緯による躊躇と，国内政治的な制約を抱えている。また他のEU諸国にも，ドイツの覇権への反発や恐れがある一方，応分の責任を担おうとしないドイツに対する苛立ちもある。

こうした現状を念頭に，本節ではヨーロッパ統合とドイツの関係を考察する。まずは，歴史的にヨーロッパ統合が「**ドイツ問題**」に与えられた解答だったということ，そしてドイツ自身もその解を支持してきたことを確認したい。

「ドイツ問題」の解としてのヨーロッパ統合

「ドイツ問題」は歴史的に多義的な言葉だが，第2次世界大戦後には大きく3つの意味を持った（なお，冷戦期のヨーロッパ統合に直接関係するのはドイツ連邦共和国＝西ドイツなので，ドイツ民主共和国＝東ドイツには触れない）。第1は，ナチの台頭を許し，第2次世界大戦を引き起こした張本人であるドイツをいかに封じ込めるかという問題である。これは近隣諸国や，西独領域の占領にあたった米英仏の西側3カ国にとって最重要の課題だった。また西ドイツにとっても，自分たちが再びナチのような勢力の台頭を許さず，国際的な信用を回復することは不可欠であった。第2は，冷戦下の分断国家という問題である。分断国家西ドイツは，東西冷戦の最前線に位置するため，西側全体の安全保障に関わる存在であった。それゆえ西側諸国は，西ドイツを再軍備させつつも，「独り歩き」を防ぐために，国際的な安全保障体制にしっかりと縛りつけることをめざした。第3の問題は，ドイツの経済力である。敗れたとはいえ，やはり西ドイツ経済の潜在力は大きく，大戦で疲弊した西欧諸国の復興のためにも，ドイツの資源や経済力の活用が企図された。

要するに，第2次世界大戦後の西側諸国の課題は，西ドイツを「脅威」として封じ込めつつ，西側の安全保障体制に組み込み，かつその経済力を西欧諸国の復興のために役立てることだった。第2次世界大戦後のヨーロッパ統合とは，かかる諸々の要請に応えるものだったのである。

この「ドイツ問題」の解としてのヨーロッパ統合の性格をよく理解し，西側

諸国と協調して統合を推進したのが、西ドイツの初代首相アデナウアー（在任1949～63年）である。彼は、ドイツ統一を棚上げにしてでも、西側世界との緊密な関係の構築を最優先した。こうしたアデナウアーの「西側結合」路線により、西ドイツは「EC＝NATO体制」（遠藤2014）とでもいうべき複合的な国際体制に埋め込まれていく。まず安全保障面では、1955年にNATOに加盟し、再軍備と同時に、アメリカを中心とする大西洋同盟に組み込まれた。そして経済面では、かつての「不倶戴天の敵」フランスと連携しながら、ヨーロッパ統合を着実に進展させたのである。この「EC＝NATO体制」のなかで主権を回復し、平和と繁栄を享受したこともあり、西ドイツにとって「西側結合」は、個別利害や単なる「国益」を超えた国家の存立基盤に関わる行動準則、すなわち「国家理性」となっていく（Conze 2009：318）。

　既に1960年代には左派の社会民主党（SPD）も「西側結合」を受容し、「新東方政策」を推進したSPD主導のブラント政権（1969～74年）であれ、シュミット政権（1974～82年）であれ、西側との関係についてはアデナウアー以来の路線を踏襲した。再び与党となった保守のキリスト教民主・社会同盟（CDU/CSU）主導のコール政権（1982～98年）も、80年代のヨーロッパ統合の「再活性化」を積極的に推進している。

　そして、第2次世界大戦後の「ドイツ問題」がヨーロッパ統合を規定したように、1989-90年の東西ドイツ統一過程もヨーロッパ統合の進展に強い影響を及ぼした。すなわち、再び大国化することが予想される統一ドイツを超国家機構に深く埋め込むために、ヨーロッパ統合のよりいっそうの深化、とりわけ通貨統合および政治統合を進めるマーストリヒト条約が1991年に合意されたのである。

　通貨同盟はドイツ統一以前から議論が進められていたものだが、統一が予想以上の速度で進むなか、ミッテラン仏大統領らはドイツをヨーロッパに繋ぎとめる仕組みとしてそれを活用しようとした。一方、コールも通貨同盟に積極的であった。戦後西ドイツ経済の成功のシンボルだった通貨マルクを手放して共通通貨に切り替えることは大きな決断であり、国内の反対も強かったが、コールはこれを推進したのである。

　マルクを放棄する代わりにドイツは、新たな共通通貨がマルク同様に安定し

た通貨となることを望み，通貨同盟について「ドイツ・モデル」の採用を要求した。財政規律を重視する立場から，過剰な財政赤字を抱えた国は通貨同盟に参加できないという条件（マーストリヒト基準）の設定にこだわるとともに，ドイツ連銀と同様，独立性の高い中央銀行の設置を求めたのである。

┃「ヨーロッパ化」するドイツ ┃

統一ドイツの「独り歩き」を警戒する予測も当初はあったが，少なくとも1990年代は，ドイツのヨーロッパ政策はアデナウアー路線の延長上にあった。この継続性を支えたものとして，まず歴代の首相・外相の統合への積極的な関与が挙げられる。また，CDUとSPDの二大政党をはじめ，主要政党がヨーロッパ統合に総論賛成の立場をとり続けたこと，すなわち政治エリートに「ヨーロッパ・コンセンサス」が存在したことも大きい。さらに，国内世論もヨーロッパ統合に対して，積極的とはいわないものの，原則的に支持を与えてきた。

そもそも先述のように，（西）ドイツは，「西側結合」のなかで国際社会に復帰し，平和と繁栄を享受し，さらには統一まで達成した。ドイツでは，ヨーロッパ統合の推進がそのまま「国益」につながると理解される時代が長く続いたのである。こうして，ドイツの政治アクターが依拠する規範やアイデンティティは「ヨーロッパ化」され，彼らは自らに快適かつ合目的的な「地域的環境」をヨーロッパでつくり出すことに力を注いだ。EUがドイツにとって快適な「環境」となり，ますますドイツはヨーロッパ統合に積極的にコミットするという好循環が成立していたのである（川村 2007：93）。

このドイツ政治の「ヨーロッパ化」とともに，マーストリヒト条約を機に，国内政治とヨーロッパ政策の連関が強められた点も重要である。大きな変化は，マーストリヒト条約批准の際に行われた基本法23条の改正および関連法整備である。この改正23条により，連邦議会と連邦参議院は，政府のヨーロッパ政策に対して大きな発言権を得た。また，州政府の影響力も増大した。一例を挙げれば，州が権限を有する分野に関して，州政府はEU理事会に参加する権利を得ている。

さらに，マーストリヒト条約の批准過程で存在感を示したのが，連邦憲法裁判所である。経緯と詳細は省くが，1993年10月の判決で憲法裁は，EUの権

限を定める権限（「権限配分権限」）はあくまで主権国家にあるとし，国民主権を体現する存在である国内議会に権限配分権限を留保したのである。1992 年 6 月にデンマークが国民投票でマーストリヒト条約批准を否決して以来，ヨーロッパ統合における**「民主主義の赤字」**という問題が表面化したが，このマーストリヒト判決の背景には EU の民主的正統性の問題があった（第 **12** 章参照）。リスボン条約批准に際しても，連邦憲法裁は，2009 年 6 月にあらためて国内議会の強化を求める判決を出している。

「嫌々ながらの覇権国」？

2009 年来のユーロ危機をめぐって，EU の経済大国ドイツの対応は世界的な注目を浴びたが，概してドイツの対応は鈍く，かつ頑なであった。ショイブレ財務相に典型的だが，ドイツの論調は，南欧諸国に「ドイツのようになれ」，つまり改革を断行して財政を健全化せよと厳しく迫るものだった（実際ドイツ自身，連邦と州の財政につき，起債にもとづかない収支の均衡を義務づけた「債務ブレーキ規定」を 2009 年に基本法に書き込んでいる）。

かかる政治指導者の言動の背後には，安定した通貨によってこそ戦後ドイツ経済は成功したという従来からの信念に加えて，国内世論への配慮があった。例えば通俗メディアは，ドイツは自国民の血税をギリシャに注ぎ込んでいるという論調で世論を煽った。選挙戦略的な観点からも，メルケル政権は，債務国支援措置に対する有権者の反発を考慮せざるを得なかったのである。

こうしてユーロ危機に対応するなかで，ドイツはとりわけ国外から改めて「問題」化された。債務危機に陥った諸国では，ドイツの支援の遅れは独善性の表れだと非難された。また大規模な支援措置をとっても，例えばギリシャでは，構造改革は「ドイツに強制された」という言説が溢れ，ナチによる占領の記憶を呼び覚ます形で，「ヒトラー＝メルケル」というプラカードが街頭デモで掲げられた。

他方で，かつてないほど EU におけるドイツのリーダーシップを期待する声もある。2011 年にポーランドのラドスワフ・シコルスキ外相がベルリンで「わたしはドイツの力よりも，ドイツが何もしないことをより懸念し始めている」とまで述べたことは，20 世紀までのドイツ−ポーランド関係を考えると，

印象的なことであった。

　こうして，ドイツはいまや「覇権国」として自覚的に行動すべきだという主張も国内で現れ始めた（Münkler 2015）。しかし，未だドイツは「嫌々ながらの覇権国（reluctant hegemon）」（2013 年の『エコノミスト』誌の特集で有名になった表現）である。ドイツは十分な力を持っているにもかかわらず，歴史的な経緯や国内政治的な制約から EU でリーダーシップを発揮しない（できない）のである。

ドイツ‒EU 関係の変容

　ここで 21 世紀におけるドイツ‒EU 関係をまとめよう。まず指摘できるのは，ヨーロッパ政策における連邦首相のリーダーシップの在り方の変容である。大枠としてのヨーロッパ統合と大西洋同盟の重視というアデナウアー路線の踏襲は繰り返し確認されるものの，シュレーダー（在任 1998～2005 年）とメルケルは，例えばコールとは異なり，無条件にヨーロッパ統合を賛辞するようなレトリックは用いない。これは，シュレーダー（1944 年生まれ）とメルケル（54 年生まれ）が，コール（30 年生まれ）以前の首相と異なり，もはや世界大戦を体験した世代ではないことも関連しているだろう。ユーロ危機後にコールはあらためてヨーロッパ統合が平和のプロジェクトであることを強調したが，こうした信念は，第 2 次世界大戦で兄を亡くし，故国の惨状を見たという戦争体験に裏打ちされている。他方でメルケルは，CDU の先輩のアデナウアーやコールのような積極的なヨーロッパ統合ヴィジョンの持ち主とは言い難い。例えばユーロ危機に際しては，彼女は世論を牽引するというより，世論の顔色を窺う役回りを演じた。この点，通貨統合に否定的な世論調査の結果を知りつつ，マルクの放棄を決断したコールの行動様式とは異なっている。

　こうした首相のリーダーシップの変容の背景には，国内政治的な制約がある。マーストリヒト条約以前は，連邦政府が主導するヨーロッパ政策に対して内政が影響を与えることは稀だった。しかし，マーストリヒト条約に伴いヨーロッパ政策と国内政治が強く関連づけられたことにより，次第に政府のヨーロッパ政策を国内政治が拘束するようになった（Bulmer and Paterson 2019）。繰り返しになるが，重要なアクターは，EU に関し段階的に大きな発言権を得ている議

会と州政府，そして連邦憲法裁判所である。

　さらに重要なのが，ヨーロッパ統合への国民のコンセンサスが，ドイツでも次第に弱まっているところである（Beichelt 2015）。ドイツでは主要政治エリートの「ヨーロッパ・コンセンサス」が強く，それゆえ選挙でもヨーロッパ統合は争点となりにくく，さらに制度的に国民投票が存在しないので，国民の EU に対する反感が，あるとしても見えにくい構造になっている。そうしたなか，ユーロ危機後，ドイツ国民も EU への懐疑を表明しつつある。2003 年のシュレーダー政権による「アジェンダ 2010」は，規制緩和，労働市場改革，社会保障改革を進めた。こうした痛みと犠牲を伴う改革によって，国内産業の競争力が高まり，ドイツ経済は好調を維持しているという認識が多くのドイツ国民にはある。それゆえ，ドイツ国民がギリシャなど南欧諸国に向ける視線は厳しい。ドイツ国民から見ると，彼らは「怠け者」なのであり，そこから「ドイツのようになれ」という言説もでてくる。

　ユーロ危機以来，EU は難民危機やブレグジット（Brexit）など相次ぐ危機に見舞われているが，そのなかで「嫌々ながらの覇権国」であるドイツは難しい立場にある。これまで良くも悪くも EU 内でドイツに対する「バランサー」の役割を果たしてきたイギリスの離脱は，ドイツの覇権性をさらに可視化するものとなる。また，2015 年の難民危機が与えた影響も多面にわたる。例えば，国内政治的には右翼ポピュリズム政党「ドイツのための選択肢（AfD）」（もともと 2013 年の連邦議会選挙前に反ユーロ政党として結成されたが，党内闘争を経て排外的な右翼政党に転じた）が，難民危機を追い風に州議会選挙で次々と成功を収め，17 年 9 月の連邦議会選挙でも得票率 12.6％ で議席の獲得に成功した。

　こうしたなか，ドイツは新しい魅力的なヨーロッパ統合のヴィジョンを描けるのか。そのヴィジョンは，他の加盟国を（ドイツの「覇権性」を感じさせることなく）惹きつけると同時に，国内世論も説得できるものでなければならない。こうした，かつてない課題の前にドイツは立たされているといえる。

2 フランス

　フランスが，EU において面積，人口，経済力，軍事力といった客観的指標のうえで大きな存在感を発揮していることは疑いようがない。しかし，EU におけるフランスの重要性は，そのような指標以上に何よりも歴史に根差している。ヨーロッパ統合の成立には，ドイツとフランスの関係がきわめて大きく影響しているからである（第1，2章参照）。

　フランスのヨーロッパ統合への態度は歴史的に見て①ドイツ政策，②経済的近代化，③パワーの追求，という3つの要素に規定されてきた（吉田 2012：4-9）。第1に，フランスにとってヨーロッパ統合とは，隣国の大国にして長らく敵国だったドイツとどのような国際秩序をつくるか，という問題に対する答えであった。第2次世界大戦後の冷戦期おいて，統合はドイツの封じ込めの一類型として成立することとなった。

　経済的近代化としばしば呼ばれる自国の経済力の向上は，フランスにとってヨーロッパ統合を必要とする第2の理由であった。アメリカはいうに及ばず，英独とも比肩しえなくなったフランスの経済力を強化するために，アクセスしやすく統一されたヨーロッパ市場の存在が不可欠だった。

　第3に，まとまったヨーロッパがアメリカやソ連と対抗しうるだけのパワーを獲得し，国際政治を主導する立場につくことは，近代以降，世界の中心に居続けたヨーロッパにとって望ましい目標であり続けた。そして，そのようなパワーあるヨーロッパをフランスが主導することが，第2次世界大戦の緒戦に敗れ，大国としての座を失ったフランスが再び世界政治で存在感を発揮する方策となるものだった。

　戦後ヨーロッパ統合の決定的な出発点であるシューマン・プランは，この3つの要因にすべて関わり，フランスが対独安全保障と経済の近代化を一挙に実現するために編み出した画期的計画だった。ヨーロッパ統合は，最初からフランスの意図に沿ったものとして成立したのである。さらに，フランスにとってヨーロッパ統合は，二重の意味で都合がよいものだった。第1に，敗戦国かつ

分断国家である西ドイツは，冷戦という構造下では常に自制を強いられるがゆえに，フランスは西ドイツに対して外交的に優位に立つことができた。しかもイギリスがヨーロッパ統合に当初加入しなかったことで，6カ国で始まった統合は，対仏優位の独仏のタンデムに大きな影響を受けざるを得なかった。つまり，統合をフランスが引っ張っていける構造となっていたのである。第2に，統合が成立した1950年代は，フランスにとって脱植民地化を進める時期でもあった。この点において，フランスにとってヨーロッパは，かつて帝国を支えた海外植民地に取って代わる存在でありえた。何よりヨーロッパ統合が発展途上国との経済的関係を打ち立てる際，旧植民地への財政的支援をフランスがヨーロッパに求めるよい口実になった。

　歴史を振り返れば，ド・ゴール，ポンピドゥー，ジスカール・デスタン，ミッテラン，シラクといった歴代のフランス大統領は，みな個性的かつ（特にポンピドゥー以降）積極的なヨーロッパ統合政策を有していた。だがどの大統領もフランスの損になる政策には反対した。フランスにとってヨーロッパ統合は，自国の利益と存在感を増すための不可欠な外交手段であり，ヨーロッパ統合が深化することで，ますます自国の偉大さを誇ることができるのである。

▍道具的態度と反ヨーロッパ的態度の間で ▍

　このようにフランスが統合に向き合うとき，そこには統合の推進がフランスの利益に沿って行われることを前提とする「道具的態度」（Grossman 2007）が顕著であることが見て取れる。フランスはヨーロッパ統合のリーダーでなければならないが，それはフランスがリーダーたることで自国の利益を得，例えばEUを主導することで国際社会に確固たる地位を占めることができるからである。このように「ヨーロッパを通してパワーを獲得する」ことを，フランスでは「ヨーロッパ的パワー（Europe puissance）」と呼ぶ（ルケンヌ 2012）。この用語の存在は，フランスにとってヨーロッパ統合は目的である以上にまず手段であることを意味している。

　道具的であれ，このような親EUの態度は，主として政権を担うエリートにおいて顕著である。しかし，統合を進めるエリートの側にあって，誰も統合に実利以上のものを見出さないわけではない。1980年代の統合の推進役だった

ドロール（第 **2** 章参照）に統合観を提供したムーニエの人格主義に見られるように，ヨーロッパ統合は政治的社会的理念と整合すべきものでもあった。ヨーロッパ統合が正しい理念を体現するものでなければならないという発想は，フランスにおいて根強いものがある。

　歴史を振り返ったとき，フランスがヨーロッパ統合の一貫した主導国であったことは間違いないが，同時にフランスは反統合のアクターを内に抱え込み続けた。1954 年の EDC の批准拒否や 2005 年の憲法条約の批准拒否は，フランス内部の反ヨーロッパ的態度が間欠泉のように噴出したものだった。

　そして近年の EU に対する世論の変化，さらに EU をめぐる国内政治的論争の激化によって，政府の EU 支持と国内政治における EU への態度との関係は，いっそう矛盾に満ちたものになっている。1990 年代より，反 EU を標榜する政治勢力は既に登場していた。最も有名な反 EU 勢力は，もともと移民排斥を訴えていた国民戦線（FN，現国民連合）である。しかし FN 以外の保守本流の政治勢力においても，フィリップ・ド・ヴィリエ，シャルル・パスクワといった政治家が 1994 年欧州議会選挙でフランスの主権を第一とする主張を掲げ，2 桁の議席を確保した。

　フランスの反 EU 政治勢力の特徴は，このようなナショナリズムを基調とする右からの反 EU 的言説だけでなく，左からの反 EU 言説もまた興隆していることであり，この 2 つの勢力が一体となって「**主権主義**」と呼ばれる反 EU 的態度を形成している（ルケンヌ 2012；畑山 2015）。左からの反 EU 言説は，EU はグローバル化の手先であり EU によって雇用や福祉が脅かされているとして，EU を排したフランス的な社会モデルの保護を訴える。つまり，グローバル化は悪，EU はグローバル化の一類型，したがって EU は悪，という三段論法である。重要なのは，これらの左右からの反 EU 的言説が，FN の路線転換とあいまって，フランス国内政治全体における「主権主義」の浸透を進めていることである（畑山 2015）。

　この主権主義が広まるきっかけとなったのが，1992 年 9 月のマーストリヒト条約の批准をめぐる国民投票だった。この国民投票での賛成票は 51％と，薄氷を踏むような勝利にすぎなかった。これだけ反対票が増えた理由こそ，左右両側からの反対だった。それまでヨーロッパ統合にほとんど関心がなかった

世論は，右派による主権保持の訴えと，左派によるフランス的社会の保護という訴えのなかで，従来のフランス的モデルの保持に大きな関心を寄せるようになったのである。この構図は，2005年の憲法条約批准の国民投票の際によりはっきりと現れ，ついにEUへの反対票が過半数を超えることとなる。

　他方で，この主権主義の興隆とは裏腹に，フランスの国内政治はEUの影響を受けて実際に変容している。とはいえ，そのような変化は立法と公共政策に限られ，政党システムがEUを軸に再編されているわけではない（Rozenberg 2012）。このような政治構造における矛盾や，道具的な親欧州のエリートと反EU勢力間の対立は，フランスとEUとの関係に大きな問題を投げかけている。

フランス‐EU関係の現在

　2007年5月に大統領に就任したサルコジ以降，このようなフランスとEUとの間の相反した力学はますます顕著になっている。ネオリベラルな主張を唱え大統領に当選したサルコジは，就任後は憲法条約批准の失敗によるEUの危機を救うべく，憲法条約の骨子を引き継ぐ「ミニ条約」の提案など活発な外交を繰り広げた。サルコジが就任当初提示したヨーロッパ像は，経済的というよりも文明的な価値観に彩られたものだった（Raymond 2013）。他方でサルコジは，地中海諸国とのパートナシップを結ぶ地中海同盟構想を提唱し，ヨーロッパ統合一辺倒ではない外交の新機軸も打ち出した。しかしこの構想は失敗に帰し，サルコジが望んだ憲法条約の救済は，同年12月にリスボン条約という形で成立したが（第4章参照），そこでサルコジが果たした役割はごくわずかだった。2008年後半期にフランスは理事会議長国となったが，アイルランドの国民投票でリスボン条約批准が拒否されるといった問題も起こり，狙った成果を挙げることには成功しなかった。議長国の任期終了後，サルコジのEUへの態度は，超活発的（ハイパーアクティブ）と称された積極的なものから，ドイツの後塵を拝しつつ，メルケルとの協調関係のもとでユーロ危機（第7章参照）の解決を技術的に図る「メルコジ」（メルケル＝サルコジ）のスタイルへと移行していった（鈴木2012）。

　2012年にサルコジを破って当選したオランドは，前政権とは異なる左派社会党政権だったが，対EU政策については継続性が強く見られた。サルコジが調印した安定成長協定の順守や，ユーロ危機における対独協調などである（Le-

quesne 2014)。2005 年の憲法条約の批准において社会党内部で態度が割れ，ロ
ーラン・ファビウスなど有力な政治家が批准反対を表明したことが批准拒否に
つながったが，EU に対する社会党内の分裂は政権獲得後も続いた。政権与党
内の分裂ゆえに，オランド政権は大統領府，首相府，財政省の，フランスの
EU 政策を舵取りする部局にむしろ権限を集中させた（Lequesne 2014）。これは，
フランスの EU 政策が民意からより乖離して官僚主義的に決定されるという批
判を招くものだった。政権交代にもかかわらず，EU については何ら政策的変
更や民意が介在する余地がないという感覚は，フランスの世論が EU に対して
いっそう懐疑的になっていく土壌を形成していく。さらにオランド政権に追い
打ちをかけたのが，2015 年の 2 度にわたってパリを震撼させた大規模テロだ
った。これ以降，オランド政権の対外政策において EU は後景に退いていき，
難民危機もあいまって，FN への支持が高まっていく。

　このようにフランスが EU に硬直的な関係を続けたまま，ブレグジットの
2016 年を迎えた。この結果は翌 17 年のフランス大統領選における反 EU 勢力
の FN の勝利を予想させたが，実際に勝利したのは，EU 支持を公言した若き
マクロンであった。マクロンは，「メルコジ」以来の対独劣位な関係から脱す
るべく，政権就任以降，きわめて活発に対独関係の改善とヨーロッパ統合の活
性化に向けた構想を提唱している。だが，その構想がどの程度実現しようとも，
フランスがかつてのような主導権を握ることはもはや考えにくい。また，現状
の EU が抱える困難は，フランス一国ないしはドイツとのタンデムで EU の主
導権を握ることにより解決できるような問題ではない。歴史に埋め込まれたフ
ランスの優位性はたしかにあるが，フランスと EU との関係は，国内的国際的
な拘束のもとで，道具的態度と反 EU 態度の間での綱引きによって規定される
構図がしばらくは続くであろう。

 イギリス

　イギリスは，ヨーロッパのなかでもドイツ・フランスとならんで重要な国家
である。GDP はヨーロッパ諸国でドイツに次いで 2 位であり，人口と EU へ

の財政貢献額（予算拠出金から受け取り分を差し引いたもの）ではドイツとフランスに次いで3位である。国際連合の常任理事国・核兵器保有国としての立場や英語の国際的な役割があいまって，国際社会でも少なからぬ存在感を発揮している。

しかし，独仏両国がヨーロッパ統合の推進役であったのとは対照的に，イギリスは当初参加を見送り，EUの前身のECに加盟したのは1973年になってからのことであった。加盟後も，ブレア労働党政権期（1997–2007年）のようにヨーロッパ統合に積極的に関与した時期もあったものの，概して「**扱いにくいパートナー**」だといわれてきた。さらに2016年6月に行われた国民投票の結果，残留支持が48.1％，離脱支持が51.9％となり，イギリスはEUから離脱（ブレグジット）することになった。

「扱いにくいパートナー」としてのイギリス

イギリスは1952年に設立された欧州石炭鉄鋼共同体（ECSC），58年に設立された欧州経済共同体（EEC）・欧州原子力共同体（EURATOM）への参加を見送り，ようやく73年になってECに加盟した。加盟後も，人・モノ・資本・サービスが国境を越えて自由に移動できる単一市場の実現には熱心であったが，単一通貨のユーロや域内国境管理を廃止したシェンゲン協定には不参加の姿勢を貫いてきた。イギリスの基本姿勢は，主権国家の協調としてのEUは支持するが，国家主権を脅かすような超国家的なEUには反対するというもので，EUを連邦制国家に近づけるような動きには極力抵抗してきた。

このような消極的姿勢の背後には，いくつかの歴史的要因が存在する。チャーチルが，イギリスを「大英帝国」「アメリカ・カナダその他を含む英語圏」「ヨーロッパ」の3つのサークルの結節点として位置づけたのはよく知られている。そして，1960年代までのイギリスの歴代政権は，大英帝国（コモンウェルス）やアメリカとの「特別な関係」をより重視してきた。それに対してヨーロッパの大陸諸国については，イギリスの独立や安全を脅かしかねない存在と伝統的に見なしてきた。とりわけ，イギリスにとって最大の脅威は，大陸諸国が1つの国家のリーダーシップの下に団結して，イギリスに立ち向かってくることであった。同国の外交の基本方針がバランス・オブ・パワー（大陸に覇権

国家が誕生しないよう，協力相手を組み替えつつ大陸諸国を互いに争わせる政策）であったのは，そのためである。1871年にドイツが統一して安全保障上の脅威になったことは，それまでライバルであった英仏両国の和解を促し，20世紀前半にイギリスをより深く大陸の国際関係に関与させることになった。しかし，第2次世界大戦において，フランスは戦闘開始後わずか6週間でドイツに屈服し，イギリスは独ソ戦が勃発するまで単独でナチ・ドイツと戦わざるを得ない状況に追い込まれた。この経験は，フランスは頼りない同盟相手だというイメージをイギリス人の心に深く刻みこみ，戦後の両国関係にも影響を与えた。

　以上のような事情を踏まえれば，1950年代に仏独和解にもとづくヨーロッパ統合のプロジェクトが始まった際，イギリスが参加を見送ったのは不思議でない。ヨーロッパ統合は，2度の世界大戦の経験を踏まえ，民主的で平和なヨーロッパを築くために，超国家的な国際機関を設立するプロジェクトである。そのためには，各国は一定程度の主権の制約を受け入れる必要がある。しかし，戦間期に民主的な政治体制が崩壊したわけでもなければ，戦時中にドイツに占領された経験もないイギリスでは，このような統合の理念に対する支持は大陸諸国と比較して希薄であった。

　けれども，1961年にイギリスは方針を転換し，EECへの加盟をめざすようになる。それは，EECの共同市場から排除されることによる経済的なデメリットが大きいことと，アメリカやコモンウェルス諸国との関係が変化したためだった。イギリス政府は，イギリスが帝国の解体後もEECに参加しないでいると，アメリカがフランスや西ドイツとの関係を重視し，イギリスを軽視するようになるのではないかと恐れたのである。要約すれば，イギリスがヨーロッパ統合への参加を決断したのは，それが国際的な影響力を向上させ，経済的な実利をもたらすと期待したためであり，理念的な支持やアイデンティティにもとづくものではなかった。

「ヨーロッパ化」に失敗したイギリス

　このような歴史的要因は，イギリスがECに加盟してからも消極的な姿勢をとり続けた一因と考えられる。それに加えて，イギリスとEUの関係は，イギリスが「ヨーロッパ化」に失敗した（あるいはそれを拒否した）ことによっても

悪影響を受けた。ヨーロッパ化とは，加盟国の政策・政治制度・政治の在り方が，EUによってどのような影響を受けるかという問題である。それとは逆に，各国が自国のモデルをEUの政策や機構に反映させようとすることもある（第1節参照）。そこでヨーロッパ化研究では，前者を「ダウンロード」，後者を「アップロード」と呼んで区別することが多い。「アップロード」に成功した国（例：欧州中央銀行創設の際のドイツ）は，EUの政策や機構と自国のそれとの間に大きな齟齬が生じることはない。そうでない場合は，両者の間に深刻な不適合が発生することがありうる。イギリスが当初ヨーロッパ統合プロセスへの参加を見送ったため，EUの機構や政策は，イギリスの利害を考慮することなく形成された。そのため，イギリスは加盟後も自国の政治的伝統と適合しないEUの政策や統治機構といかに折り合いをつけるかという問題に悩まされることになった。ここでは，そのなかでも代表的な問題を3つ取り上げよう。

①**予算分担金をめぐる対立**　イギリスが当初不在であったことが最も大きな影響を与えたEUの政策は，共通農業政策であろう。EUの共通農業政策は，域内農家の生活水準を維持するために，域内で流通する農産物の価格を政治的に高く設定した。そのコストは当初EU予算の大半を占めた。イギリスは経済に占める農業の比率が低いため共通農業政策から得られる利益が少なく，同政策がもたらした農産物価格の高騰や当時西ドイツに次いで多かった予算分担金の負担の重さは大きな政治問題となった。この問題は，サッチャー首相の強硬な交渉姿勢もあって，毎年イギリスに予算払戻金（リベート）が支払われることで，1984年にようやく妥協に至った。

　この妥協はイギリス世論のEUに対する態度を一時的に改善したが，サッチャー政権のもとでイギリスが新たな経済路線を採用したことは，中長期的に見て大陸諸国との間の溝を広げることになった。それまでのイギリスは，ドイツ的な製造業重視・輸出主導の経済成長を模範とする政策をとっていた。しかしサッチャー政権は，アメリカのレーガン政権と同じく新自由主義的な経済政策を採用し，市場重視で競争志向の強い経済政策を採用した。その結果，イギリスの製造業は衰退して，同国の経済はサービス業・金融業や外国からの投資に依存するようになった。ヨーロッパ統合への姿勢は，アメリカ的な資本主義モデルを支持するか，大陸ヨーロッパ的なモデルを支持するかによって左右され

るようになり，前者の立場をとる者は EU やその規制に批判的な態度をとるようになった。

②**国会主権の原則と EU 法**　　イギリスは制度的な面でも不適合を抱えていた。イギリスには通常の法律より上位の効力を持つ硬性の憲法典が存在しない。そのため国会が法律を任意に改廃でき，議会制定法が憲法に抵触するか否かをチェックする違憲立法審査は存在しない（国会主権の原則）。

このイギリス憲法の原則は，EU 法の優越原則や直接効果の原則と齟齬をきたした。1989 年にスペインの漁業会社が，イギリス国会が制定した商船法が EU 法に違反するとしてイギリス政府を訴えたファクタテイム事件において，イギリス最高裁（当時は議会上院）は EU 司法裁判所の判断にもとづき，同法の EU 法に抵触する部分を無効と判示した。この判断は EU 法の諸原則からすれば当然の帰結であったが，それがイギリス国内で大きな反響を巻き起こしたことは，EU とイギリスの法的伝統との間の乖離がいかに大きなものだったかを示している。

③**与野党協力の不在**　　さらなる問題は，イギリスの政党政治のスタイルである。イギリスに限らず，ヨーロッパ統合に関する対立軸は，通常政党システムを規定している左右対立を横断する形で存在する。やや乱暴にまとめれば，穏健左派勢力と穏健右派勢力が統合を支持するのに対して，急進左派や急進右派は統合に批判的なことが多い。そして，イギリスの二大政党である保守党・労働党に関しては，統合に好意的な立場をとる勢力と批判的な立場をとる勢力が両党内で混在することとなり，党内対立を引き起こす問題となってきた。それゆえ，イギリスが統合に建設的に関与するためには，二大政党の親欧州派の協力が不可欠であったが，与野党間の対立を特徴とするウエストミンスター・モデルの下ではそれは難しかった。この点，主要政党間で EU 政策に関してコンセンサスが存在する独仏両国とは対照的である。

▌EU 残留をめぐる国民投票▐

イギリスの EU 離脱は，2013 年 1 月にキャメロン首相が次回の総選挙で保守党が勝利した場合に EU 残留の是非をめぐる国民投票を行うと公約したことに端を発している。その背景には，EU に対するイギリス世論が硬化したこと

と，保守党内部の路線対立とがあった。2004年と2007年の2度にわたって
EUの東方拡大が行われたが，当時の労働党ブレア政権は人の自由移動に移行
期間を設けなかったため，新たにEUに加盟した中東欧諸国からの移民が急増
した。多くの移民が流入した地域では，仕事を奪われるとの懸念が広まるとと
もに，医療や教育などのインフラに負担がかかることになった。続いてグロー
バルな経済危機やユーロ危機を受けて世論がEUに懐疑的な方向に変化し，
EUからの離脱を唱えるポピュリズム勢力のイギリス独立党が台頭した。加え
て，もともとイギリスをEUに加盟させた保守党のなかでは，サッチャー政権
期の1980年代末以降，ユーロに対する反発などからEU懐疑派の勢力が強ま
っていたが，特に97年に政権から下野したあと党内対立が激化した。ユーロ
危機に対処するなかでユーロ圏諸国がマクロ経済運営や金融規制に関する統合
を進めるにつれて（第**7**章参照），イギリスの影響力低下やEUの方向性を懸念
する声は党内でますます強まった。キャメロン首相が国民投票を公約したのは，
これ以上イギリス独立党が支持を拡大するのを防ぎつつ，保守党の党内対立を
収拾するためだった。

　次に，国民投票の争点に移ろう。離脱派はEU加盟によって失われた国家主
権を取り戻すこと，EUに対する財政貢献の代わりに医療費支出を増加するこ
と，離脱によってヨーロッパ外の諸国と自由に経済的な関係を築くことなどを
訴え，支持を集めた。しかし離脱派は大きく分けて2つのグループに分かれる
寄せ集めの集団であり，移民への反対を前面に押し出すイギリス独立党系のグ
ループ（反グローバル化派）と，EUの規制に批判的な保守党系のグループ（ウ
ルトラグローバル化派）とが協力することは難しいと思われていた。それに対し
て，残留派はEUの一員であることがもたらす経済的なメリットと国際的な影
響力とを強調した。実際にキャンペーンが本格化すると，離脱派は移民に焦点
を絞ることでうまく協力した。移民が引き起こすとされた問題（医療サービス
の長い待ち時間や学校などのインフラ不足）は，EUだけでなく歴代のイギリス政
府の政策がもたらした結果でもあったが，離脱派はイギリス社会が抱えるさま
ざまな問題をEUに押しつけることに成功した。それとは対照的に，残留派は
個人的な野心や党利党略にこだわるあまり，最後まで足並みが揃わなかった。
もし主要政党の残留派がうまく協力できていれば，結果は違ったものになった

だろう。

　このときの国民投票では，「ポスト真実政治（post-truth politics）」なる言葉が流行したように，双方の側が大げさな主張や一見して事実に反する主張を繰り返し，議論の質が低かったことが大きな特徴であった。特に離脱派の側は，結果判明後にそれまでの主張の多くを撤回したことで批判された。もっとも，このような政治的なデマが結果を左右したかどうかは疑問の余地がある。というのは，国民投票後に行われた世論調査に対して，自らの投票を後悔していると回答した有権者の比率はそれほど高くないからである。離脱派が僅差で勝利したのは，有権者がデマに踊らされたためというより，以下で見るようにイギリス社会が大きく分断されていることの結果と見たほうが適切であろう。

　誰がEUへの残留を支持し，誰が離脱を支持したのだろうか。一般的には，グローバル化の恩恵を受けるエリート層が残留を支持する一方，グローバル化から取り残された層が離脱を支持したといわれている。たしかに世論調査によれば，社会階層や学歴が高く，若い世代ほど残留を支持する傾向にあった。もっとも，保守党支持者の過半数が離脱を支持していることからわかるように，離脱派にはエリート層も含まれている。興味深いのは，EUに対する立場は社会問題への態度と非常に強い相関があることである。社会問題でリベラルな者はEUを支持するのに対して，保守的な者はEUに敵対的であることが多い。EUの規制に反発する中小企業経営者，衰退したイングランド北部の工業地帯の労働者，年金生活者など雑多な社会集団を含み，経済的には決して一枚岩でなければ，はっきりした離脱後の青写真もない離脱派の共通項は，社会的な保守主義だったのである。

┃ ブレグジットの行く末 ┃

　国民投票の結果を受けてキャメロンは首相を辞任し，テレーザ・メイが後を継いだ。2017年3月にイギリスがEU条約50条にもとづき正式に離脱意思を通告したことを受け，2年間にわたって離脱交渉が行われることになった。離脱後のイギリスとEUの関係については，欧州経済地域型（ノルウェー），二国間協定型（スイス・カナダ）・WTO型の3つの可能性がある。イギリスがEU離脱後もその単一市場にはとどまる欧州経済地域型を「ソフト離脱」，それ以

外の選択肢を「強硬離脱」と呼ぶこともある。交渉結果次第では，多国籍企業がイギリスから大陸欧州諸国に活動拠点を移し，イギリス経済への深刻な打撃になることが予想される。

EUからの離脱は膨大な事務負担を伴うため，それに忙殺されるイギリスは外交面で存在感を発揮できないことが予想される。イギリスはNATOの一員であり続けるとはいえ，同国がヨーロッパとアメリカとの間の架け橋として活動してきたことを考えると，そのEU離脱は欧米関係が疎遠になる一助となるかもしれない。他方で，先に見たように離脱派がすべて反グローバル化を志向しているわけではない。メイ政権は「グローバルなイギリス」を標榜し，日米両国などEU域外国との関係を深めようとしているが，その成果は未知数である。

2018年11月，イギリスとEUはようやく離脱協定に合意したが，イギリス議会での離脱協定案批准は難航した。2019年3月の離脱期限は延期され，メイ首相は7月に辞職した。国民投票で離脱派の「顔」の一人であったボリス・ジョンソンが後任の首相となり，2020年1月にイギリスはEUから離脱した。

4 ハンガリーとポーランド

ベルリンの壁が崩壊し，旧東欧諸国で相次いで体制変革の波が広がった1989年から約30年が経つ。第3章で触れたように，それら諸国は民主化と市場経済への移行という体制転換を果たし，既に13カ国がEU加盟を果たしている。中東欧諸国の「欧州への回帰」においてEUが果たした役割は象徴的にも実際的にも大きなものであったといえるだろう。しかし他方で，近年これらの諸国でもポピュリズム的な政権が注目を集め，特にハンガリーとポーランドの両国では，その非自由主義的な政治の在り方が「**民主主義の後退**」もしくは「**非自由主義的な民主主義**」への移行という議論さえ喚起している。EUとの関係で問題となるのは，両国の政治がEUの拠って立つリベラル・デモクラシーの価値に挑戦しているように見えることである。2015年の難民危機にも明らかとなっていたように，これら諸国とEUとの価値をめぐるズレはEU自体の

連帯にも陰を落としている。本節では中東欧諸国のなかでも特にハンガリーとポーランドに焦点を当て，これらの諸国とEUとの関係，そして諸国がEUへと提起している課題について概観する。

中東欧諸国と「欧州への回帰」

1989年から生じた体制転換の流れのなかで，ほぼすべての中東欧諸国が「欧州への回帰」をめざした。共産主義の過去から決別し，分断のない平常へ復帰するという意味においてEUへの加盟は（NATOや欧州審議会への加盟と同じく）象徴的な意義を持っていた。そのため1994年にいち早く公式の加盟申請を行ったハンガリー，ポーランドに続き，95年にはルーマニア，スロヴァキア，ブルガリアが，96年にはチェコとスロヴェニアが申請を行っている。これら中東欧諸国のEU加盟がそれまでの統合拡大と異なったのは，民主化や市場経済の導入という体制転換を並行して行う必要があったことだった。そのため，この「東方拡大」においては，1993年にEUによっていわゆる「コペンハーゲン基準」（第3章参照）が示され，民主主義，法の支配，人権，マイノリティ保護を保障する制度の保持，機能する市場経済の存在，EU法（アキ・コミュノテール）の受け入れとそれに伴う法整備がEU加盟の前提条件（コンディショナリティ）とされたのである。そして加盟申請を行った諸国は98年から毎年欧州委員会によってこれらの基準に照らした進捗状況を審査され，2004年にようやく第一陣の10カ国が加盟を承認されたのである。

このようなEUによるコンディショナリティーを通じた国内改革の要請はさまざまな分野で生じた。民主化においては，例えば権威主義的な政治を行っていたスロヴァキアのウラジミール・メチアル政権が，民主化の不徹底を理由に1998年からのEU加盟交渉から外され，その後反メチアル派による政権交代へとつながったことは，EUが直接に中東欧諸国の民主化へ影響力を持った事例だといえる。司法の分野では死刑廃止や，裁判官の独立確保，憲法裁判所の設置などが求められ，少数民族ロマに対する差別もEUからの厳しい批判の対象となった。また市場経済の導入には痛みが伴った。貿易における関税と数量制限を撤廃したことで中東欧からの輸出は急速に西欧へ向かったが，競争力を欠いていた中東欧諸国では貿易赤字が続き，生産が急激に落ち込むとともに失

業率も増大した。それら諸国の経済が 1989 年時の水準へ回復するのは 90 年代末のこととなる。他方で中東欧諸国は活発な海外投資も惹きつけ，1989 年から 2004 年までにおよそ 1700 億ドルの直接投資がハンガリー，ポーランドおよびチェコの 3 カ国を中心として流れ込んだ。また EU からはさまざまなプログラムを通じ，加盟前の段階で総額 230 億ユーロ以上が中東欧諸国に対して支援されることとなった。

　その際，諸国の世論は EU 加盟に対して概ね肯定的であった。1990 年代の世論調査からは諸国の国民が EU 加盟を強く支持し，また良いことだと考えていたことがわかる。そのような支持は加盟に向けた改革のコストが明らかになるにつれ弱まる傾向もあったが，2004 年の EU 加盟のための国民投票ではスロヴァキアの 92.5% での賛成を筆頭に，スロヴェニア 89.9%，ハンガリー83.7%，ポーランド 77.5% など高い支持が与えられた。最も賛成の割合が低かったラトビアでも 67% の支持があり，これは 1995 年の第 4 次 EU 拡大において EU 加盟への支持が 52.8%（スウェーデン）から 66.6%（オーストリア）であったことと比べても格段に高い数値であったことが見て取れる。

　こうして EU へ加盟した諸国では，一定のヨーロッパ化が見出された。政治的にはヨーロッパ・スタンダードという概念が諸国の国内政治で用いられるようになったし，またエネルギー政策や人の移動についての政策などは EU の枠組みに大きく規定されるようになった。政策的には，新規加盟国は特に EU の共通農業政策と構造・地域開発基金から恩恵を得た。農業が大きな比重を占める中東欧諸国の加入は EU の共通農業政策に高い負荷をかけるものであったため，当初は新規加盟国への所得補償は旧加盟国の農家に比べて低率に抑えられたものの，それでも農家に大きな利益をもたらした。構造・地域開発基金にしても，例えば 2007〜13 年の期間にポーランド一国に対して 670 億ユーロが拠出されていることから窺えるように，大規模な利益をもたらしているといえるだろう。

　他方，東方拡大は EU にとってもさまざまな挑戦を意味した。制度的な側面から見れば，拡大は加盟国の大幅な増加に伴って EU の意思決定の効率化と民主的正統性の確保の必要という課題を突きつけた。そこで，理事会で用いられる多数決の票決方式の変更，欧州議会の各国議員数の調整，立法における欧州

議会の影響力の増大など一連の改革が憲法条約に盛り込まれた。憲法条約は挫折したが、これらの目標は後のリスボン条約で実現されていく。政策的な側面から見れば、拡大は加盟国間の利益・価値観の多様化と新たな亀裂を多くの分野でもたらした。例えば、2004年の拡大前後には旧加盟国側で新規加盟国からの労働者の流入が警戒され、多くの国で新規加盟国の人々に対する労働市場の開放が延期されたことが象徴的である。また、2015〜16年の難民危機のなかで打ち出されたEU諸国への難民割当てをめぐって、中東欧の多くの国が反対したことも、旧加盟国と新規加盟国との利益・価値観をめぐる相違を明らかにするものであった。加えて政治的な側面から見れば、中東欧諸国のいくつかの国でポピュリズム的な政権が生まれ「民主主義の後退」と呼ばれる現象が生じていることも、それがEUの掲げる諸価値に内側から反対するような動きであるだけに深刻な課題である。特にポーランドとハンガリーにおいては政権によって憲法裁判所を含む裁判所や検察、メディアなどへの介入が行われ、そのことが法の支配や権力分立を揺るがし、EUの拠って立つ諸価値へ挑戦するものだとして批判されている。以下では、この民主主義の後退の議論を中心に両国とEUの関係を概観する。

ハンガリー・ポーランドにおける「民主主義の後退」

近年になってこそ民主主義の後退が取り沙汰されるハンガリーとポーランドであるが、旧共産主義圏の諸国にあって両国はその冷戦後の民主化をリードした国であった。両国の体制変革は全体としてスムーズに進み、市場経済化、そしてEU加盟までが順調に進展していったのである。それがなぜ民主主義の「後退」であるとか、非自由主義的体制の代表などと、あたかもEUのなかの問題児として注目を集めるようになったのであろうか。

その1つの要因として、先に挙げたフィデスや「法と公正」が市場経済化、そしてEU加盟を推し進めた旧共産主義勢力への対抗勢力として登場したという政党政治の要因が指摘できる。ハンガリーでは旧共産主義勢力の改革派がハンガリー社会党へ、ポーランドの旧共産主義政党からは民主左派同盟が生まれ、いずれも体制移行の後まで重要な政治アクターとして活動した。ハンガリーでは、ハンガリー社会党が市場志向、EU志向の立場をとったのに対して、経済

への国家介入支持，ナショナリズム志向のフィデスが対抗する構図が早期から定着していく。EUの東方拡大に際しては2002年から政権についていた社会党が役割を果たしたが，EU加盟以降は緊縮財政への国内的な不満の高まり，さらには2008年からの世界金融危機の打撃を受け，2010年選挙では社会党が大敗する。その代わりに政権についたのが党首・ヴィクトル・オルバーン率いるフィデスであった。この選挙でフィデスは選挙連合を組んだキリスト教人民党と合わせ，議会で3分の2を超える多数を得た。

　ポーランドでも旧共産主義勢力の民主左派同盟がEU加盟を主導したが，EU加盟を果たした直後の2005年選挙以降，もともと反体制勢力から生まれたリベラル系の市民プラットフォームと国家介入・ナショナリスト系の「法と公正」が二大勢力となり政権をやりとりする構図となった。2007年，2011年と市民プラットフォームが政権を担ったが，2015年には「法と公正」が政権与党となっている。そしてハンガリーのフィデスにしろ，ポーランドの「法と公正」にしろ，経済改革とEU加盟のなかで改革から取り残された人々への政治的な受け皿を提供し，自ら「国民」を体現する勢力を自認している点で共通している。ティリーが指摘するように，旧共産主義国では民主化後の改革による痛みが，しばしば1989年以降の体制と結びつけられる（Tilly 2007）。しかも西欧的な民主主義への期待が非常に高かったがために，その後の現実への失望は大きかった。両党は民主化や市場経済の導入，それを不可分に結びついたEU加盟という一連の改革に失望した人々の支持を受ける新たな選択肢となったのである。

　さらに旧共産党の流れを汲むエリートたちがこの体制転換に重要な役割を果たしたことは，両国内で歴史認識をめぐる対立を生み出した。例えば，ポーランドの「法と公正」は旧共産エリートが体制転換を行ったために体制の「非共産化」がそもそも躓いてしまっており，ポスト共産主義者と共産主義体制への秘密協力者のために汚染されていると主張して，改革の必要を訴える。ハンガリーにおいては，オルバーン政権が設置した「テロルの館」博物館において，ナチ・ドイツによる占領と共産主義時代とを「2つの占領」と位置づけ，ハンガリー国民はその間を通じて全体主義の犠牲者となってきたとの歴史観が表現されている。そのうえで極右の政治家やフィデス，それを支持するメディアは，

1989 年以降の体制においてもハンガリー国民は社会党などの政権によって騙され，EU へ売られてきたのだと批判したのである。

　このように，ハンガリーのフィデスやポーランドの「法と公正」は体制転換以前の共産主義と民主化後の西欧型民主主義・市場経済体制，その象徴としての EU 加盟への批判を巧みに重ね合わせ，勢力を拡大した。特にハンガリーのオルバーン政権は 2010 年選挙をハンガリー人による「投票所革命」と位置づけ，勝利の後には新憲法の制定，選挙法改正，憲法裁判所や中央銀行の権限縮小，省庁再編，中央集権化など政治制度改革へと大きく踏み込んだ。新憲法ではハンガリー・ネイションの一体性を強調する一方，メディア報道に対する規制強化・罰則を制定したり，裁判官の退職年齢引き下げによって数百名の裁判官に退職を迫り，新たにフィデス系の裁判官を採用したりするなど強権的な手法が目立つ。しかも，これらを含む特定カテゴリーの法律は新憲法のもとで「枢要法」とされ，改正には 3 分の 2 の多数が必要となると定められたため，今後政権交代が生じたとしても法律の変更は容易ではない。それらの決定は自らに有利なようにゲームのルールを変更し，しかも自由主義的な権力の均衡と抑制を弱めるがために，国際的な注目と批判を呼んでいるのである。

┃ EU にとっての困難――EU の価値をどのように確保するか ┃

　このようなハンガリーの状況は EU にとって大きな挑戦となった。EU はリスボン条約で自らが人の尊厳，自由，民主主義，平等，法の支配，マイノリティに属する人々の権利を含む人権尊重等の価値に基礎を置くと定めている。実際，上述したように東方拡大の過程でも EU はコンディショナリティを通じて民主主義，人権，法の支配といった価値を内面化するよう中東欧諸国に求め，これに成功したかに見えたのである。しかし，いったん EU に加盟してしまった諸国が，これらの価値を守らなくなった場合に EU は何ができるのか。今度はこの点が新たな課題となった。EU 条約 7 条では，加盟国がこれらの価値に「重大かつ継続的に」違反している場合には，理事会での投票権など，加盟国としての権利の一部を停止できるとしていたが，これは採択に対象国を除く加盟国首脳の全会一致が必要であり，かつ当該加盟国にとっては非常に重い制裁となる EU のいわば「核オプション」であった。

そこで欧州委員会は，2014 年に「法の支配の強化に向けた EU の新たな枠組み」と称する声明で，委員会による当該国の状況の評価と，それに続く勧告という，制裁への 2 つの中間段階を提示した。しかし，この手続きに対しては複数の加盟国から消極的な意見が寄せられたため，最終的にハンガリーに対する適用は見送られた。この枠組みが最初に用いられたのは，意外なことにハンガリーよりも状況は良いと見る向きも多かったポーランドに対してである。

　このとき問題とされたのは，憲法裁判所と政治の関係であった。先に述べたとおり，ポーランドでは 2015 年 10 月の選挙で「法と公正」が与党となったが，その直前に前政権によって指名された 5 人の憲法裁判所判事のうち，2 人は 12 月に現職判事の任期満了となる予定であったため「法と公正」系であった大統領ドゥダが裁判官の任命を拒否し，新議会は適法な指名であった残る 3 人の分も含め，新判事を指名したのである。そして，この 3 人については前政権の指名を有効だとする憲法裁判所判決を政権が否定したことで問題は深刻化した。その後，議会は憲法裁判所の運営や審理の順序のほか，裁判官や裁判所長人事へも政権の介入を強めていったのである。

　これらの動きに対して欧州委員会，欧州議会は共に懸念を表明し，2016 年 5 月に初の「法の支配の強化に向けた」枠組みの適用がポーランドへ開始されたが，ポーランド側はこれを欧州の傲慢なエリートによる不当な介入だとはねのけ，2020 年 4 月現在もポーランドに対する権利停止の決定には至っていない。自らの内側からその価値に挑戦する加盟国が生じてきた場合，EU はこれにどのように対応できるか，難しい課題を抱えたままである。難民問題への対応でも，ハンガリー，ポーランド，チェコ等の諸国が EU での協力に後ろ向きであったこともあり，EU のなかではこれらの価値や EU の連帯をめぐり，ヨーロッパの東西の分断を懸念する声も強い。とはいえ EU にはさまざまな亀裂が政策ごとに重層的に走っており，そもそも中東欧諸国と一口にいっても，その内部には東西間の相違以上に大きな多様性が存在しているため，ある側面での対立を強調しすぎることも適切ではない。また，ここで取り上げた両国にしても，EU への反発は見せたとしても離脱に至るようなことは考えにくい。そもそも両国は EU からの資金の有数の（ポーランドは最大の）受益国であり，貿易構造上もポーランドの輸出入の 7 割以上，ハンガリーの輸出入の 8 割以上がドイツ

を中心とする EU 加盟国を相手とするものであるため，両国にとって離脱は現実的な選択とはいえない。そのような多面性・多様性に留意しつつ，今後 EU がこの挑戦にどのように対応できるのか注視する必要がある。

⑤ ま と め

さて，ここまでドイツ，フランス，イギリス，そしてハンガリーとポーランドという事例を通して，各国政治と EU の関係について考察してきた。

ここから見えてくるのは，各国にとってのヨーロッパ統合の意味の違いであり，それが翻って EU にも影響を与えていることである。例えば原加盟国であるフランスや（西）ドイツにとってヨーロッパ統合とは，「ドイツ問題」を解決するためのカギであり，また第 2 次世界大戦という惨禍を経験したヨーロッパが平和と復興および繁栄を達成するための手段であった。他方でイギリスにとって EC / EU とは，まずもって「共同市場」であった。イギリスにとって EU はあくまで経済共同体であり，原加盟国とは異なり，例えば第 2 次世界大戦への反省といった規範的側面は希薄である。こうした違いが，ブレグジットの要因の 1 つとなっている。

また，EU と加盟国の影響関係が一方通行ではないことも，本章では見てきた。国家が EU に加盟すると（正確には加盟前の段階から），各国の政治制度や政策は「ヨーロッパ化」されていく。例えば，新規加盟国は，「アキ・コミュノテール」と呼ばれる，EU の法制度から派生する権利と義務の束を受容することが求められる（中東欧諸国が加盟するころには，この「アキ」は 10 万ページ近くにも及んだ）。EU は，加盟国に義務を課し，継続的な調整を要求する統治体であり，これに対して，各国の行政・立法・司法の各部門や各種利害集団は対応を迫られることになる。その一方で，ドイツの中央銀行制度の事例で示したように，各国から EU への「アップロード」（あるいは「制度輸出」とも呼ばれる）の側面も見られる。なお，こうした「ヨーロッパ化」の失敗事例がイギリスであることも本章は示した。

さらに，加盟国の順次の拡大は，EU それ自体を変容させていくことになっ

た。当然のことながら，加盟国の拡大は EU 内部の多様性を増大させる。それ
は，文化や言語といった面で EU を豊かにしたかもしれないが，他方で統合ヴ
ィジョンの拡散や，意思決定の困難さをもたらした。第4節で見たように，
ハンガリーやポーランドは，これまで EU が掲げてきた価値に対して挑戦状を
突きつけている。

　最後に指摘したいのは，デモクラシー（民主政）の面から見ても，EU と各
国政治は相互に影響を与え合う関係にあることである。例えば国内の政党政治
に対しても，EU は直接的にも間接的にも影響を与える。各国の政党は欧州議
会選のために候補者をリクルートし，マニフェストをつくらねばならないし，
また EU の存在自体が各国で新党結成を促す場合もある。その一方で，イギリ
スやハンガリー，ポーランドの事例で見たように，政党政治の在り方が，その
国の EU への態度を規定する面もある。

　さらに，本章での検討でも明らかなように，1980 年代以降，EU はデモクラ
シーそのものの問題となった。なぜなら，域内市場の統合が進み，EC / EU が
市民生活に直結した存在として意識されるようになったからである。1980 年
代あたりまで各国市民はそれぞれの政府のヨーロッパ政策に「**統合を許容する
同意**（permissive consensus）」を与えていたが，EU が日常生活にも影響を及ぼ
す権力体であると認識されるようになると，市民の態度も変わってきた。こう
して，EU における正統性とデモクラシーの問題が生じる。次章では，この点
を考察しよう。

引用・参考文献 ┃　　　　　　　　　　　　　　　　　　　**Reference** ●

　池本大輔（2016）「EU 離脱を決めたイギリス——帝国へのノスタルジアかリトル・イン
　　グランドか」『アステイオン』85，124–136 頁。
　板橋拓己（2014）「EU とドイツ」西田慎・近藤正基編『現代ドイツ政治——統一後の 20
　　年』ミネルヴァ書房，174–197 頁。
　市川顕（2019）「ポーランド」松尾秀哉・近藤康史・近藤正基・溝口修平編著『教養とし
　　てのヨーロッパ政治』ミネルヴァ書房，333–356 頁。
　遠藤乾編（2014）『ヨーロッパ統合史〔増補版〕』名古屋大学出版会。
　小川浩之（2008）『イギリス帝国からヨーロッパ統合へ——戦後イギリス対外政策の転換
　　と EEC 加盟申請』名古屋大学出版会。

荻野晃（2019）「ハンガリー」松尾秀哉・近藤康史・近藤正基・溝口修平編著『教養としてのヨーロッパ政治』ミネルヴァ書房，293-312頁。

川村陶子（2007）「ドイツとヨーロッパ統合——国民国家のハンディ，統合へのメリット」坂井一成編『ヨーロッパ統合の国際関係論〔第2版〕』芦書房，65-102頁。

鈴木一人（2012）「遠ざかるヨーロッパ——フランスの夢の終焉とグローバル化の現実（2000-2012年）」吉田徹編『ヨーロッパ統合とフランス——偉大さを求めた1世紀』法律文化社，259-288頁。

武田健（2020）「規範的な政体としてのEUの歩み」臼井陽一郎編著『変わりゆくEU——永遠平和のプロジェクトの行方』明石書店。

中田瑞穂（2018）「東中欧における「デモクラシー」の後退——イリベラル政権とEUの課題」宮島喬・木畑洋一・小川有美編『ヨーロッパ・デモクラシー——危機と転換』岩波書店，99-124頁。

中村民雄（1993）『イギリス憲法とEC法——国会主権の原則の凋落』東京大学出版会。

橋本伸也編著（2017）『せめぎあう中東欧・ロシアの歴史認識問題——ナチズムと社会主義の過去をめぐる葛藤』ミネルヴァ書房。

畑山敏夫（2015）「逆風のなかの欧州統合——国民戦線のEU批判とフランス政治の「主権主義化」『政策科学』22（3），115-129頁。

細谷雄一編（2009）『イギリスとヨーロッパ——孤立と統合の二百年』勁草書房。

松尾秀哉・近藤康史・近藤正基・溝口修平編著（2019）『教養としてのヨーロッパ政治』ミネルヴァ書房。

森井裕一（2012）「欧州危機とドイツ政治」『海外事情』60（5），18-33頁。

ルケンヌ，クリスチアン／中村雅治訳（2012）『EU拡大とフランス政治』芦書房。

山本直（2018）『EU共同体のゆくえ——贈与・価値・先行統合』ミネルヴァ書房。

吉田徹（2012）「フランスと欧州統合——偉大さと葛藤と」吉田徹編『ヨーロッパ統合とフランス——偉大さを求めた1世紀』法律文化社，1-22頁。

Beichelt, Timm（2015）*Deutschland und Europa: Die Europäisierung des Politischen Systems*, 2. Aufl., Springer VS.

Bulmer, Simon, and Christian Lequesne eds.（2013）*The Member States of the European Union*, 2nd edition, Oxford University Press.

Bulmer, Simon and William E. Paterson（2019）*Germany and the European Union: Europe's Reluctant Hegemon?* Red Globe Press.

Coman, Ramona and Luca Tomini, eds.（2015）*The State of Democracy in Central and Eastern Europe: A Comparative Perspective*, Routledge.

Conze, Eckart（2009）*Die Suche nach Sicherheit: Eine Geschichte der Bundesrepublik Deutschland von 1949 bis in die Gegenwart*, Siedler.

Evans, Geoffrey and Anand Menon（2017）*Brexit and British Politics*, Polity Press.

Gamble, Andrew（2003）*Between Europe and America: The Future of British Politics*, Palgrave Macmillan.

Geddes, Andrew（2003）*The European Union and British Politics*, Palgrave Macmillan.

Grossman, Emiliano（2007）"Introduction: France and the EU: from Opportunity to Constraint," *Journal of European Public Policy*, 14（7）, pp. 983-991.

Holzer, Jan and Miroslav Mareš eds.（2018）*Challenges to Democracies in East Central Europe*, Routledge.

Lequesne, Christian（2014）"La politique extérieure de François Hollande: entre interventionnisme libéral et nécessité européenne: Contribution à la journée d'études ", "Le PS au pouvoir"（6 juin 2014）.〈halshs-01063241〉

Martill, Benjamin and Uta Staiger eds.（2018）*Brexit and Beyond: Rethinking the Futures of Europe*, UCL Press.

Münkler, Herfried（2015）*Macht in der Mitte: Die neuen Aufgaben Deutschlands in Europa*, Körber.

Tilly, Charles（2007）*Democracy*, Cambridge University Press.

Raymond, Gino G.（2013）"Sarkozy and Europe: Back to the Future," in Gino G. Raymond ed., *The Sarkozy Presidency: Breaking the Mould?*, Palgrave Macmillan.

Rozenberg, Olivier（2012）"Genuine Europeanization or Monnet for Nothing?" in: Simon Bulmer and Christian Lequesne eds., *The Member States of the European Union*, 2nd edition, Oxford University Press.

von Beyme, Klaus（2001）"Parties in the Process of Consolidation in East-Central Europe," in: Pridham, Geoffrey and Attila Agh eds., *Prospects for Democratic Consolidation in East-Central Europe*, Manchester University Press, pp. 138–156.

White, Stephen, P. G. Lewis and Judy Batt eds.（2013）*Developments in Central and East European Politics 5*, Duke University Press.

Wholchik, Sharon L. and Jane L. Curry eds.（2018）*Central and East European Politics: From Communism to Democracy*, 4th edition., Rowman and Littlefield.

Young, John W.（2000）*Britain and European Unity, 1945–1999*, 2nd edition, Red Globe Press.

第 **12** 章

デモクラシーと正統性

ウェストミンスター宮殿（英国国会議事堂）前で Brexit 関連のデモを行う英国市民ら（2016 年 11 月）（写真：Wikimedia Commons）

はじめに

　現在 EU はさまざまな問題を抱えている。本章では，それらの問題のうち特に解決が難しいデモクラシーの問題と，それと密接に関わっている正統性の問題を取り上げる。一般的に EU においてなぜデモクラシーが問題になるのかといえば，EU に人々の声を反映する仕組みが不十分であるため，EU に対して

人々が異議を唱えてもそれが正当に EU のなかで処理されないと考えられているためである。事実 2010 年にユーロ危機が起きると，EU の振る舞いが市民から乖離しているとして反 EU 感情が高まり，EU の「**正統性の危機**」が叫ばれるようになった。このように，何のために EU は存在するのか，EU は人々の役に立っているのかという EU の存在意義を問いなおす声が上がり始め，EU に対する人々の不信が近年高まっている。EU のデモクラシーの不備が EU への不信感を強め，EU の正統性をいっそう掘り崩すという負の連鎖である。EU のデモクラシーの問題と近年の EU への不信は，正統性という概念を通じてつながっている。

　では，なぜこれらの問題が生じたのか，これらの問題に対して EU はどう取り組んできたのか，何が問題を複雑にしているのか。そもそも EU という政治体においてデモクラシーはどのような意味を持つのか。本章では，これらの EU におけるデモクラシーと正統性の問題を取り上げ，この難問の見取り図とその射程を考える。第 1 節では EU においてなぜ，どのようにデモクラシーが問題となっているかを概観する。第 2 節では，EU の制度がデモクラシーに適った制度にするためのさまざまな改革や対処を取り上げる。第 3 節では，EU に正統性を見出さない立場の反 EU 的立場である**欧州懐疑主義**と，近年問題になっているポピュリズムの問題を取り上げる。最後に第 4 節では，EU の将来的な展望について触れる。

1 EU とデモクラシー

EU におけるデモクラシーと「民主主義の赤字」

　ヨーロッパ統合は長い時間をかけて発展し，EU はいまや安全保障や社会権，市民権，人権といった人の生活全般に関わる政策に権限を持つ政体（polity）となった（第 6 章 1 節参照）。そのことで，EU は権力体としての側面を持ち，したがって正統性を備えなければならなくなった（第 4 章参照）。それゆえ，正統性のなかでも EU 市民の声をすくいとれているかといったインプット的正統性が重要となり，EU においてデモクラシーを機能させることが，EU において

決定的に重要な問題となったのである。

　しかし，EU においてデモクラシーを機能させようとする試みは，十分に成功しているとはいえない。むしろ，EU におけるデモクラシー問題は，「**民主主義の赤字（democratic deficit）**」という比喩で呼ばれ，EU の政策決定過程に市民の意思が反映されないことが問題視されていた。EU の政策は，欧州委員会が法案を用意し，EU 理事会と欧州議会が決定するというスタイルを基本的にとる（第 **6** 章参照）。市民の声を代弁することが期待されているのが欧州議会であるが，リスボン条約の導入まで，政策決定における議会の権限は，EU 理事会や欧州委員会に比べて非常に小さかった。それに加え，欧州議会選挙の投票率は低く，二流の選挙との烙印を押されることも多かった。さらに 2010 年以降のユーロ危機の展開とその解決のなかで，金融政策における EU の権限が拡大され，ユーロ維持のための緊縮財政の要請がギリシャでは市民生活を圧迫するようになった。そのため，EU の決定を市民はコントロールすることもできなければ，EU 自身も市民の声を政策過程上重視しないという認識が広がることとなった。EU は市民によって統制もされていないし民主主義的な正統性も欠いているという認識は近年いっそう強くなっている。

　民主主義の赤字論は 90 年代半ばから議論され続けており，特に民主主義の赤字論をとるヒックスとこれに反対するモラブチックとの論争によって，EU の政策がどの程度市民によってコントロールされているのかに関心が払われてきた（Moravcsik 2002；Føllesdal and Hix 2006）。EU においてどの程度「民主主義の赤字」が存在しているかどうかの認識は，論者によって異なる。これは，EU がどのような政治体なのかという EU 認識に関わることであり，議論は尽きない。しかし本書は，EU の政策に対する市民からの政治的な異議申し立て経路が EU には存在せず，その意味で，第 **4** 章でも論じたように，EU は民主主義の赤字状態にあるという立場を取る（Føllesdal and Hix 2006）。

　だからこそ，EU は政策の成果に市民が満足しているというアウトプット的正統性（第 **4** 章参照）に頼るしかない。序章で説明したように，EU の主たる目的は平和の実現・経済発展・国際的な影響力維持の 3 つであった。本書の第 I 部では平和的共同体としての EU の発展について，第 III 部では EU が実際に生み出したさまざまな政策面のアウトプットを見てきた。経済の面からいえば，

ユーロと単一市場はEUがつくり上げた最大の成果である。共通農業政策や結束政策も，EC時代からのものを含めEUのアウトプットとしては第1に挙げられるだろう（第**7**章参照）。社会政策に関しては，EUはそのマルチレベル・ガバナンス的構造の下で，労働者保護規定や男女平等の法制度のヨーロッパ大での整備を後押しした（第**8**章参照）。国際政治に関しては，冷戦後のEUは紛れもなく国際政治上のアクターであり，加盟国は一国では手にできないパワーをEUを通して手に入れている。EU加盟国の国際政治上の存在感の大きさは，EUあってのものである（第**9**・**10**章参照）。

　しかし2010年のユーロ危機以降のEUを襲った複合危機は，まさにこのアウトプットによる機能的正統性を直撃することとなった。アウトプットそのものに対する拒否の声も大きくなっている。ユーロや人の移動に対する否定的な感情はその一例である。また共通農業政策や結束政策については，市場是正的な役割をそれほど発揮しているわけではなく，政府間協議による現状維持バイアスが強く働いているため，EUのアウトプットとして認識するのは誤りという指摘もある。こうして，EUが生み出す何かに人々が支持する，という構図が生まれなくなれば，インプット的正統性に乏しいEUは，容易に正統性の危機が勃発してしまう。

　では，インプット的正統性を整えれば，EUの正統性は確保できるのだろうか。恐らくそう簡単にことは運ばないだろう。なぜならば，ユーロ危機以降，EU政治は税金や社会生活といった日常生活に密接に関わる問題となり（Hix 2018），人々のEUに対する態度が大きく変容しているからである。フーグとマークスは，以前は統合が司法判断によって技術的に推進されていたのはエリートが大衆から隔離しているから可能だったが，EU成立後はその政治過程が国内政治の論点となることでEUへの支持は分断されるようになったと論じた（Hooghe and Marks 2009）。彼らの言葉を使えば，人々の態度は，EU成立以前は「統合を許容する同意（permissive consensus）」だったが，いまやEUへの足枷となっている「統合を妨げる世論の不一致（constraining dissensus）」となったのである。

　実際，人々のEUに対する不信は明確に高まっている。世論調査を見ると，「EUが悪い方向に向かっている」と考える割合が近年高まっている傾向が見

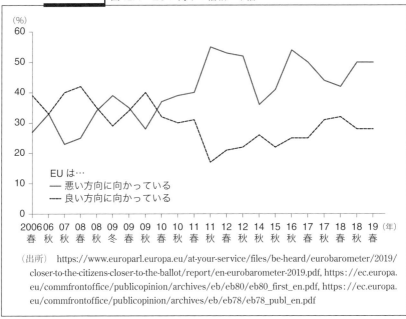

（出所）　https://www.europarl.europa.eu/at-your-service/files/be-heard/eurobarometer/2019/
closer-to-the-citizens-closer-to-the-ballot/report/en-eurobarometer-2019.pdf, https://ec.europa.
eu/commfrontoffice/publicopinion/archives/eb/eb80/eb80_first_en.pdf, https://ec.europa.
eu/commfrontoffice/publicopinion/archives/eb/eb78/eb78_publ_en.pdf

て取れる（図12.1参照）。オランダの下院がまとめた報告書では，実態がどう
あれ，EUの政策はブリュッセルで独占され民衆の利益を代表していないと考
えられてしまっている，との危機意識が持たれている（Leegte 2014）。知識人
レベルでも，EUの「モンスター」性ないしは現在のEUに内在する欠点が議
論され始めている（Delmas-Marty 2016）。つまり，EUにおける民主主義の赤字
はそれが克服される前に，そもそもEUに対する支持／不支持が政治的対立軸
をつくり出すようになってしまったのである。

　EUへの人々の支持が当然だった時代が終わり，その支持をめぐる問題が国
内争点化する時代の登場とEUのデモクラシーの不全と正統性の欠損への問題
の重視は，こうしてつながった。EUにおけるデモクラシーの問題は，一面で
はEU「において」デモクラシーをどう確立するか，という問題であるが，他
方では国内でEUへの支持をどう獲得するかというEU「に対する」デモクラ
シーの問題でもある。この問題に，実際のところいまEUは手詰まり状態にあ
る。そのことを確認したうえで，次節ではこのEUにおいて弱いインプット的
正統性に関して，これまでEUはデモクラシー問題にどのように対処しようと

していたのかを取り上げる。

 ## EUにおけるデモクラシー問題への対処

　EUにおいてデモクラシーという価値が自覚的に重視されるようになったのは，1960年代からである。1967年にギリシャでクーデターが勃発し軍事独裁政権が樹立されると，EECは欧州議会の議論を受け，ギリシャとの連合協定の凍結を決定する。74年に民主政権が復活するとこの凍結は解除されるのだが，このエピソードは，EU，特に欧州議会がデモクラシーという価値に大きな意味を与えていたことを示唆している。実際，EUが自らの枠組みにおいて民主主義的正統性を確保しようとするとき，大きく分けて欧州議会を通じたもの（直接的正統化）とそれ以外のルート（特に各国議会）を通じたもの（間接的正統化）の2つに大別できる。

欧州議会の権限強化（直接的正統化）

　欧州議会は，一貫してEUにおいてデモクラシーの守護者であろうとした。これは2つの面でそうだったといえる。1つは，EUとしての基本的価値としてデモクラシーを保持し，外部にも促進しようとした面であり，もう1つは，EUにおいてデモクラシーが機能するための主体たろうとした面である。議会とは市民の代表であり，議会が機能することがデモクラシーを機能させることと考えられた以上，欧州議会がEUをより民主的にしようとしたのは自然なことであった。

　欧州議会の歴史は，権限獲得の歴史でもある。発足当初には明確な権限を与えられたわけではなかった欧州議会は，1970年代に入ると諮問的な役割を果たすようになり，75年以降は政策執行において協調手続きと呼ばれる法律草案に意見を付して閣僚理事会（当時）に提示する手続きも制度化するようになった。さらに79年に欧州議会の選出方法が直接選挙制に移行すると，欧州議会は曲がりなりにも加盟国市民代表としての体裁をとることとなり，それゆえ立法過程に対してより大きな役割を発揮することが期待されるようになった。

実際 80 年には ECJ によって,「共同体レベルにおける根幹的な民主主義の原理を反映」(Case 138, 129/79) するために, 議会が意見を表明する前に理事会が法案を採択することは避けなければならないという原則が提示された (イソグルコース判決)。

そして 1992 年に調印されたマーストリヒト条約によって, 共同決定手続きが導入された。これは政策過程の決定権を理事会が独占していたそれまでの状態を改め, 欧州議会も政策決定に参与することを定めたものだった。アムステルダム条約からニース条約を経て, 欧州議会が立法過程に参与する政策領域は拡大していった。さらにリスボン条約によって導入された通常立法手続きによって, 欧州議会に EU 理事会と同等の決定権限が与えられ, 長く進められた欧州議会への権限強化は 1 つの頂点を迎えることになったのである。

┃ ヨーロッパ組織への人々の声の反映 ┃

このような欧州議会の権限強化とは別の形で, 市民の声を EU の政策過程に反映させる仕組みもいくつか存在する。以下はその代表的な仕組みである。

① **EU 理事会を通したコントロール**　そもそも EU の政策決定において加盟国政府代表である EU 理事会が決定権限を持っているということは (第5, 6 章参照), EU の決定は加盟国政府を通じて人々が決定するものである, という擬制を意味している。その意味で, EU の意思決定には常に人々の声が間接的に反映されているといえる。また, 政策執行の段階において, 政府代表の専門家によって構成される小委員会にてその細目を議論し決定するといういわゆるコミトロジー手続きは, 専門家ではあるが加盟国代表と共同体代表が議論して合意に至ることを保障する一種の熟議民主主義を表しているという考えもある (Joerges and Neyer 1997)。

しかし, 国内政治においてエリート批判や既存体制への批判が強くなっている傾向が見受けられる現在, 各国の政府代表に対して人々が自分たちは代表されていないと感じているならば, このような EU に対する間接的なコントロールにあまり意味はない。実際, このような問題の構図は欧州懐疑主義の文脈でも重要である (第 3 節参照)。

② **EU 市民権の導入**　マーストリヒト条約による EU 市民権の導入を受け

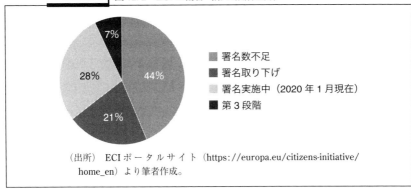

CHART 図 12.2 ECI の割合（第 2 段階以降）

7%
28%
44%
21%

- 署名数不足
- 署名取り下げ
- 署名実施中（2020 年 1 月現在）
- 第 3 段階

（出所）　ECI ポータルサイト（https://europa.eu/citizens-initiative/home_en）より筆者作成。

て，請願手続きとオンブズマン制度が成立した。請願は，EU 加盟国市民ならびに法人であれば誰でも EU の諸機構によって不利益や被害を被ったことに対する申し立てを行うことができる手続きである。この申し立ては欧州議会の請願委員会が適切かどうかを審査し，必要であれば EU の諸機構に対処を講ずるように指示する。オンブズマンは EU 行政の失政に対して中立的な立場から調停を行う制度である。どちらも EU 機構の行為や不作為に対し市民側が監視するものであり，EU におけるデモクラシーのための一方策といえる。

　③欧州市民発議（ECI）　　より直截に，EU の政策過程に市民の声を反映することを可能とする制度が，リスボン条約によって導入された。それが，欧州委員会に限定されていた法案発議権を加盟国市民に開放する欧州市民発議（ECI）である。これは，少なくとも 7 カ国の市民 100 万人以上の署名を集めた提案について，欧州委員会が返答を行わなければならない制度である。この手続きは，個別の発議を運営する組織を立ち上げる第 1 段階，実際に署名を集める第 2 段階，必要な署名が集められた後に欧州委員会がそれに対応する第 3 段階に分かれている。

　2012 年から始まった ECI は，2020 年 1 月の時点で 71 件の署名登録申請（処理完了分）があったが，第 3 段階まで到達したのは 5 件だけであった（図 12.2）。最初に第 3 段階に達した水道アクセスの保障要求については，欧州委員会は法案整備を行うことを約束した。しかし，残りの 3 件については，欧州委員会は法案化の必要を認めず，ECI の要求をはねつける形になった（2020 年 1 月現在，1 件の申請が要件を満たし欧州委員会の回答待ちとなっている）。

ECI は民主主義の赤字の解消を目標とした方策であったが，欧州委員会が応答する第3段階までたどりつくのは非常に困難であるばかりか，ECI を発議したにもかかわらず不適切として受け付けられなかった申請も多く（例えばイギリスの EU 離脱を取り下げさせるといった，EU にその権限がない政策の実施を要求するなど），かつ制度も複雑で，活発かつ効率的に利用されているとは言い難い。ECI は具体的な実施要項を伴うような法案化に即した要求でなければならず，特定の価値の実現や加盟国に取って代わる政治の実現をめざすものではない。ECI は EU の正統性の確保という意味での，民主主義の赤字を解消する方法にはなっていないのが現状である。

各国議会の EU 政策過程における役割

EU の制度に民主主義的な仕組みを整えようとする一方で，加盟国の議会を通じた正統性の確保もまた同様に進められた。それは，加盟国政府が理事会で議論している内容に対し，同時進行的に各国議会での議論を反映させようとするものである。

このような各国議会を EU 政策過程のなかに組み込もうとする試みは，1958年の EEC 成立後から始まっている。最初にこのような仕組みを整えたのは西ドイツの連邦参議院（Bundesrat）とされる。その後，第1次拡大において新たに加盟したイギリスやデンマークでは，EEC に国内立法権を奪われることを警戒する勢力を説き伏せるためにも，EEC の立法過程に「国内議会による監視（議会監視〔parliamentary scrutiny〕）」が組み込まれるように注意深く制度がつくられるようになった。現在では，ほぼすべての加盟国議会が，EU 関連委員会（EU Affairs Committee：EAC）と呼ばれる，EU の立法過程を国内議会が監視するための委員会を設置している。

EAC の監視機能は，各国で実際のところさまざまである。マオラーは政府に対して加盟国議会がどれだけ影響力を発揮できるのかについて，審議過程における拒否権等の利用によって政策過程の決定権を保有している「政策決定的議会」（強い議会），法案修正は可能でも廃案までには持っていけない「政策影響的議会」，修正や拒否を行えない「弱い議会」の3つに分類している（Maurer and Wessels 2001）。強い議会としては，オーストリア，デンマーク，ドイツ，

スウェーデンなどが，政策影響的議会としてはフランス，オランダなどが（ブレグジット前のイギリスはこの類型とされる），弱い議会としてはギリシャ，アイルランド，イタリア，スペインなどが挙げられる。

　EAC が EU の立法過程に与える影響を考える際に留意すべきなのは，マーストリヒト条約で規定されていた第 2，第 3 の柱の政策においてこそ，議会監視の力が発揮されていたことである。第 2，第 3 の柱は政府間協力によって運営され，欧州委員会や欧州議会は関与しなかった。しかしリスボン条約によって 3 つの柱が撤廃され立法手続きの原則が通常立法手続きとなったことで，議会監視が作用する程度は低くなった（ただし国際協定，競争政策など理事会のみに決定権が留保されている特別立法手続きも残っている。第 **8** 章②節，第 **10** 章②節参照）。その埋め合わせとしてリスボン条約議定書 3 条に規定されたのが，各国議会が EU の政策過程に直接的に介入する，いわゆる早期警戒メカニズム（early warning mechanism：EWM）である。

　EWM とは，一定数の加盟国議会が欧州委員会起草の立法草案に反対（理由を付した意見）を表明した場合，欧州委員会はこの草案を維持・修正・撤回のいずれかを選択しなければならない手続きである。この規定は，3 分の 1 の議会が意見を表明した場合の「イエローカード」と過半数の議会が意見を表明した場合の「オレンジカード」に分かれている。「イエローカード」には委員会に対する拘束力はないが，「オレンジカード」の場合，委員会側から草案への修正・撤回がない場合，EU 理事会および欧州議会での 55% の反対票で否決することができる。

　これまでイエローカードは 3 回出され，オレンジカードは未だ例がない。第 1 のイエローカードは 2012 年 5 月の金融規制（モンティ II）に対して，第 2 は欧州公共検察庁の設立に対して，そして第 3 が 2016 年 5 月の海外派遣労働者規制修正案に対してである。第 1 の事例では委員会はイエローカードにもとづいて法案を撤回したが，第 2・第 3 の事例では委員会は草案を結局そのまま提出した。

　この EWM を EU の民主主義の欠損の解決に資すると見なすかどうかは，論者によって異なる。たしかに，加盟国議会が結束すれば欧州委員会の法案に異議を唱えることができるという点で，EWM は画期的な制度であった（Cooper

2015)。しかし各国議会が欧州委員会の草案に数多く意見を表明しているにもかかわらず，イエローカードの発動には至らなかったり，イエローカードでは委員会の拘束力が弱かったりと，制度的な欠点もある。EWM の成立をもって EU の民主主義の赤字の問題が解決したという結論を出すのは困難であろう（de Wilde 2012)。

┃ ヨーロピアン・デモスとヨーロッパ・アイデンティティ ┃

EU にデモクラシーを備える試みは，国境を越えたデモクラシーは可能か，という問いに対して，人々の意思を EU 組織に反映させる制度構築を進めることで可能だと応答しようとした試みといえる。しかしこの問いに対して，EU 大の民主主義的な制度を構築しても EU デモクラシーが実現するわけではない，という反論が存在する。なぜならば，デモクラシーに必要なのはその政治システムに対応したひとまとまりの人々（これをデモスと呼ぶ）の存在で，そのようなデモスが存在しなければいくら政治システムをいじっても人々の意思は反映されない，と考えるからである（これをノー・ヨーロピアン・デモス論と呼ぶ）。この論に立てば，必要なのは各国ごとに分かれていない EU 全体の人民＝**ヨーロピアン・デモス**をいかにつくり出せるかにある。

ヨーロピアン・デモス論を EU の正統性と絡めて本格的に議論したものとして，ドイツ憲法裁によるマーストリヒト条約の合憲性を審議した判決が挙げられる。この判決では，EU の民主主義的正統性に関して，EU がその任務を執行して権限を行使するためには，各国議会を通じて表明される加盟国国民の意思によって民主的に正統化されなければならないとした。EU に正統性が与えられるのは，加盟国国民がそれぞれのナショナルなデモクラシーの装置を使ってこそ可能であり，EU レベルの制度を媒介しての正統化は副次的だというのである（西原 1994：レス 1997)。このような考えに対してニコライディスは，ヨーロッパは各国の複数のデモス（デモイ）から成り立つものであり，複数のデモス（デモイ）間の関係によって民主主義が成り立つというデモイクラシーという視角から EU のデモクラシーを見るべきだと論じて，ノー・ヨーロピアン・デモス論に反論した（Nicolaïdis 2013)。

ヨーロッパ・デモクラシーやヨーロピアン・デモス論に関する政治理論的な

表 12.1　EU に関する主な国民投票

年	国	議題	結果
1975	イギリス	EC 残留	Yes
1992	フランス	マーストリヒト条約批准	Yes〔僅差〕
1992	デンマーク	マーストリヒト条約批准	No
1993	デンマーク	再度批准を問う	Yes
2005	フランス	憲法条約批准	No
2005	オランダ	憲法条約批准	No
2008	アイルランド	リスボン条約批准	No
2016	イギリス	EU 残留	No

議論については，分厚い議論の蓄積があるのだが，ここで重要なのは，EU を正統化する究極の主体は加盟国それぞれの国民以外にはないという点で，多くの論者の見解が一致していることである。実際，現在の EU 政治において，それぞれの国の人民の意思を軽視することはもはや不可能であろう。しかしこの各国の人々の意思は，国境を越えたデモクラシーが成立していないことを表しているようである。それが如実に表れているのが国民投票である（表 12.1 参照）。国民投票では直截にそのときの人々の意思表示が成されるわけだが，EU に関する国民投票では，EU に対し異議を唱えその進展を制御する役割を果たしたものが多い。特に 2005 年のオランダ，フランスにおける憲法条約の批准拒否，2016 年のイギリスの EU 離脱決定は，EU が進みたかった方向を拒否することになり大きな混乱も生まれ，国民投票は EU 政治において大きなツールになっている。

　しかし，国民投票で EU に否定的な結果が出ることもあるのに対し，世論調査においては自らをヨーロッパ人であると見なす人々もまた数多く存在している様子が読み取れる。2013 年以降 EU が毎年実施している世論調査にて，各市民に自らのアイデンティティの帰属先が，自国なのかヨーロッパなのかを問うている。この調査では，自らを自国民のみと感じる（フランス人のみ，ハンガリー人のみ，といったように）割合は下がる傾向にあること，ヨーロッパ人としてのみ自らのアイデンティティを感じる人が常に 2% は存在していること，自国民としてのアイデンティティと同時にヨーロッパ人としてのアイデンティティを有する人は常に割合として高いこと，ヨーロッパ・アイデンティティを感

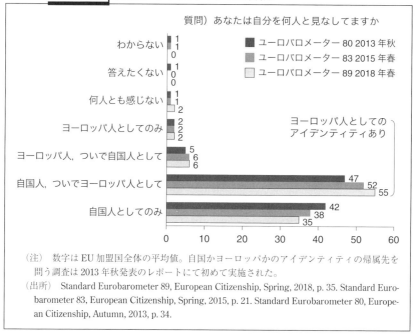

質問）あなたは自分を何人と見なしてますか

- ユーロバロメーター 80 2013 年秋
- ユーロバロメーター 83 2015 年春
- ユーロバロメーター 89 2018 年春

わからない　1／1／0

答えたくない　1／0／0

何人とも感じない　1／1／2

ヨーロッパ人としてのみ　2／2／2

ヨーロッパ人，ついで自国人として　5／6／6

自国人，ついでヨーロッパ人として　47／52／55

自国人としてのみ　42／38／35

ヨーロッパ人としての
アイデンティティあり

（注）　数字は EU 加盟国全体の平均値。自国かヨーロッパかのアイデンティティの帰属先を
　　　問う調査は 2013 年秋発表のレポートにて初めて実施された。

（出所）　Standard Eurobarometer 89, European Citizenship, Spring, 2018, p. 35. Standard Euro-
　　　barometer 83, European Citizenship, Spring, 2015, p. 21. Standard Eurobarometer 80, Europe-
　　　an Citizenship, Autumn, 2013, p. 34.

じる人は，すべて合わせれば 6 割を超える（**図 12.2**）。これは，EU に対する信頼性とは別に，ヨーロッパに対するアイデンティティもまた部分的であれ構築されていることを示している。しかしそれでも，国境を越えたデモクラシーが EU において現状で成立していると見るのは困難であろう。国境を越えたデモクラシーが成立しなければ，EU にデモクラシーに基づく正統性を確保することはやはり難しい。この難問を EU は未だに抱えているのである。

 欧州懐疑主義とポピュリズム

▶ 反デモクラシー的存在としての EU 理解の高まり

欧州懐疑主義の高まりとその定義

このように，EU は一貫して自らをデモクラシーの守護者として，自己の制

度を代議制的デモクラシーの原理に則るべく改革してきた。しかし近年，「**欧州懐疑主義（Euroscepticism）**」と呼ばれる EU に対する否定的態度が各国で高まっている。EU が正統性を確保するためにデモクラシーの確立に努力したにもかかわらず，なぜ欧州懐疑主義は生まれ，そして勢力を拡大していったのだろうか。

　欧州懐疑主義とは当初「ヨーロッパ統合過程に対する無条件で包括的な反対のみならず偶然的で限定的な反対」（Tagaart 1998）と定義されたが，このような反対は統合の歴史においていつの時代にも見られるものである。しかし，時代に沿って反対の性質は変化する。欧州懐疑主義の展開は，以下の3つの時期に分けて理解するのが有用だろう（Vasilopoulou 2013）。第1に，成立初期からマーストリヒト条約成立まで，第2に，マーストリヒト条約成立後からリスボン条約成立まで，第3に，ユーロ危機から現在までである。

　ヨーロッパ統合はその創設期の頃から，統合に対して消極的ないしは反対する政治勢力に事欠かなかった。1954 年の EDC 条約の批准拒否，イギリスのローマ条約交渉からの撤退，ド・ゴールの空席政策，そしてサッチャーのブリュージュ演説である。これらは，エリート政治家による統合の進展の程度や発展の方向性をめぐる異議申し立てだった。現在の欧州懐疑主義は，80 年代のイギリスのサッチャーを出発点として考えられている（Eichenberg and Dalton 2007）。サッチャーは統合の現状に異を唱えたが，EU（EC）そのものの存在までを否定したわけではない。彼女が望んだのは，市場統合かそれ以上の統合に進むかという点において，最低限の市場統合にとどまることだった。しかし，このサッチャーの態度を契機に欧州統合に懐疑的な市民団体が設立され，エリート政治家に限らない現在の欧州懐疑主義の出発点となった（Leconte 2010）。

　マーストリヒト条約の成立により，市場統合は通貨統合へと深化しようとしただけでなく，共通安全保障や市民権など，政治的な統合を深めていく。そのため，統合に対する賛否の感情は，それまで市場統合の程度をめぐるものが，マーストリヒト条約成立以降，統合の方向性やアイデンティティをめぐるもの，さらに安定成長協定が求める緊縮財政に伴い社会保障関連の支出のカットが許されるかといったものへと変化した。それでも，EU に対する信頼は多くの国で一貫して高く，欧州懐疑主義は統合の変調であり周辺的な勢力と考えられて

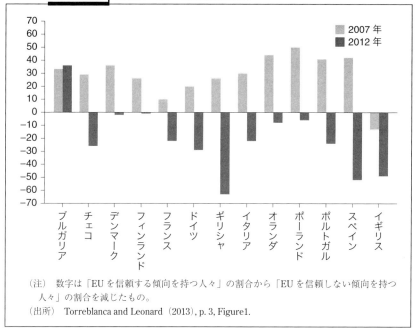

（注）　数字は「EU を信頼する傾向を持つ人々」の割合から「EU を信頼しない傾向を持つ
　　　人々」の割合を減じたもの。
（出所）　Torreblanca and Leonard（2013），p. 3, Figure1.

いたが，このような様相が一変するのが 2010 年のユーロ危機である。ユーロ
危機を解決するためにとられた措置は，EU の権限を強化したという点で，加
盟国国民による民主主義的な統制とは対極的なテクノクラシー的なものだった。
ユーロ危機が EU そのものだけでなく，EU を取り巻く民主主義，正統性に関
する言説をも変えてしまったことは間違いがない（Smismans 2016）。世論調査
では，いくつかの国を除き，ユーロ危機を挟んで軒並み EU に対する信頼度が
低下していることがわかる（図 12. 4 参照）。

　EU そのものへの反対表明がクライマックスに達したのが，2016 年のイギリ
スの EU 離脱の国民投票における賛成多数（ブレグジット）であろう。史上初
めて EU から脱退する事例が，しかも大国のイギリスが脱退する事例が生まれ
た。その後のフランス大統領選挙では反 EU のルペンに対して親 EU のマクロ
ンが勝利したが，ドイツ総選挙では反 EU の AfD が躍進し，オーストリア総
選挙でも反 EU 的勢力が勝利をおさめた。このように，欧州懐疑主義は統合の
変調なのではなく，統合をめぐるごく普通の話題となった。

	欧州主義 Europhile	欧州嫌い Europhobe
EU 楽観主義者 (Euro-optimist)	①欧州熱狂主義者 　(Euro-Enthusiasts)	②欧州実利主義者 　(Euro-Pragmatists)
EU 悲観主義者 (Euro-pessimist)	③欧州懐疑主義者 　(Eurosceptics)	④EU 拒絶者 　(EU-Rejects)

（出所）　Kopecký and Mudde（2002）, p. 303, Figure. 1.

欧州懐疑主義が「ありきたりの現象」と見なされるにつれ，その定義はより批判的に検討されるようになった。欧州懐疑主義を最初に定義した研究者の一人，タガートは，欧州懐疑主義をさらに「ハードな欧州懐疑主義」と「ソフトな欧州懐疑主義」に分けた。ハードな懐疑主義とは，欧州統合そのものに反対する態度であるのに対し，ソフトな懐疑主義とは統合自体を否定しないが，統合の特定の政策に対して異論がある態度を示す（Taggart and Szczerbiak 2001）。ミュデらはさらに，ヨーロッパ統合そのものに対する評価の軸（統合すべきと考える「欧州主義」と，統合すべきでないと考える「欧州嫌い」）と，現状の EU に対する評価の軸（現状の EU を評価ないしは自分にとって利益となると考える「EU 楽観主義」と，現状の EU を評価しないし利益にもならないと捉える「EU 悲観主義」）を組み合わせて，ヨーロッパ統合に対する態度を 4 つに分類した（Kopecký and Mudde 2002）（表12.2 参照）。第 1 が統合に賛成し，現状にも満足する欧州熱狂主義，第 2 が原則論としては統合に反対だが現状の EU には満足している（何かしらの利益を EU から得ていると考える）欧州実利主義_{プラグマティズム}，第 3 が統合には賛成だが現状の EU には不満な欧州懐疑主義，そして第 4 が統合の原則にも反対で現状の EU にも不満という EU 拒絶である。

　統合に不満を持つ人々を十把一絡げせず，何を望んでいるかで適切に区分する必要がある。タガートの定義との関わりでいえば，③がソフトな欧州懐疑主義，④がハードな懐疑主義に相当する。欧州懐疑主義は EU に対する多様な不満を含む概念である。ミュデの分類では欧州懐疑主義は統合の原則には賛成だが現状の EU に不満があり，これは EU 拒絶と同類ではない。他方で，欧州実利主義者_{プラグマティスト}は，現状の EU は自分たちの利益になっている点で EU を支持しているにすぎず，EU の政策が変更となり利益にならなくなれば EU 拒絶に転換

することになる。いわゆる欧州懐疑主義は，ミュデの分類では③と④を両方含むEU悲観主義に相当するが，潜在的には②も含む複合的な概念であることに留意する必要がある。

ポピュリズム──EUデモクラシーとナショナル・デモクラシーの相克

EUが「民主主義の赤字」を削減するべく共同体レベルでの民主的制度の構築を試みている間に，現在別の「民主主義の赤字」がEUを襲っている（Kelemen and Blauberger 2017）。それは，EU加盟国の国内政治における民主主義の後退である。ポーランドとハンガリーを筆頭に，EU諸国においてポピュリズム政権が登場し，報道の自由に対する抑圧や司法権の独立を侵害しようとする姿勢を見せている。そしてEUに対する正統性の危機が叫ばれるうちに，2018年のイタリア総選挙を受けた欧州懐疑主義政権の誕生や，ドイツにおけるCDU，SPD（どちらもEU支持だった）勢力の後退が起こり，これまでEUを支持してきた各国の既存政党の支持が弱まった。もちろん既存政党の凋落にはさまざまな要因が考えられるが，EUもその理由の1つにほかならない。これまでEUは，自らに欠けているデモクラシーを獲得するにはどうすればよいのかを考えてきた。しかしそうしているうちに，足元のナショナルな政治のデモクラシーが欠けている状態になってきたのである。

そもそもポピュリズムとは何か。ポピュリズムの定義はいくつかあるが，ミュデとカルトワッセルは「社会が究極的に〈汚れなき人民〉対〈腐敗したエリート〉という敵対する2つの同質的陣営に分かれていると考え，政治とは人民の一般意思の表現であるべきだと論じる，中心の薄弱なイデオロギー」と定義している（ミュデ゠カルトワッセル 2018）。これに対してよりポピュリズムを問題視するミュラーは，「道徳的に純粋で完全に統一された人民と腐敗しているか何らかの形で道徳的に劣っているとされたエリートとを対置するように政治世界を認識する方法」と定義し，ポピュリストは「常に反多元主義者である」とする（ミュラー 2017）。つまりポピュリズムとは，政治においてエリートを攻撃・排斥して単一で同質的な状態が望ましいと考え行動することを指す。ヨーロッパにおいてポピュリズムを標榜する政党はEU成立以前から活動していたが，その勢力は泡沫的と見なされていた。また，ポピュリズム政党が登場し

た要因は複合的で，グローバル化や産業構造の変化に伴う代表制の機能不全と関連しているとされているが（Kriesi 2014），これはヨーロッパ統合が深化する前から進行している。

　当初より，西欧各国のポピュリズム政党は欧州懐疑主義的姿勢を隠さなかったものの，EU に関する論点はそれほど注目を浴びてこなかった。むしろ，反移民，反ユダヤ主義など，過度な愛国主義や排外主義的な姿勢が注目され，ポピュリズム政党への支持は国内政治における既存の政治への抗議の現れと見なされていた。

　しかし，この 90 年代以降のポピュリズム政党の活動と，同時期における EU の活動の深化をめぐる懐疑的な姿勢の質的変化が，2010 年以降のユーロ危機の勃発のなかで結びつき，大半のポピュリズム政党がもとから有していた反EU 的態度が EU に対する緊縮批判や国家主権への浸食，EU エリート批判として，それまでなかった規模での支持につながっていったのである。

　こうして現在のヨーロッパのポピュリズムは，欧州懐疑主義と不可分の関係にある。現在のヨーロッパにおけるポピュリズム勢力の多くは，ポピュリスト急進右派（populist radical right）と呼ばれる，ネイティビスト，権威主義，ポピュリズムの特徴を兼ね備えているタイプである（Mudde 2016）（ただし，ポピュリズム政党のなかには左派に分類されるものもあり，イタリアの「五つ星運動」のように左派でも右派でもないと標榜しているが反 EU であるもの，またベルギーの「フラームス・ベランク」のように右派であっても反 EU とはいえないものと，ポピュリズム勢力は多様であるため，すべてのポピュリズムがポピュリスト急進右派であるわけではない）。ネイティビストとは，国家はその国で代々生まれ育った人で構成されるべきで，ネイティブではない人は国家に根本的な脅威を与えると見なす考えである。ポピュリスト急進右派は欧州懐疑主義ときわめて親和的である。ネイティビストの志向性は，国境を自由に移動することを想定する社会経済空間をつくり上げようとするヨーロッパ統合の志向性と真っ向から対立する（Vasilopoulou 2013）。またポピュリズムの特徴であるエリートへの敵対心は，もはやクリシェ（常套句）となった「EU（ブリュッセル）を牛耳る高級官僚」への反発として現れるだけでなく，国内の既存政党の多くは EU 支持であるため，反 EU 的態度は既存政党に対する否定を意味し，従来の政党政治に希望を見出せない層の

支持を得ることにもつながる。EU に対する不信感の増大は，ナショナルな政治に対する不信感への反響でもある（Taggart and Szczerbiak 2013）。こうして，ポピュリズムは欧州懐疑主義的となり，欧州懐疑主義を全面化することでいっそうポピュリズム的支持を得ることにつながるのである。

このように，いまや EU は国内政治において，真っ向から賛成／反対を問われる対立軸となった。かつては政党政治において EU は対立軸の枠外にあって，むしろその推進・支持は既存政党間においては共通の了解条項だった。既存の主要政党が EU 支持で一致していたからこそ，当初の欧州懐疑主義は既存政党に対抗する抗議政党の形をとって現れた。しかし，いまや EU 支持／不支持が政治の対立軸を形作るようになった。これは，従来の左右対立の枠組みに適合するものではない。既存政党に対するポピュリズム勢力の対立的姿勢も，EU を国内政治における対立軸の最前線に引きずり込むものである。

EU が国内政治の力学から超然としている状況はもはや不可能であり，いや応なくその支持／不支持をめぐる政治対立の当事者となった。そのため EU はそもそも正統性を兼ね備えうる存在というよりも，国内の政治的闘争において勝利して初めて正統性を確保することができる存在へと変わってしまったといえる。欧州懐疑主義とポピュリズムによって，EU のデモクラシーと正統性をめぐる問題は，ヨーロッパ・レベルのデモクラシーとナショナルなレベルのデモクラシーが正面から対立する状況を生んだ。これによって，EU のデモクラシーと正統性の問題はいっそう困難な状況に陥っている。

4 ヨーロッパという夢と現実

▶▶ミネルヴァの梟は 2 度飛ぶ？

┃ 統合が実現しようとする価値／統合で実現する価値 ┃

ヨーロッパ統合は，ヨーロッパの歴史に根差したものであるのと同時に，必要なものと認識され，そして第 2 次世界大戦後の戦後体制の確立のなかで初めて実現した。第 7 章以降見てきたように，統合成立から半世紀が過ぎ，EU は

統合——何のために？	統合——誰のために？
平和 パワー 進歩	集合的目標 （公共財）
繁栄 安定・安全 アイデンティティ	構成員的目標 （市民社会）

全面的でより人々の生活全般を包摂する空間の建設というアウトプットを生み出してきた。

　しかし現在改めて，なぜ・何のために・何を統合するのかが問われている。EU自身，EUの中核的価値を明確に謳っている（表12.3）。平和，人間の尊厳，自由，民主主義，平等，法の支配，人権，繁栄，欧州内で自由かつ安全に暮らし，学び，働き，移動する諸権利である（リスボン条約2条および3条）。振り返ってみれば，ヨーロッパ統合が何よりもヨーロッパ域内での平和の確立のために成立したのは，留保をつけなければならないものの無視できない理由である。他方で，統合は加盟国が結束することで国際政治上のより大きなパワーを獲得しようとする側面や経済的な繁栄を得ようとする側面があることも無視できない（遠藤 2016）。さらに，不戦共同体や共同市場といった先駆的理念やヨーロッパが他国に先んじた民主主義の陣営であるという認識は，統合が全体として進歩を志向した試みであることも表している。また，EUはその前身のECとは異なり市民権を人々に与え政体として深化しようとしているのは，共同体の構成員にアイデンティティを備えた一体的な空間を提供し，そのなかで人々が安心を得ようとする試みであることも意味している。

　まとめるならば，ヨーロッパ統合は，その集合的な目標として平和・パワー・進歩を掲げ，その構成員は統合によって繁栄とアイデンティティと安定・安全を獲得する試みである（表12.3）。このような平和，パワー，繁栄，安定・安全は，一国単位では確保できず，各国がまとまる統合でのみ実現するもの——それがヨーロッパ統合の存在意義であり正統性だった。

　しかし，EUに対する不信感の高まりや統合を妨げる世論の不一致によって，

そのような存在意義は揺らいでいる。なぜならば，人々が求める価値がEUでしか実現できないわけではないからである。正統性を確保してくれると思っていたデモクラシーではなく，正義こそEUは実現すべきだとナイヤーの主張はこの傾向に符合したものであろう（Neyer 2010）。また，パワーや繁栄，安定や安全がEUレベルではむしろ確保できず，逆にナショナルなレベルでなら提供できると人々が感じるようになれば，EUを支える正統性はさらに崩れることとなる。アイデンティティは，統合を結束させるために必要だが，国境を越えたデモクラシーが実現不可能であれば，統合はむしろ不安定となる。したがって，いま改めて問われなければならないのは，21世紀において（加盟国単位ではなく）EUで提供できる価値は何なのか，EUが提供しようとする価値は何のためにあるのか，なのである。

┃ 二重の統合という挑戦 ┃

　既にこれまでの説明において，ヨーロッパ・デモスの不在，「統合を妨げる世論の不一致（ディセンサス）」，欧州懐疑主義など，ヨーロッパに正統性が確保されにくい理由について取り上げた。その根幹には，ヨーロッパ統合が，単に経済的な国境を開放し複数の国家が1つの政策を共有するという従来の国際統合だけでなく，国内の政治経済についても深く入り込む現象になったことが挙げられる。そのことによって，EUは正面から正統性が問われる存在となった。さらに，ポピュリズムと欧州懐疑主義の高まりによって，EUのデモクラシーとナショナルなデモクラシーが対立する構図も生まれてきた。

　このように見てくると，今後のヨーロッパ統合は，国際統合だけでなく，国内の政治社会の統合，すなわち社会統合にも取り組まなければならない課題であることが浮かび上がってくる。国際統合によって，たしかに経済・通貨・規制・基準・法などが統合され，国境を越えた生活空間が出現した。しかし国境のなかの国内的な社会はむしろ分断されていったのである。社会が統合されていないのに，どうして他国との統合が可能となるのだろうか。社会統合されていない生活空間を放置したまま国際統合を進めては，EUが正統性を調達することは困難であり続ける。これからのヨーロッパ統合は，国際統合に加えて国内統合も実現しなければならない。この二重の統合が，これからのヨーロッパ

統合が相手にしなければならない困難の正体である。

ミネルヴァの梟は2度飛ぶ

　第2次世界大戦後，モネやシューマンが想定していたヨーロッパ統合の未来
像は，現在の EU が実現している統合のレベルを超えているのだろうか。1つ
いえるのは，ヨーロッパ統合は，不戦共同体の設立という未曽有の歴史的実験
を経て，国境を越えたデモクラシーの可能性や二重の統合といったさらに別の
歴史的実験の領域に入っていることである。そのような実験は，果たしてうま
くいくのだろうか。この答えを知るのはしばらく先のことになるだろう。ミネ
ルヴァの梟1羽が飛び立ったと思ったら，我々はその陰にもう1羽の梟が佇ん
でいたことを知ったのである。

引用・参考文献　　　　　　　　　　　　　　　　　　　　　Reference ●

安江則子（2001）「COSAC──国家議会と欧州議会による二重の民主主義の模索」『同志
　　社大学ワールドワイドビジネスレビュー』2（2），20–33頁。

遠藤乾（2016）『欧州複合危機──苦悶する EU, 揺れる世界』中央公論新社。

土谷岳史（2013 年）「EU 政体における領域性とデモス──デモイクラシーと市民の境界」
　　『日本 EU 学会年報』33，143–162 頁。

西原博史（1994）「ドイツ憲法判例研究（20）──ヨーロッパ連合の創設に関する条約の
　　合憲性（マーストリヒト判決）」『自治研究』70（8），116–125 頁。

ミュデ，カス＝クリストバル・ロビラ・カルトワッセル／永井大輔・髙山裕二訳（2018）
　　『ポピュリズム──デモクラシーの友と敵』白水社。

ミュラー，ヤン＝ヴェルナー／板橋拓己訳（2017）『ポピュリズムとは何か』岩波書店。

レス，ゲオルク／入稲福智訳（1997）「マーストリヒト条約に関するドイツ連邦憲法裁判
　　所判例評釈」『法學研究』70（5），107–130 頁。

ロドリック，ダニ／柴山桂太・大川良文訳（2013）『グローバリゼーション・パラドクス
　　──世界経済の未来を決める三つの道』白水社。

Cooper, Ian（2015）"A Yellow Card for the Striker: National Parliaments and the Defeat of
　　EU Legislation on the Right to Strike," *Journal of European Public Policy*, 22（10）, 1406–
　　1425.

Christiansen, Thomas and Annna-Lena Högenauer（2015）"Parliamentary Administrations
　　in the Scrutiny of EU Decision-Making," in C. Neuhold, O. Rozenberg, J. Smith, and Clau-
　　dia Hefftler, *The Palgrave Handbook of National Parliaments and the European Union*, Pal-
　　grave, 116–132

Delmas-Marty, Mireille（2016）« Élogue monstre juridique européen », Zarka, Yves

Charles, Pascal Perrineau, et Alain Laquièze, *L'Union européenne entre implosion et refondation*, Éditions Mimésis, 15–26.

de Wilde, Pieter（2012）"Why the Early Warning Mechanism Does Not Alleviate the Democratic Deficit," OPAL Online Paper, No. 6/2012.

Eichenberg, Richard and Russel Dalton（2007）"Post-Maastricht Blues: The Transformation of Citizen Support for European Integration, 1973–2004," *Acta Politica*, 42（2/3）, 128–152.

European Centre for Parliamentary Research and Documentation（2002）, *European Affairs Committees. The Influence of National Parliaments on European Policies. An Overview*, ECRPD, European Parliament.

Føllesdal, Andreas and Simon Hix（2006）"Why There is a Democratic Deficit in the EU: A Response to Majone and Moravcsik," *Journal of Common Market Studies*, 44（3）, 53–62.

Hix, Simon（2018）"When Optimism Fails: Liberal Intergovernmentalism and Citizen Representation," *Journal of Common Market Studies*, 56（7）, 1595–1613.

Hooghe, Liesbet and Gary Marks（2007）"Sources of Euroscepticism," *Acta Politica*, 42（2/3）, 119–127.

Hooghe, Liesbet and Gary Marks（2009）"A Postfunctionalist Theory of European Integration: From Permissive Consensus to Constraining Dissensus," *British Journal of Political Science*, 39（1）, 1–23.

Joerges, Christian and Jürgen Neyer（1997）"From Intergovernmental Bargaining to Deliberative Political Processes: The Constitutionalisation of Comitology," *European Law Journal*, 3（3）, 273–299.

Kelemen, R. Daniel and Michael Blauberger（2017）"Introducing the Debate: European Union Safeguards against Member States' Democratic Backsliding," *Journal of European Public Policy*, 24（3）, 317–320.

Kopecký, Petr and Cas Mudde（2002）"The Two Sides of Euroscepticism: Party Positions on European Integration in East Central Europe," *European Union Politics*, 3（3）, 297–326.

Kriesi, Hanspeter（2014）"The Populist Challenge," *West European Politics*, 37（2）, 361–378.

Leconte, Cécile（2010）*Understanding Euroscepticism*, Palgrave Macmillan.

Leegte, René（2014）*Ahead in Europe: On the role of the Dutch House of Representatives and National Parliaments in the European Union*. Final report, Rapporteurship on "Democratic legitimacy." Final version, 9 May 2014.

Majone, Giandomenico（1998）"Europe's 'Democratic Deficit': The Question of Standards," *European Law Journal*, 4（1）, 5–28.

Majone, Giandomenico（2014）*Rethinking the Union of Europe Post-Crisis: Has Integration Gone Too Far?*, Cambridge University Press.

Maurer, Andreas and Wolfgang Wessels eds.（2001）*National Parliaments on their Ways to Europe: Losers or Latecomers?*, Nomos Verlag.

Miklin, Eric（2017）"Beyond Subsidiarity: the Indirect Effect of the Early Warning System on National Parliamentary Scrutiny in European Union Affairs," *Journal of European Public*

Policy, 24（3）, 366-385.

Moravcsik, Andrew（2002）"In Defence of the 'Democratic Deficit': Reassessing Legitimacy in the European Union," *Journal of Common Market Studies*, 40（4）, 603-634.

Mudde, Cas（2016）"Introduction to the Populist Radical Right," in Cas Mudde ed., *The Populist Radical Right: A Reader*, Routledge, 1-10.

Neuhold, Christine and Olivier Rozenberg, Julie Smith and C. Hefftler（2015）*The Palgrave Handbook of National Parliaments and the European Union*, Palgrave.

Neyer, Jürgen（2010）"Justice, Not Democracy: Legitimacy in the European Union," *Journal of Common Market Studies*, 48（4）, 903-921.

Nicolaïdis, Kalypso（2013）"European Demoicracy and Its Crisis," *Journal of Common Market Studies*, 51（2）, 351-369.

Schlipphak, Bernd and Oliver Treib（2017）"Playing the blame game on Brussels: the domestic political effects of EU interventions against democratic backsliding," *Journal of European Public Policy*, 24（3）, 352-365.

Smismans, Stijn（2016）"Democracy and Legitimacy in the European Union," in Michelle Cini and Nieves Pérez-Solórzano Borragán eds., *European Union Politics*, 5th edition, Oxford University Press, 339-351.

Taggart, Paul（1998）"A Touchstone of Dissent: Euroscepticism in Contemporary Western European Party Systems," *European Journal of Political Research*, 33（3）, 363-388.

Taggart, Paul（2006）"Populism and Representative Politics in Contemporary Europe," *Journal of Political Ideologies*, 9（3）, 269-288.

Taggart, Paul and Aleks Szczerbiak（2001）"Parties, Positions and Europe: Euroscepticism in the EU Candidate States of Central and Eastern Europe," Opposing Europe, Sussex European Institute Working Paper No 461-38.

Taggart, Paul and Aleks Szczerbiak（2013）"Coming in from the Cold? Euroscepticism, Government Participation and Party Positions on Europe," *Journal of Common Market Studies*, 51（1）, 17-37.

Torreblanca, Jose Ignacio and Mark Leonard（2013）*The Continent-wide Rise of Euroscepticism*, European Council on Foreign Relations.

Vasilopoulou, Safia（2013）"Continuty and Change in the Study of Euroscepticism: Plus ça Change?," *Journal of Common Market Studies*, 51（1）, 153-168.

Weiler, Joseph H. H.（1995）*The State 'über alles' demos, telos and the German Maastricht decision*, EUI RSC Working Papers, 1995/19.

Zalewska, Marta and Oskar Josef Gstrein（2013）*National Parliaments and their Role in European Integration: The EU's Democratic Deficit in Times of Economic Hardship and Political Insecurity*, Bruges Political Research Papers, 28/2013.

読 書 案 内

　EU 政治論は，政治学や国際関係論の応用編という性格を持ち，（とりわけ日本の学生にとっては）政治学や国際関係論とともに学んでこそ意味のあるものである。ここでは，主に大学の学部生レベルを念頭に，日本語で書かれた書籍に限定して，EU に関する基本的な文献と隣接するテーマに関する文献を挙げておきたい。

EU の全体像と社会科学

　まず手にとってもらいたいのは，中村民雄『EU とは何か──国家ではない未来の形〔第 3 版〕』（信山社，2019 年）である。本書は，百数十頁で EU の全体像を描き切ったコンパクトな名著である。

　また，鷲江義勝編著『リスボン条約による欧州統合の新展開──EU の新基本条約』（ミネルヴァ書房，2009 年）は，現在の EU の基本条約であるリスボン条約全条文の日本語訳を掲載している。設立条約の規定（条文）を読めば EU を理解できるということはないが，手元にあると非常に便利である。

　政治学を学ぶ者にぜひ読んでいただきたいのが，遠藤乾『統合の終焉──EU の実像と論理』（岩波書店，2013 年）である。EU を学ぶことが，これまで社会科学が陥りがちであった一国的な視点（「方法論的ナショナリズム」）を超え，「民主主義」「主権」「自由」などの政治学の基礎概念を問い直すことにつながるのがわかるだろう。

　また，G・マヨーネ『欧州統合は行きすぎたのか』（上下巻，庄司克宏監訳，岩波書店，2017 年）は，経済学・経営学，社会学，国際政治学，法学など社会科学の各分野の知見を総動員して EU を論じたものである。同様に，植田隆子・小川英治・柏倉康夫編『新 EU 論』（信山社，2014 年）は，歴史や政治のみならず法，経済，言語，日 − EU 関係といった幅広い領域を扱う教科書である。

ヨーロッパ統合の歴史，歴史のなかのヨーロッパ統合

　ヨーロッパ統合は，その歴史を知らずしては理解できない。ヨーロッパ統合

の歴史それ自体については，次の2冊がお勧めできる。

　遠藤乾編『ヨーロッパ統合史〔増補版〕』（名古屋大学出版会，2014年）。

　益田実・山本健編『欧州統合史──二つの世界大戦からブレグジットまで』
　　（ミネルヴァ書房，2019年）。

　さらに，史料集としては，遠藤乾編『原典ヨーロッパ統合史──史料と解
説』（名古屋大学出版会，2008年）がある。

　近年の国際関係史は，グローバルな国際関係のなかに適切にヨーロッパ統合
を位置づけようとしている。その成功した試みとして，以下の2冊を挙げてお
く。

　モーリス・ヴァイス『戦後国際関係史──二極化世界から混迷の時代へ』
　　（細谷雄一・宮下雄一郎監訳，慶應義塾大学出版会，2018年）。

　ロバート・マクマン『冷戦史』（青野利彦監訳／平井和也訳，勁草書房，2018年）。

　ヨーロッパ統合を戦後の米欧関係のなかに位置づけて論じるゲア・ルンデス
タッド『ヨーロッパの統合とアメリカの戦略──統合による「帝国」への道』
（河田潤一訳，NTT出版，2005年）は，同テーマの古典的な著作の1つとなって
いる。

　ヨーロッパ史は各国ごとの歴史として扱われがちだが，以下の2冊は総体と
しての現代ヨーロッパ史の叙述に成功した稀有な試みである。いずれも大著で
はあるが，抜群に面白いので，ぜひ挑戦してほしい。

　トニー・ジャット『ヨーロッパ戦後史』（上下巻，森本醇・浅沼澄訳，みすず書
　　房，2008年）。

　マーク・マゾワー『暗黒の大陸──ヨーロッパの20世紀』（中田瑞穂・網谷
　　龍介訳，未來社，2015年）。

　また，統合を社会史的な視野のなかで捉え，20世紀を通じたヨーロッパ諸
国の社会の同一化と社会的統合を論じたハルトムート・ケルブレ『ひとつのヨ
ーロッパへの道──その社会史的考察』（雨宮昭彦・金子邦子・永岑三千輝・古内
博行訳，日本経済評論社，1997年）は出版から多少時間が経過したものの，ヨー
ロッパの共同体史の新たな側面を開いた古典である。

　ヨーロッパ統合の理念的検討としては，ヨーロッパ観念の歴史的形成を論じ
た，リュシアン・フェーブル『ヨーロッパとは何か──第二次大戦直後の連続

講義から』（長谷川輝夫訳，刀水書房，2008 年）と，20 世紀ヨーロッパの思想史のなかにヨーロッパ統合を位置づけているヤン＝ヴェルナー・ミュラー『試される民主主義——20 世紀ヨーロッパの政治思想』（上下巻，板橋拓己・田口晃監訳，岩波書店，2019 年）の 2 冊がある。上級者向けではあるが，ぜひ挑戦を期待したい。

ヨーロッパ各国政治と EU

本書では各国政治と EU の関係については部分的にしか論じることができなかった。しかし当然ではあるが，ヨーロッパの国それぞれが EU と独自の関係を結んでおり，EU が各国政治を左右し，また各国政治が EU のあり方を規定するという関係にある。以下の 3 冊は，政治学者によるヨーロッパ各国政治に関する信頼できる入門書である。

森井裕一編『ヨーロッパの政治経済・入門』（有斐閣，2012 年）。
網谷龍介・伊藤武・成廣孝編『ヨーロッパのデモクラシー〔改訂第 2 版〕』（ナカニシヤ出版，2014 年）。
松尾秀哉・近藤康史・近藤正基・溝口修平編著『教養としてのヨーロッパ政治』（ミネルヴァ書房，2019 年）。

また，以下の 2 冊はそれぞれイギリスとフランスのヨーロッパ（統合）との関係を通史的に論じた上質の論文集である。

細谷雄一編『イギリスとヨーロッパ——孤立と統合の二百年』（勁草書房，2009 年）。
吉田徹編『ヨーロッパ統合とフランス——偉大さを求めた 1 世紀』（法律文化社，2012 年）。

近年ますます重要になっているドイツとヨーロッパ（統合）との関係についてはハンス・クンドナニ『ドイツ・パワーの逆説——〈地経学〉時代の欧州統合』（中村登志哉訳，一藝社，2019 年）がよいだろう。

ヨーロッパ統合理論と理論分析

社会科学の理論に対しても，EU 政治は興味深い事例を提供している。アンツェ・ヴィーナー，トマス・ディーズ編『ヨーロッパ統合の理論』（東野篤子訳，

勁草書房, 2010 年）は，英語圏の大学・大学院で最もスタンダードな教科書として用いられているものである。また，EU の諸政策を「規制力」と「規範パワー」という視点からそれぞれ分析した，遠藤乾・鈴木一人編『EU の規制力』（日本経済評論社, 2012 年）および臼井陽一郎編『EU の規範政治——グローバルヨーロッパの理想と現実』（ナカニシヤ出版, 2015 年）並びに，臼井陽一郎編著『変わりゆく EU——永遠平和のプロジェクトの行方』（明石書店, 2020 年）は，より深く EU 政治を学びたいときに手に取るべき専門書である。

EU 法

EU 理解には EU 法理解が欠かせない。本書では断片的にしか扱っていない EU の法的側面については，庄司克宏『はじめての EU 法』（有斐閣, 2015 年）が定評ある入門書である。また，中村民雄・須網隆夫編著『EU 法基本判例集〔第 3 版〕』（日本評論社, 2019 年）は，EU 法の判例解説を通して重要な EU 法原則の理解を促す，不可欠な手引きである。

21 世紀の EU と危機

2005 年の欧州憲法条約の批准失敗以降，EU をさまざまな危機が襲っているが，その危機の全体像，危機が EU にもたらす影響やその分析については，遠藤乾『欧州複合危機——苦悶する EU，揺れる世界』（中央公論新社, 2016 年）およびイワン・クラステフ『アフター・ヨーロッパ——ポピュリズムという妖怪にどう向きあうか』（庄司克宏監訳, 岩波書店, 2018 年）を，まず手に取っていただきたい。また，個別の危機の詳細や検討については，以下がよい入り口となるであろう。

田中素香『ユーロ危機とギリシャ反乱』（岩波書店, 2016 年）。

岡部みどり編『人の国際移動と EU——地域統合は「国境」をどのように変えるのか？』（法律文化社, 2016 年）。

カルロス・スポットルノ，ギジェモ・アブリル『亀裂——欧州国境と難民』（上野貴彦訳, 花伝社, 2019 年）。

宮島喬・佐藤成基編『包摂・共生の政治か，排除の政治か——移民・難民と向き合うヨーロッパ』（明石書店, 2019 年）。

鶴岡路人『EU 離脱――イギリスとヨーロッパの地殻変動』(筑摩書房，2020年)。

ポピュリズム

本文でも見たように，現在の EU を襲う大きな問題の 1 つがポピュリズムである。以下の 3 冊はポピュリズム概念の定評ある入門書である。

水島治郎『ポピュリズムとは何か――民主主義の敵か，改革の希望か』(中央公論新社，2016 年)。

ヤン＝ヴェルナー・ミュラー『ポピュリズムとは何か』(板橋拓己訳，岩波書店，2017 年)。

カス・ミュデ，クリストバル・ロビラ・カルトワッセル『ポピュリズム――デモクラシーの友と敵』(永井大輔・高山裕二訳，白水社，2018 年)。

また，ポピュリズムに悩む EU に関しての個別具体的な状況については，庄司克宏『欧州ポピュリズム――EU 分断は避けられるか』(筑摩書房，2018 年)がよい入り口となるであろうし，水島治郎編『ポピュリズムという挑戦――岐路に立つ現代デモクラシー』(岩波書店，2020 年)は，ヨーロッパ各国のポピュリズム現象を詳細に分析している。

経済のグローバル化と民主政治，福祉国家

先進国の民主政治の動揺を招いた原因としてしばしば言及されるのが，経済のグローバル化である。経済のグローバル化と民主政治の関係について優れた分析として，ダニ・ロドリック『グローバリゼーション・パラドクス――世界経済の未来を決める三つの道』(柴山桂太・大川良文訳，白水社，2013 年)がある。

EU 研究の専門書

本書を読み，EU のより深い理解を進めたいと思われた方は，以下の研究書に触れるのもよいだろう。

〈90 年代 EU 研究からの一冊〉 佐々木隆生・中村研一編著『ヨーロッパ統合の脱神話化――ポスト・マーストリヒトの政治経済学』(ミネルヴァ書房，1994 年)。

〈2000 年代前半 EU 研究からの一冊〉　中村民雄編『EU 研究の新地平──前例なき政体への接近』（ミネルヴァ書房，2005 年）。

〈歴史〉　遠藤乾・板橋拓己編著『複数のヨーロッパ──欧州統合史のフロンティア』（北海道大学出版会，2011 年）。

〈EU 法〉　中村民雄・山元一編『ヨーロッパ「憲法」の形成と各国憲法の変化』（信山社，2012 年）。

〈通貨統合〉　権上康男『通貨統合の歴史的起源──資本主義世界の大転換とヨーロッパの選択』（日本経済評論社，2013 年）。

〈欧州政治〉　高橋進・石田徹編『「再国民化」に揺らぐヨーロッパ──新たなナショナリズムの隆盛と移民排斥のゆくえ』（法律文化社，2016 年）。

〈政治史〉　網谷龍介・上原良子・中田瑞穂編『戦後民主主義の青写真──ヨーロッパにおける統合とデモクラシー』（ナカニシヤ出版，2019 年）。

EU の公式ウェブサイト・英語による EU／ヨーロッパ政治ウォッチ

　EU のウェブサイトは EU についての不可欠な情報源である。それから，日本語の情報に飽き足らず，アクチュアルな EU および EU 諸国のニュースを知りたければ，例えば以下のようなニュースサイト（およびそのツイッターアカウントのフォロー）が便利である。

EU のウェブサイト	https://europa.eu/european-union/index_en
EU 統計局のウェブサイト	https://ec.europa.eu/eurostat
駐日欧州連合代表部の公式ウェブマガジン	http://eumag.jp/
Deutsche Welle（ドイツ）	https://www.dw.com/
BBC（イギリス）	https://www.bbc.com/news
France 24（フランス）	https://www.france24.com/en/
EURACTIV	https://www.euractiv.com/
EUobserver	https://euobserver.com/
Politico Europe Edition	https://www.politico.eu/
Voxeurope English	https://voxeurop.eu/en/

事　項　索　引 ■

人 名 索 引

有斐閣ストゥディア

EU 政治論——国境を越えた統治のゆくえ
EU Politics: The Future of Governance beyond the State

2020 年 7 月 15 日　初版第 1 刷発行

著　者	池本	大輔		
	板橋	拓己		
	川嶋	周一		
	佐藤	俊輔		
発 行 者	江草	貞治		
発 行 所	株式会社　有 斐 閣			

　　　　　　　　郵便番号 101-0051
　　　　東京都千代田区神田神保町 2-17
　　　　　電話 (03) 3264-1315〔編集〕
　　　　　　　 (03) 3265-6811〔営業〕
　　　　　http://www.yuhikaku.co.jp/

印刷・株式会社理想社／製本・牧製本印刷株式会社
© 2020, Daisuke Ikemoto, Takumi Itabashi, Shuichi Kawashima, Shunsuke
Sato. Printed in Japan
落丁・乱丁本はお取替えいたします。

★定価はカバーに表示してあります。

ISBN 978-4-641-15073-7